ALFRED PRICE
LUFTSCHLACHT ÜBER DEUTSCHLAND

ALFRED PRICE

Luftschlacht über Deutschland

MOTORBUCH VERLAG STUTTGART

Einbandgestaltung: Siegfried Horn.
Das Titelbild zeigt die Flakverteidigung Hamburgs und stammt aus dem Buch
›Bomber im 2. Weltkrieg‹ im Motorbuch Verlag Stuttgart.

Fotos und Zeichnungen: Addision 1, Bergender 1, Brown 1, Bundesarchiv 21, Crown 2,
Ethel 3, Garbett/Goulding 10, Girbig 6, Heise 6, Herrmann 1, Herget 1,
IWM 21, Krüger 4, von Loosberg 1, Lux 1, Seeley 2, Schliephake 17, Schinger 3,
Studiengruppe Luftwaffe 2, Thomson 1, USAF 23, Wallis 1, Rest Archiv des Verfassers

Copyright © 1973 by Alfred Price
Die englische Originalausgabe ist erschienen bei Jan Allan Ltd., Shepperton,
unter dem Titel »Battle over the Reich«
Die Übertragung ins Deutsche besorgte

Rainer Buschmann

ISBN 3-87943-354-2

6. Auflage 1987
Copyright © by Motorbuch Verlag, Postfach 13 70, 7000 Stuttgart 1.
Eine Abteilung des Buch- und Verlagshauses Paul Pietsch GmbH & Co. KG.
Sämtliche Rechte der Verbreitung in deutscher Sprache –
in jeglicher Form und Technik – sind vorbehalten.
Drucktechnische Herstellung: Schwabenverlag AG, 7302 Ostfildern 1 (Ruit).
Bindung: Verlagsbuchbinderei Karl Dieringer, 7016 Gerlingen.
Printed in Germany.

Inhaltsverzeichnis

MEINER MUTTER

Augustine Leopoldine, geb. Gfäll,
geboren 1908 in Wien, der Hauptstadt
der habsburgischen Donaumonarchie
Österreich-Ungarn

Und in der aufrichtigen Hoffnung, dass die
deutsch- und englischsprachigen Völker ihre
Differenzen in Zukunft nicht mehr mit Waffen
austragen mögen.

Zu diesem Buch

Mein wichtigstes Anliegen beim Schreiben dieses Buches war es, dem Leser ein Gesamtbild der Luftschlachten über Deutschland während des Zweiten Weltkrieges zu geben, so wie sie von britischen, amerikanischen und deutschen Soldaten miterlebt wurden. Hierbei habe ich mich nicht mit der Beschreibung jeder einzelnen Kampfhandlung aufgehalten, hätte dies doch allein über 20 Bände gefüllt. Anstattdessen habe ich versucht, die Gesamtsituation anhand von Einzelbeispielen aufzuzeigen, obwohl auch diese, ein jedes für sich, individuelle Züge trugen.

Luftschlacht über Deutschland wäre nicht zustandegekommen ohne die Unterstützung durch viele der alten Akteure, insbesondere durch General Adolf Galland, Roderich Cescotti, Hans-Ulrich Flade, Hans Seyringer, Willi Herget und Hanfried Schliephake von der *Luftwaffe*, Air Marshal Sir Robert Saundby, Group Captain Hamish Mahaddie, Group Captain Bob Braham und Flight Lieutenant Bob Brydon von der RAF sowie durch General Tom Marchbanks und Colonel William Murphy von der USAF. Ferner habe ich meinen Freunden Hans Obert, Werner Girbig, Goetz Bergander, Franz Selinger, Roger Freeman, Hans Ring, Danny Morris, Norbert Krueger, Hans Redemann, Richard Smith und Günther Heise für ihre Hilfe bei der Zusammenstellung des nötigen Materials und der Fotografien zu danken.

Schließlich gilt mein Dank aber auch meiner lieben Jane, welche mir mehr Beistand hat zuteil werden lassen, als im Ehekontrakt eigentlich vorgesehen war.

Uppingham
Rutland

Alfred Price

SEARCHLIGHTS OVER BERLIN

Their silver scalpels probe the wound of night
seeking our doom, a death
to death. And now
no highflung phrase, no braggart gesture
of the hand or jaw
can still the double fear. Who fly
ten thousand feet above in the shrill dark
are linked with those who cower
under earth to hear, vague as sea
upon an island wind, the murmur
which is, for some
eternity, for some
an ending.
And he is rising mad who searches here
for meaning.

By Pilot Officer T. R. Hodgson,
killed in action 1940

SUCHSCHEINWERFER ÜBER BERLIN

Ihre silbernen Sonden bohren sich in die Wunden
der Nacht,
Suchen unsere Vernichtung.
Tod steht gegen Tod.
Und weder große Phrasen noch prahlende Gesten
vermögen doppelte Furcht jetzt zu besänftigen.
Wer in greller Nacht hoch durch die Lüfte zieht,
hört wie jene, die Schutz unter der Erde suchen,
das verlorene Wimmern des Windes
über einsamer Insel:
Für manche die Ewigkeit,
für manchen das Ende.
Und jäh lehnt sich dagegen auf, wer hier noch nach
Sinn sucht.

Pilot Officer T. R. Hodgson,
gefallen 1940

Lehrgeld

AUGUST 1939 – DEZEMBER 1941

»Als Reichsluftfahrtminister habe ich mich persönlich von den Maßnahmen überzeugt, die zum Schutz des Ruhrgebiets gegen Luftangriffe getroffen worden sind. In Zukunft werde ich mich persönlich um jede Batterie kümmern, denn wir werden nicht zulassen, daß auch nur eine einzige feindliche Bombe auf das Ruhrgebiet fällt.«
Hermann Göring in einer Ansprache
am 9. August 1939.

Görings Erklärung über die Sicherheit des Ruhrgebiets, in späteren Jahren oft zitiert, kennzeichnet die deutsche Zuversicht in die Luftverteidigung vor dem Zweiten Weltkrieg. Im August 1939 war dieses Gefühl der Sicherheit aber auch keineswegs unberechtigt. Der für einige Wochen später geplante Krieg sollte, den deutschen Führern zufolge, lediglich in und gegen Polen stattfinden. Noch war kein Jahr vergangen, seit die britische und französische Regierung in der tschechischen Frage einen Rückzieher gemacht hatten, und kaum jemand glaubte in Deutschland, daß wegen Polen ein neuer globaler Krieg entstehen könnte. Falls die Polen alleine kämpfen mußten, würden die Deutschen es lediglich mit 36 Bombern zu tun haben, die bis zum Ruhrgebiet fliegen konnten; allerdings erst nach Überquerung von 560 Kilometern feindlichen Territoriums und in geringer Höhe. Die Gefahr aus dem Osten, so befand Göring, war unerheblich.
Falls jedoch das Unwahrscheinliche eintrat und Polen von England und Frankreich aktiven Beistand erhielt, mußten sich die Aussichten des Ruhrgebiets verschlechtern: die französischen Flugplätze lagen nur 240 km entfernt. Aber obwohl die französische Luftwaffe

über 370 einsatzfähige Bombenflugzeuge verfügte, waren doch praktisch alle veraltet. Zwei Wochen nach Görings Erklärung schrieb der Generalstabschef der französischen Luftwaffe in einem vertraulichen Brief an seinen Luftfahrtminister: »Seit September 1938 hat sich an der Stärke unserer Bomberwaffe nichts geändert, und sie ist heute noch genau so begrenzt wie damals. Die ungenügenden Leistungen unserer Bombenflugzeuge machen im Ernstfall einen vorsichtigen Einsatz während der ersten Monate erforderlich. Die in Frankreich gebauten modernen Typen bzw. die aus Übersee erwarteten, wurden noch nicht an die Einheiten ausgeliefert . . .«
Also auch von dieser Seite witterte Göring keine Gefahr.
Der einzige gefährliche Gegner, mit dem die Deutschen rechnen mussten, war die Royal Air Force – falls die Briten in den Krieg eintraten. Dem Bomber Command standen zum fraglichen Zeitpunkt rund 300 moderne Maschinen zur Verfügung: Hampden, Wellington und etwa 100 vom älteren Whitley-Typ, die alle mit ihrer Reichweite tief in den deutschen Luftraum hineingreifen konnten. Außerdem waren zum Anfliegen der peripheren Gebiete noch ca. 300 Blenheim Mittelstreckenbomber vorhanden. Diese Drohung konnte Göring zwar nicht einfach abschütteln, aber die von ihm aufgebaute Luftverteidigung war in der Tat furchteinflößend.
Die Luftwaffe umfaßte am Vorabend des Krieges mehr als 1000 moderne Messerschmitt Bf 109 Abfangjäger und nahezu 200 zweimotorige Messerschmitt Bf 110 Zerstörerflugzeuge.
Diese konnten ohne Zweifel jeder Bomberflotte schwerste Verluste zufügen, die es wagen sollte, bei Tage in das deutsche Reichsgebiet einzufliegen. Nachtangriffen ge-

genüber waren sie jedoch ziemlich machtlos, da keine Meß-Radaranlagen zur Verfügung standen. Falls die Eindringlinge bei Nacht kamen, würde die Luftwaffen-Flak die deutsche Heimat schützen.

Im Sommer 1939 besaß die Luftwaffe insgesamt 197 schwere und 48 leichte Flak-Batterien. Die Deutschen hatten in den vorangegangenen Jahren beträchtliche Anstrengungen in die Entwicklung der Flugabwehr-Artillerie gesteckt.

Gegen funkgesteuerte Zielflugzeuge, die in Höhen unter 3300 m und bei klarer Sicht geradeaus flogen, hatten diese Waffen immer wieder ihre Wirksamkeit erwiesen. Das revolutionäre *Würzburg* Feuerleit-Radar stand kurz vor der Einführung und versprach auch für nächtliche Eindringlinge tödlich zu werden. Zwar konnten diese der Flakwirkung durch Fliegen in extremen Höhen, durch Ausweichbewegungen und durch Einsätze in Nächten ohne Mondlicht begegnen, doch mußte darunter zugleich auch die Abwurfgenauigkeit

3 RAF-Bombertypen trugen während der ersten 3 Kriegsjahre die Hauptlast des Kampfes: Whitley, Hampden und Wellington.
Bei der Whitley haperte es mit der Leistung. Einer der Piloten sagte englisch vornehm: »... Sie ist nicht gerade das richtige Flugzeug, um den Feinden Seiner Majestät das Fürchten zu lehren.«
Die Abbildung zeigt eine Maschine der 58. Staffel beim Abheben vom Flugplatz *Linton on Ouse,* Mitte 1940. Im April 1942 wurde die Whitley vom Bomber Command aus dem Frontdienst gezogen./IWM

leiden. War diese aber nicht gegeben, lohnte sich auch das Risiko nicht.

Alle diese Gründe mußten von einem Angriff auf das Ruhrgebiet abschrecken. Doch das stärkste Argument war die mögliche deutsche Vergeltung. Die deutsche Bomberflotte umfaßte über 1000 moderne zweimotorige Bomberflugzeuge. Wer sich darauf eingestellt hatte, im Verlaufe von Kampfhandlungen über den am stärksten verteidigten Zielen auch Maschinen und Besatzungen zu verlieren, hatte mit Sicherheit auch noch kraftvolle Vergeltungschläge gegen das eigene Land zu erwarten.

Görings berühmter Ausspruch über die Unverwundbarkeit des Ruhrgebiets kam also nicht von ungefähr. Was er jedoch nicht vorausgesehen hat ist, daß sich Deutschland mit einem Lande im Krieg befinden würde, das sich von seinen modernen Bombern nicht einschüchtern ließ, und naiverweise daran glaubte, mit seiner winzigen Bomberkapazität der deutschen Kriegswirtschaft Schaden zufügen zu können, und so dickköpfig war, daß es diese Bombardierungen selbst dann noch fortsetzte, als sich deren Wirkungslosigkeit längst herausgestellt hatte. Denn genau das geschah.

Der Zweite Weltkrieg begann am 1. September 1939 mit dem deutschen Einfall in Polen. Zwei Tage später, nach Ablehnung eines Ultimatums zum Rückzug seiner Streitkräfte, stand Deutschland auch im Krieg mit Frankreich und Grossbritannien. Die Bedrohung aus dem Osten war so rasch aus der Welt geschafft, wie Göring angenommen hatte: bevor sie auch nur einen Angriff gegen das Reichsgebiet fliegen konnte, war die polnische Bomberwaffe vernichtet. Polen ergab sich binnen eines Monats.

Im Westen startete das Bomber Command der RAF seine Operationen am 4. September. Wie Göring aber vorausgesehen hatte, bestand weder auf französischer noch auf britischer Seite die Absicht, durch Angriffe auf deutsches Gebiet eine massive Vergeltung herauszufordern. Stattdessen begnügte man sich mit der Bombardierung von Kriegsschiffen entlang der Küste. Der erste Angriff galt dem Panzerschiff *Admiral Scheer* sowie dem Kreuzer *Emden,* welche beide in der Helgoländer Bucht vor Anker lagen. Die 10 Blenheim und 9 Wellington brausten infolge niedriger Wolkendecke fast in Masthöhe über die Kriegsschiffe und richteten mit ihren Bomben lediglich leichte Schäden auf der *Admiral Scheer* an. Dem Abwehrfeuer fielen indessen 5 Blenheim und 2 Wellington zum Opfer. Für die britischen Tagbomber war das kein gutes Omen. Allerdings konnte man argumentieren, daß die Bomber aufgrund der schlechten Wetterlage innerhalb der Wirkungsreichweite der tödlichen leichten Flakwaffen angreifen mußten. Künftig müßte man deshalb höher fliegen.

Dann folgte eine Serie kleinerer Einsätze, die aber nichts einbrachten. Erst am 18. Dezember 1939 kam es zum ersten Luftkampf zwischen britischen Bombern und deutschen Jägern. Am Nachmittag waren 24 Wellington der 9., 37. und 149. Staffel zu bewaffneter Aufklärung über der Helgoländer Bucht gestartet. Zwei Wellington kehrten vorzeitig zurück, weil technische Schwierigkeiten aufgetreten waren. Die übrigen Flugzeuge flogen weiter in einer Höhe von 3600 m gen Osten. Über der Helgoländer Bucht war der Himmel ohne Wolken, aber die See unter den Flugzeugen auch ohne Schiffe. Weil sie also keine freigegebenen Ziele für Ihre Bomben finden konnten, kehrten sie wieder um und machten sich auf den Rückweg. Da wurden sie von deutschen Jägern eingeholt.

Die Wellington war damals das beste verfügbare Bombenflugzeug der RAF. Die Abwehrbewaffnung bestand aus drei kraftbetätigten Waffenständen mit Zwillings-MG: im Bug, im Heck und unter dem Rumpf. Im Bomber Command selbst war man damals der festen Meinung, das zusammengefaßte Feuer solcher Bomber – wenn sie in geschlossener Formation fliegen – jeden Angriff durch Jäger abweisen könne. Jetzt stand diese Theorie vor der Probe aufs Exempel.

32 Messerschmitt Bf 109 und 16 Bf 110 griffen in den Luftkampf ein. Die deutschen Jäger und Zerstörer wandten eine unterschiedliche Kampftaktik an. Da die meisten Jäger über 20 mm-Kanonen verfügten, gingen viele Flugzeugführer nicht näher als etwa 500 m heran und hielten sich so außerhalb des Wirkungsbereichs des Abwehrfeuers der Bomber. Andere flogen bis auf 40 m an ihr Ziel heran, bevor sie den Angriff abbrachen. Wieder andere griffen die Bomber von vorne oben an, einem Angriffswinkel, in dem die Wellington völlig wehrlos waren.

Der Luftkampf war kurz und blutig. Leutnant Üllenbeck, der eine Bf 110 der I./ZG 76 flog, hat später gemeldet:

»Ich flog mit dem zweiten Verband, mit Kurs 120, etwa 50 km nördlich von Ameland. Plötzlich stießen wir auf zwei Wellington, die etwa 300 m unter uns flogen. Ich griff das führende Flugzeug von der Seite an. Es brannte sofort. Dann eröffnete ich das Feuer auf die zweite Wellington von links oben. Als sie keine Wirkung zeigte, setzte ich mich 300 m hinter sie und schoß mit allem, was ich hatte.

Die Nase des Bombers senkte sich und er kippte Richtung See ab. In diesem Augenblick wurde ich zwischen Hals und linker Schulter getroffen. Das Geschoss

Hampden-Bomber der 144. Staffel über ihrem Heimathafen. Die Hampden wurde vom Bomber-Command zum letzten Mal im September 1942 eingesetzt./Sleight, via Garbett/Goulding.

schlug glatt durch und landete im linken Handgelenk des Funkers.«

Üllenbeck gelang es noch, seine angeschlagene Maschine zu seinem Horst in Jever zurückzubringen und sie dort sicher zu landen. 23 Einschüsse zählten die Mechaniker dann.

Von den 22 Wellington, die an dem Luftkampf beteiligt waren, kehrten nur 10 zurück, von denen drei jedoch schwer beschädigt waren. Auf der andern Seite hatte das Abwehrfeuer der Bomber zwei deutsche Jäger gekostet und mehrere beschädigt.

Hauptmann Reinecke, der Kommandeur I./ZG 76, berichtete später, daß die Wellington etwas langsamer als die eigenen Maschinen gewesen seien, wodurch seine Piloten aus jeder beliebigen Richtung angreifen konnten.

Er fügte hinzu: »Die Wellington brennt leicht und steht schnell in Flammen.« Das lag daran, daß die britischen Bomber nicht, wie die meisten deutschen Kampfflugzeuge, über selbst-abdichtende Betriebsstofftanks verfügten. Die einziehbaren MG-Stände an der Unterseite der Bomberrümpfe hatten sich beim Angriff von unten

als ziemlich wertlos erwiesen und in ausgefahrenem Zustand die Geschwindigkeit um etwa 24 km/h reduziert.

Auf diese Weise musste die RAF die kostspielige Erfahrung machen – so wie später die Luftwaffe im Kampf über England – daß Kampfflugzeugverbände ohne Jagdschutz, angesichts entschlossener Jägerabwehr, ihre Zielgebiete nicht bei Tage anfliegen konnten. Die Lektion war klar: falls die Bomber nicht das Überraschungsmoment auf ihrer Seite hatten, sei es durch Wolkendeckung oder plötzlichen Überfall auf Küstenziele, bestand ihre einzige Überlebenschance im Nachtangriff.

Angriffe im Schutze der Dunkelheit brachten aber auch ihre eigenen Probleme mit sich, denn die gleiche Nacht, die die Bomber der Sicht der Verteidiger entzog, verbarg auch die Ziele vor den Blicken der Besatzungen. Seit Kriegsbeginn hatte man die nicht mehr sehr leistungsfähigen Whitley-Kampfflugzeuge der 4. Bomber-

Die Wellington war anfänglich das beste Bombenflugzeug der RAF und verblieb, nach Verbesserungen, bis zum Oktober 1943 beim Bomber Command im vordersten Fronteinsatz./IWM

gruppe für ungeeignet gehalten, Punktziele bei Tage anzugreifen, weshalb sie nur noch für Aufklärungsflüge über Deutschland und Polen und zum Abwurf von Flugblättern eingesetzt wurden. Bald stellte sich auch heraus, wie schwierig es war, eine verdunkelte Stadt zu finden. Air Vice Marshal Conningham, der Befehlshaber der Bomber-Gruppe, sagte dazu: »Ich sehe einen ständigen Kampf mit der Tatsache voraus, daß der Mensch bei Nacht nichts sehen kann.« Und so sollte es auch kommen.

Überdies mußten sich die Whitley-Besatzungen auf ihren Fernflügen in veralteten Maschinen während des harten Winters 1939 noch mit weiteren Schwierigkeiten herumplagen. Einer der Piloten drückte es später so aus: »Die Whitley war nicht gerade das richtige Flugzeug, um den Feinden seiner Majestät das Fürchten zu lehren.«

Typisch für die Probleme, mit denen sich die Whitley-Besatzungen konfrontiert sahen, war das Erlebnis einer Besatzung der 51. Staffel in der Nacht vom 27. Oktober 1939. Man hatte den Raum Frankfurt – Düsseldorf nur unter Schwierigkeiten erreicht und das Propaganda-Material gerade abgeladen, als sich auch schon die Kälte und der Sauerstoffmangel bemerkbar machten.

Der Bericht fährt fort: »Der Zustand von Beobachter und Funker war zu diesem Zeitpunkt so, daß sie sich alle paar Minuten auf den Boden legen und ausruhen mußten. Die Cockpit-Heizung erwies sich als nutzlos. Wir froren scheußlich und besaßen keinerlei Mittel, um das abzuändern. Kommandant und Beobachter stießen die Köpfe gegen Fußboden und Kartentisch, um sich durch diesen andersartigen Schmerz vom Sauerstoffmangel und Frieren abzulenken ...«

Trotzdem kämpfte sich die Besatzung bis zum französischen Flugplatz Villeneuve zurück und landete dort glatt.

Von den in den ersten Kriegsjahren abgeworfenen Flugblättern läßt sich kaum sagen, daß sie etwas anderes erreicht hätten – wie Air Vice Marshal Harris es ausdrückte, der damals die 4. Gruppe befehligte – »als die Versorgung des Kontinents mit Klopapier.«

Die Deutschen waren in den ersten Schlachten des Krieges siegreich gewesen, und ihre Moral war demzufolge hoch. Es war kaum anzunehmen, daß abge-

13

worfenes Propagandamaterial daran etwas ändern konnte. Dennoch erwiesen sich die Flugblätter-aktionen für die Ausbildung als nützlich. Darüber-hinaus war es ihnen auch zu danken, daß sie schwer-wiegende Mängel in der britischen Ausrüstung offen-kundig machten.

Der erste, geplante Bombenangriff gegen ein Ziel auf deutschem Boden erfolgte am 19. März 1940. Da man der Luftwaffe noch immer keinen Vorwand für die Bombardierung von Zivileinrichtungen in England lie-fern wollte, richtete sich der Angriff gegen den See-fliegerstützpunkt Hörnum auf der dünn besiedelten In-sel Sylt. Fünfzig Whitley- und Hampden-Bomber führ-ten den Nachtangriff durch, und lediglich eine Ma-schine kehrte nicht zurück. Einundvierzig Besatzungen behaupteten später, das Ziel gefunden und bekämpft zu haben, wobei zahlreiche direkte Treffer auf Hangars und Unterkünften erzielt worden seien. Eine spätere Luftaufklärung vermochte jedoch keine schwer-wiegenden Schäden an dem Seefliegerhorst feststellen.

Der grosse Wandel in der Bomber-Politik kam für die Royal Air Force im Mai 1940, im Anschluss an den verheerenden deutschen Bombenangriff auf Rotter-dam. Der neue britische Premierminister, Winston Churchill, hob am 15. Mai die Sperre gegen zivile Ziele in Deutschland auf. Noch in der gleichen Nacht griff ein Verband von 99 Bombern Öl- und Eisenbahnziele im Ruhrgebiet an. Die strategische Bomberoffensive gegen Deutschland hatte damit ernsthaft begonnen.

Während des ersten Teils dieser Offensive wurden ver-schiedentlich Punktziele aus niedriger Höhe bei Nacht angegriffen, so vor allem der Dortmund-Ems-Kanal am 12. August. Das eigentliche Objekt bestand aus der Überführung des Kanals über die Ems nördlich der Stadt Münster.

An dem Einsatz nahmen 10 Hampden-Kampfflug-zeuge der 49. und 83. Staffel mit ausgesuchten Besat-zungen teil. Da die Kanalüberführung schon früher an-gegriffen worden war, hatten die Deutschen eine starke Flak- und Sperrballon-Abwehr gegen Tiefangriffe auf-gebaut. Fünf Hampden-Bomber hatten daher den Auf-trag erhalten, in einem Ablenkungsangriff mit ihren vor den Flächen befindlichen Kabelschneidern die Ballon-Kabel zu durchtrennen, während die übrigen 5 Ma-schinen anschließend Bomben mit Verzögerungszün-

dern werfen sollten. Zwei der angreifenden Hampden wurden rasch abgeschossen und die restlichen drei be-schädigt. Pilot der letzten angreifenden Maschine war Leutnant Roderick Learoyd von der 49. Staffel. Später erzählte er von dem Flug in rund 60 m Höhe durch das Flak-Feuer hindurch:

»Nach wenigen Augenblicken hatten wir in der rechten Fläche schon drei grosse Löcher. Alles feuerte in direk-tem Schuß auf uns. Der Navigator gab mir weiter Rich-tungsangaben auf das Ziel zu. Ich konnte es infolge der Blendwirkung der Suchscheinwerfer nicht sehen und mußte meinen Kopf im Cockpit etwas einziehen. Schließlich hörte ich den Navigator rufen: »Bomben-wurf!« Unter heftigem Abwehrfeuer zog ich sofort nach rechts steil weg ...«

Learoyd gelang es, seinen beschädigten Bomber zu sei-ner Basis in Scampton/Lincolnshire zurückzufliegen, wobei er jedoch feststellen musste, daß sich infolge Zer-störung des hydraulischen Systems weder die Lande-klappen noch das Fahrgestell ausfahren ließen. Unverdrossen flog er bis zum Hellwerden seine Runden und machte dann eine Bauchlandung. Luftaufnahmen bestätigten später, daß seine Bombe einen Teil der Ufer-böschung beschädigt hatte. Das Wasser strömte aus der Einschlagstelle, und der lebenswichtige Kanal war für 10 Tage blockiert. Learoyd erhielt hierfür das Victoria-Kreuz. Nachdem die deutschen Instand-setzungsarbeiten beendet waren, wurde der Angriff je-doch nicht wiederholt. Das Unternehmen hatte 40 % der Angreifer gekostet und – wie Sir Arthur Harris spä-ter meinte – »wenn dabei schon ein Victoria-Kreuz her-aussprang, dann hieß das, daß man einen solchen Ein-satz nicht regelmässig wiederholen konnte.«

Während der ersten 4 Monate der Grossoffensive, flog das Bomber Command rund 8000 Einsätze, bei denen 163 Maschinen verloren gingen. Diese Verlustrate von 2 % schien akzeptabel. Auf der anderen Seite muss fest-gestellt werden, daß die Kampfflugzeuge nur wenig Schaden anrichteten, da die meisten Bomben in offenes Gelände gefallen waren.

Verglichen mit dem, was später folgen sollte, waren diese Angriffe nicht viel mehr als trotzige Gesten. Den-noch gingen sie Göring auf die Nerven, waren doch auch Bomben auf das Ruhrgebiet und andere Industrie-gebiete gefallen, und sein Ruf stand auf dem Spiel.

Während dieser Zeit lag die nächtliche Verteidigung des deutschen Heimatgebiets fast ausschließlich bei der Luftwaffen-Flak, die rund um die wichtigen Industriegebiete etwa 450 schwere Flugabwehrgeschütze und über 100 Scheinwerfer-Batterien in Stellung hatte. Normalerweise bestand eine Flak-Batterie aus 4 Geschützen und einem Kommandogerät, während die Scheinwerfer-Batterien 3 Scheinwerfer und ein Horchgerät besaßen.

Ursprünglich verließen sich die Deutschen beim Schutz von Objekten ausschließlich auf ihre schwere Flak. Die 8,8 cm Flak 36 war die meistgebräuchliche schwere Abwehrwaffe zu Beginn und, in verbesserter Ausführung, auch noch bis zum Ende des Krieges. Die Bedienung bestand anfänglich aus 10 Mann: dem Geschützführer (gewöhnlich einem Unteroffizier); Kanonier I (Richtkreis-Uffz.); K2 (Höhenricht-Kanonier); K3 (Ladekanonier); K4 (Kanonier für die automatische Zündeinstellung und K5, K6, K7, K8 und K9 als Ladekanoniere. Die Stellenbesetzung K7, K8 und K9 wurde später abgeschafft./via Schliephake.

Herkömmliches schweres Standard-Geschütz war die 8,8 cm Flak 36, welche eine Granate von 8,16 kg gegen Erdziele rund 8000 m weit und gegen Luftziele ca. 6500 m hoch verschoß. Sobald das Geschoß seinen vorausbestimmten Sprengpunkt erreichte löste der Uhrwerkzünder die Explosion aus, wobei sich der Mantel in ca. 1500 zackige Splitter zerlegte, welche mit hoher Geschwindigkeit nach allen Seiten strebten. Diese Splitter waren die hauptsächlichen Träger der Zerstörungskraft. Ein Flugzeug, das sich nicht weiter als 10 m vom Sprengpunkt befand, konnte hierbei tödlich getroffen werden, bis auf 180 m Entfernung konnte es schwer beschädigt werden. Schon allein der Luftdruck einer in Flugzeugnähe explodierenden Granate konnte schwerwiegende Folgen haben. Bei der Bekämpfung eines Flugzeugs schossen die 4 Geschütze einer Batterie in Salven, wobei die Granaten so eingestellt waren, daß sie in einem Umkreis von 55 m vom Zielpunkt gleichzeitig detonierten. Wie bei der Bekämpfung von allen schnell auswandernden Zielen, hing die Wirkung der Geschütze auch hier ganz von der Feuerleitanlage ab – in diesem Fall dem Kommandogerät 36. Falls zum Beispiel die Kanonen ein in 4000 m Höhe fliegendes Flugzeug bekämpften, benötigten die Granaten zum Überwinden dieser Strecke etwa 6 Sekunden, in welcher Zeit ein mit 290 km/h fliegender Bomber etwa 482 m zurücklegte. In diesem Falle mußten die Kanoniere also genau 482 m vorhalten. Eine im Kommandogerät untergebrachte Rechenanlage verarbeitete die analogen Daten, die aus der bisherigen Flugroute hervorgingen, und spuckte diese dann in Gestalt von Höhen- und Seitenrichtzahlen an die Kanoniere und als Flugzeit für die Zündereinstellung aus. Eine sinnreiche elektrische Datenübertragungs-Anlage sorgte für eine sofortige und ständige Verbindung zwischen Zielrechenmaschine und Kanone. Insgesamt, d.h. von der Zielerfassung bis zur Explosion der Salve, vergingen auf diese Weise nur etwa 21 Sekunden: mindestens 10 Sekunden für die Zielerfassung durch das Kommandogerät, 5 Sekunden für Laden und Zündereinstellung und 6 Sekunden für das Zurücklegen der Entfernung, falls sich das Ziel 4000 m darüber befand. Die Salvenfolge betrug etwa 5 Sekunden, und eine gut eingespielte Bedienung vermochte diese höchste Feuergeschwindikeit ungefähr 2 Minuten durchzuhalten.

Eine Zielrechenmaschine – für gewöhnlich das Kommandogerät 36 – steuerte das Feuer von jedem der vier Geschütze einer Batterie. Sie versorgte die Bedienung mit der Höhen- und Seitenrichtung und gab die Entfernung für die Zündereinstellung an./via Schliephake

Bei Tage verfolgte die Bedienungsmannschaft des Kommandogeräts das Ziel mit eigenen optischen Einrichtungen. Bei Nacht war dies nicht möglich, weshalb man auf Horchgeräte und Suchscheinwerfer angewiesen war, die für sie das Ziel erfassen mußten. Infolge der geringen Schallgeschwindigkeit, war die Zielansprache durch das Horchgerät aber recht ungenau. Bei seiner größten Wirkungsreichweite von ca. 5500 m, wurde es vom Motorengeräusch erst nach 18 Sekunden erreicht. Das bedeutete bei einer Flugzeuggeschwindigkeit von 290 km/h, daß die berechnete Position etwa 1,5 km hinter dem wirklichen Standort zurücklag. Dennoch bewährten sich die Horchgeräte gelegentlich als Unterstützung der Suchscheinwerfer-Besatzungen. Der größte von den deutschen Flak-Batterien eingesetzte Scheinwerfer war der 150 cm »Flakscheinwerfer 37«, welcher bei klarem Wetter eine Reichweite von etwa 13 000 m besaß. Mit einer Lichtstärke von annähernd 1000 Mio Watt, stellte er an sich schon eine wirksame Zielverteidigung dar: eine Bomberbesatzung, die von diesem blendenden Licht einmal eingefangen war, sei es in mittlerer oder großer Höhe, konnte keinen genauen Bombenwurf mehr durchführen.

Die deutschen Kanoniere blickten mit großer Hoffnung der Einführung einer Ziel-Radaranlage entgegen, welche die Zielerfassung bei Nacht oder bei schlechter Sicht ermöglichen sollte. Ein Gerät dieser Art, mit dem

16

Tarnnamen »Würzburg«, befand sich bei der Firma Telefunken bereits in Serien-Produktion. Anscheinend stellte es die Antwort auf die meisten Probleme der Richtkanoniere dar und war wohl auch die Ursache für Görings übergroßen Optimismus in bezug auf die Luftverteidigung gewesen. Doch wie alle revolutionären Erfindungen hatte es auch seine Kinderkrankheiten, und bis zu seiner endgültigen Einführung gab es noch beträchtliche Rückschläge. Inzwischen war klar geworden, daß Flugabwehrkanonen keine ausreichende Abwehr gegen nächtliche Angreifer darstellten, die aus Höhen von 4000 m und mehr angriffen und bei denen die Abwurfgenauigkeit vor der Sicherheit rangierte. Eine wirkungsvollere Waffe wurde benötigt.

Bevor die Briten zu nächtlichen Angriffen übergingen, hatte die deutsche Luftwaffe schon verschiedentlich ein paar Bf 109 als Nachtjäger eingesetzt. Die Taktik dieser Jäger bestand in der Zusammenarbeit mit Suchscheinwerfern, welche das von ihnen angegriffene Ziel zu beleuchten hatten. Diese Technik trug die Tarnbezeichnung »Helle Nachtjagd«. Doch bald schon stellte sich heraus, daß diese kleinen Tagjäger weder über die nötige Ausdauer noch über die Ausrüstung für derartige Nachteinsätze verfügten. Der erste und einzige Erfolg, der auf diese Weise errungen wurde, kam in der

Das Radargerät »Würzburg«, welches 1941 in großem Umfang eingeführt wurde. Seine Informationen gingen in eine Zielrechenmaschine und ermöglichten so die Bekämpfung von Zielen bei Nacht oder über den Wolken./Bundesarchiv

Der Hauptzerstörungseffekt der schweren Flak-Granate bestand in ihren Splittern, deren Wirkung am Heck dieser STIRLING gut zu erkennen ist. Bei einem Flugzeug herkömmlicher Schalenkonstruktion war eine 8,8 cm Granate in der Regel tödlich, wenn sie im Umkreis von 10 m krepierte./IWM

Nacht vom 9. Juli 1940 zustande, als es Feldwebel Förster vom Jagdgeschwader 2 gelang, eine Whitley abzuschießen.

Nachdem die nächtlichen britischen Angriffe aber zu einer ständigen Einrichtung geworden waren, benötigte Göring eine schlagkräftigere Nachtjagdwaffe. Er befahl Oberst Kammhuber, eine Nachtjäger-Division aufzustellen. Außer Boden-Radar und Suchscheinwerfern sollte diese für ihre Aufgabe zweimotorige Jäger erhalten. Gegen Ende Juli umfaßte das neue »Nachtjagdgeschwader 1«, unter Major Wolfgang Falk, zwei Staffeln Bf 110, einige zu Jägern umgebaute Ju 88 und Do 17 Kampfflugzeuge sowie die

schon früher zum Nachtjagdeinsatz gekommenen Bf 109. Kammhuber teilte seinen Verband in zwei Gruppen: die Messerschmitt-Maschinen sollten gegen Bomber über Deutschland und den besetzten Westgebieten eingesetzt werden, die Junkers und Dornier hingegen den Krieg ins feindliche Lager tragen und versuchen, die feindlichen Bomber beim Start oder bei der Landung zu bekämpfen.

Im Sommer 1940 steckte die Defensiv-Taktik der deutschen Nachtjäger noch in den Kinderschuhen, und es gab viel Hin und Her. Zunächst wandte Kammhuber für seine zweimotorigen Jäger die alten Methoden der »Hellen Nachtjagd« an.

Hierbei kam ihm die Verwendung einiger »Freya«-Radar-Geräte zustatten – eines Frühwarngeräts mit 160 km Reichweite – mit dessen Informationen die Jäger starteten, um in den entsprechenden Suchscheinwerferzonen auf der angegebenen Höhe über bestimmten Funkbaken zu kreisen.

Die erste grundlegende taktische Änderung erfolgte im Herbst. Der große Nachteil der Methode »Helle Nachtjagd« bestand darin, daß die Scheinwerfer um die wichtigeren Städte konzentriert waren, wodurch sich außerhalb derselben diese Taktik nicht anwenden ließ. Hinzu kam ferner, daß die Nachtjäger häufig selber angestrahlt und von der eigenen Flak beschossen wurden. Um derartige Verwechslungen auszuschließen, zog Kammhuber die Scheinwerferbatterien aus den Städten heraus und trennte sie von den Flugabwehrgeschützen, und baute sie entlang der Linie Schleswig Holstein – Lüttich auf, welche quer zur Bomber-Einflugschneise lag. Diese Zone war während der Nachtzeit für alle übrigen deutschen Flugzeuge gesperrt, so daß die Nachtjäger sich auf jedes fremde Flugzeug konzentrieren konnten, das hier plötzlich auftauchte.

Diese Umgliederung brachte eine sofortige Verbesserung mit sich, doch war Kammhuber klar, daß es sich nur um einen Notbehelf handeln konnte. Da die Scheinwerfer die Eindringlinge erfassen mußten, bevor die Jäger sie abfangen konnten, hing die »Helle Nachtjagd«-Methode auch völlig vom Wetter ab. Schon wenige Wolken reichten aus, um das ganze Vorhaben zu vereiteln. Es wurde demzufolge eine Boden-Radarstation benötigt, welche die Bomber sowie Jäger orten und die letzteren auf die ersteren ansetzen konnte. Aber in

Die stoffbespannte *Wellington* widerstand den Flak-Granaten am besten. Der Luftdruck und die Splitter fegten den Stoff häufig hinweg, doch blieb der eigentliche Gitterrumpf intakt./IWM

Deutschland bestand eine tiefeingewurzelte Abneigung gegen eine derartige Führung der Jäger am kurzen Zügel vom Boden aus. Viele der »alten Hasen« betonten mit Nachdruck, daß »die stärkste Waffe des Jagdfliegers sein Mut sei«, und daß derartige Befehle seinen Angriffsgeist ersticken würden. Da Kammhuber seiner Sache sicher war, verwarf er diese Einwände.

Im Herbst 1940 unternahmen sowohl die deutschen Verteidiger als auch ihre britischen Gegenspieler die ersten zögernden Schritte auf dem völlig neuen Gebiet des radargelenkten Nachtkampfs.

Nachrichtenpersonal der Luftwaffe errichtete nahe Zwolle, am Ostufer der Zuider See, eine »Freya«-Radarstation, in Verbindung mit einem von der Marine geborgten primitiven Höhenmeßgerät. Nach einer Reihe von Versuchen mit Ju 52 Testmaschinen, fand am Abend des 16. Oktober der erste erfolgreiche Nachtabfangversuch der Deutschen statt.

Leutnant Ludwig Becker von der 4. Staffel NJG 1, welcher eine Do 17 flog, wurde mittels Funk auf ein nicht identifiziertes Flugzeug angesetzt, welches aus Holland einflog. Er berichtete später:

»Ich hatte die angegebene Höhe von 3300 m erreicht und wurde durch ständige Korrekturen auf den Gegner eingewiesen. Im Mondschein entdeckte ich plötzlich ein Flugzeug, etwa 100 m links über mir. Ich flog näher heran und machte es als eine »Vickers-Wellington« aus. Ich setzte von hinten zum Angriff an und gab einen Feuerstoß von 5-6 Sekunden Länge auf Rumpf und Flächenwurzel ab. Der rechte Motor fing sofort Feuer, und ich zog meine Maschine hoch. Der Engländer flog noch eine Weile weiter, wobei er schnell an Höhe verlor.

Dann ließ das Feuer nach und ich sah ihn zu Boden trudeln und dort brennend aufschlagen«.

Beckers Abfangerfolg war ein Hinweis auf die Zukunft, mehr aber nicht. Auch wenn es sich bei dem »Freya«-Gerät um eine Radar-Vorwarnanlage handelte, war sie doch viel zu ungenau, als daß sie für die Bodenflugkontrolle der Nachtjäger geeignet gewesen wäre. Im vorliegenden Falle hatte es sich um einen Glücksfall gehandelt, bei dem der Vollmond am Himmel, sowie ausgesuchte Leute am Boden und in der Luft zusammenspielten. Wenn aber das Abfangen durch Radarlenkung zur Regel werden sollte, benötigte man dazu eine eigens für diesen Zweck gebaute Radaranlage mit einer Reichweite von 65 km. Die Firma Telefunken arbeitete aus diesem Grund bereits an Plänen für eine Variante des »Würzburg«-Geräts.

Während der Bau dieses neuen Geräts – des »Würzburg«-Riesen vorangetrieben wurde, übernahm die Nachtjagdwaffe einige der älteren kleinen »Würzburg-«Geräte, um mit ihnen eine wenigstens begrenzte Bodenleit-Abfangmöglichkeit zu besitzen.

Im gleichen Maße, wie »Würzburg«-Geräte verfügbar wurden, zeichnete sich auch die Art ihres Einsatzes ab. Jede Jagdflieger-Bodenleitstation verwendete drei Radar-Geräte: eine »Freya«-Anlage für die allgemeine Überwachung des Luftraums und zwei »Würzburg«-Geräte: eine zur Zielerfassung und eine für den Kontakt mit dem Jäger. Eine derart ausgestattete Bodenleitstelle besaß weitaus bessere Chancen, den Jäger in Schußposition zu bringen. Diese neuartige Taktik trug die Tarnbezeichnung »Himmelbett«, und die Jägerleitstellen wurden etwa alle 35 km entlang Kammhuber's Abwehrlinie installiert. Diese hatte die Form einer riesigen Sichel, deren Handgriff ganz Dänemark umfaßte, während die Schneide sich über Norddeutschland, Holland, Belgien und Ostfrankreich bis an die schweizer Grenze erstreckte.

Bis zu diesem Zeitpunkt hatten die britischen Bomber für gewöhnlich bei Vollmond angegriffen, da sie zum Auffinden des Ziels Licht benötigten. Doch schon ließen die deutschen Nachtjäger diese Praxis gefährlich erscheinen, und Kammhuber wußte, daß die Bomber über kurz oder lang auch in den dunkleren Nächten kommen würden.

Mithin würde es künftig immer schwieriger für die Bodenleitstationen werden, die Jäger bis auf Sichtweite an ihre Beute heranzuführen. Das Nachtjagdkommando forderte daher für seine Maschinen ein neues, leichtes Radargerät. Die Ingenieure von Telefunken machten sich an die Arbeit.

Während sich die Verteidigung an Deutschlands Westgrenze versteifte, errangen auch die Langstrecken-Nachtjäger gewisse Erfolge gegenüber den Kampfflugzeugen in England. Im September wurde die entsprechende Einheit, die II./NJG 1, von Kammhuber in I./NJG 2 umbenannt. Es war vorgesehen, diese Störeinsatz-Gruppe später zu einem mit Ju 88 und Do 17 ausgerüsteten Geschwader auszubauen. Die Gruppe operierte von Gilze-Rijen in Holland aus und überwachte während feindlicher Einflüge RAF-Basen, um die Bomber dort beim Starten oder Landen zu erwischen. Ein Flugzeug hatte beim Abheben oder Einschweben so wenig Reserven für Ausweichbewegungen, daß es praktisch einer fliegenden Zielscheibe gleichkam, eine Tatsache, die den Besatzungen nur zu wohl bekannt war. Obwohl die Zahl der von den Störflugzeugen abgeschossenen Bomber in Wirklichkeit nur klein war, übten sie dennoch eine große moralische Wirkung aus, besonders auf die heimkehrenden Kampfflugzeuge. Die sowieso übermüdeten Besatzungen mußten auf schlecht beleuchteten Flugplätzen landen, wobei es verschiedentlich zu leichtem oder schwerem Bruch kam. Es konnte keine Rede davon sein, noch einmal eine Platzrunde zu fliegen, wenn deutsche Nachtjäger am Platz waren, egal wie schlecht der Anflug auch sein mochte.

Ende 1941, d.h. also nach gut einem Jahr britischer Bombenangriffe, wurden der deutschen Nachtjagd rund 250 Luftsiege zugeschrieben, von denen nicht ganz die Hälfte auf die Störflugzeuge entfielen. Der inzwischen zum Generalmajor beförderte Kammhuber befehligte eine Streitmacht von etwa 250 zweimotorigen Jägern, von denen rund 170 ständig einsatzbereit waren. Der Ausbau der Nachtjagdwaffe – sowohl was die Maschinen als auch die Bodeneinrichtungen anbelangt – wurde weiter vorangetrieben. Vom Mai 1940 bis zum Juli 1941 verlor das Bomber Command insgesamt 543 Flugzeuge, weshalb die Erfolgsmeldungen der deutschen Nachtjäger durchaus glaubwürdig sind.

Im Herbst 1941 brachte die allgemeine Vergrößerung der Luftwaffe, die auf den Einmarsch in Rußland folgte, einen wichtigen Wandel beim Einsatz der Nachtjäger mit sich. Die Einheit, die für die nächtlichen Störaktionen über England verantwortlich gewesen war, die I./NJG 2, wurde an den Kriegsschauplatz Mittelmeer verlegt, wodurch die nächtlichen Angriffe auf die Bomber-Basen in England ihr Ende fanden. Zwar hatten die Nachtbomber zu diesem Zeitpunkt noch keine ernsthafte Bedrohung bedeutet, weshalb sich die Umgruppierung zunächst auch kaum negativ auswirkte. Doch schließlich bedeutete sie, daß die RAF nun, ohne einen einzigen Schuß abzugeben, zu der Möglichkeit gekommen war, ihre Plätze weiter auszubauen und Ausbildung vorzunehmen, ohne hierbei irgendwie gestört zu werden. In den Jahren darauf sollte dies schwerwiegende Folgen für die deutsche Kriegswirtschaft haben. Während die Nachtverteidigung des deutschen Reichsgebiets im Frühjahr und Sommer 1941 wesentliche

Des Reiches vordere Verteidigungslinie: Piloten des JG 1 in Bereitschaft an ihren Bf 109, in De Kooy/Holland, im Sommer 1941. Diese Jäger waren imstande, den bei Tag nach Deutschland einfliegenden britischen Bombern empfindliche Verluste zuzufügen.

Fortschritte auf dem Gebiet der Zielaufklärung machte, konnte dies vom Bomber Command der RAF nicht gesagt werden. Es war nachgerade klar geworden, daß die gleiche Dunkelheit, welche die Bomber vor den Verteidigern schützte, auch die Ziele der Sicht entzog. Conningham's Voraussage sollte sich als richtig erweisen. Wichtigste Methode für die Navigation während der britischen Nachtangriffe war der »Koppelkurs«. Der Navigator führte die Maschine auf einem vorausberechneten Kurs, welcher ihn unter Berücksichtigung der Abdrift durch den Wind, nach einer gewissen Zeit zum Ziel führen mußte. Falls der Pilot diesen festgelegten Kurs ohne Zwischenfälle einhalten konnte und falls die Meteorologen die Höhenwinde über Deutschland richtig vorausgesagt hatten, war es für einen guten Navigator nicht schwierig, sein Ziel zu finden. Aber es erwies sich als praktisch unmöglich, die Windgeschwindikeit und Windrichtung über feindlichem Territorium genau vorherzusagen. Aus Versuchen wußten die Planungsoffiziere des Bomber Command, daß der durchschnittliche Koppelkurs-Fehler auf hundert Flugkilometer etwa 12 km nach beiden Seiten der Flugroute betragen konnte.

Dies allein war schon übel genug, stellte aber bei Angriffsunternehmungen nicht die einzige Schwierigkeit dar. Störungen durch Flakfeuer oder Nachtjäger pflegten die obige Fehlerquote noch wesentlich zu vergrößern. Ein Navigator, der gewisse Bodenformen und Landmarken ausmachte, konnte seine Position überprüfen und korrigieren, aber beim Überfliegen der verdunkelten deutschen Landschaft war es oft unmöglich, nach Passieren der Küste den Standort zu bestimmen. Wenn der Himmel oberhalb des Flugzeugs klar war, ließ sich evtl. ein Festpunkt anhand der Sterne ermitteln, doch dazu mußte die Maschine mehrere Minuten lang geradeaus in gleicher Höhe gehalten werden, während der Navigator mit dem Sextanten arbeitete und anschließend auch noch einige Zeit für seine Berechnungen benötigte. »Es war,« wie einer später bemerkte, »als säße man hinter verschlossener Tür und bei laufendem Motor in einem Eisschrank und versuchte zu rechnen.« Und am Ende all dieser Koppelpunkte stand dann immer noch eine Abweichung von 20 km.

Die Besatzungen des Bomber Command verwendeten häufig die Funkpeilungen englischer Bodenstationen. Diese waren bis auf 320 km ziemlich genau, doch wurde es von da an rasch schlechter.

Bei diesen primitiven Methoden, derer sich das Bomber Command während den ersten zwei Kriegsjahren bediente, war es daher durchaus als Erfolg zu buchen, wenn sich der Navigator am Ende des Koppelkurses nur 32 km abseits des Zielgebiets befand. War er dort angekommen, konnte es immer noch eine Stunde dauern, bis er, in der Dunkelheit herumtastend, endlich über dem eigentlichen Ziel stand.

Die Deutschen kannten diese Schwierigkeiten der RAF-Besatzungen von ihren eigenen Bombenangriffen auf England nur zu gut. Sie wußten, daß alles, was auch nur irgendwie nach dem Ziel aussah, die Bomber magnetisch anzog. Dementsprechend begannen sie im ganzen Lande mit der Anlage von Scheinzielen, die dem jeweiligen Objekt in gewisser Weise ähnelten und in dessen Nähe lagen.

Es war typisch für derartige Scheinanlagen, daß sie aus brennbarem Kleinholz bestanden, lose gehäuft und mit Hobelspänen, Pech und ähnlichem genährt, und für gewöhnlich elektrisch gezündet wurden. Sinnreiche Licht-Täuschungsmethoden erweckten den Eindruck ungenügender Verdunkelung oder einer offenen Tür, und einfache Funkenerzeuger imitierten das Aufblitzen fahrender Straßenbahnen. Fügt man diesem Bilde noch ein paar gut aufgebaute Scheinwerfer und Kanonen hinzu, einen Nebelvorhang und ein paar simulierte Bombenexplosionen, dann ist leicht zu begreifen, warum so viele Besatzungen die Scheinanlagen bombardierten und später in gutem Glauben Treffer im Ziel meldeten.

Gegen Ende des Jahres 1941 fanden noch einige verstreute Angriffe gegen englische Flugplätze statt. Dabei handelte es sich um Bomber oder Minenflieger, die ihr Ziel verfehlt hatten und nun ihre Ladung irgendwo abluden.

Unabhängig von der schwierigen Unterscheidung zwischen wirklichem Ziel und Scheinanlage, mußten die RAF-Besatzungen auch lernen, wie die mehr tödlichen Elemente der deutschen Verteidigung in ihrer Wirksamkeit reduziert werden konnten. Das Handbuch für Lufttaktik der RAF, Ausgabe 1941, läßt klar erkennen, wie die Besatzungen auf die unterschiedlichen Gefahren reagierten. Um zum Beispiel die Ortung durch Horchgeräte unwirksam zu machen, waren die Besatzungen angewiesen, die Motoren ihres Flugzeugs zu desynchronisieren. Das hieraus resultierende an- und abschwellende Geräusch erschwerte die Richtungsfindung ganz außerordentlich. Wurden die Besatzungen in großer Höhe durch schweres Flakfeuer erfaßt, hatten sie alle 6 Sekunden eine Kursänderung von 20° vorzunehmen. Da selbst eine gut ausgebildete Bedienung von Schuß zu Schuß rund 10 Sekunden benötigte, eine neue Vorhalteberechnung bei Kurswechsel erforderlich war und die Granate wiederum ca. 10 Sekunden brauchte, um bis auf 5000 m Höhe zu kommen, bestand für das Flugzeug eine gute Chance, dem nächsten Sprengpunkt auszuweichen.

Lag das Flakfeuer trotzdem weiter unangenehm genau, hatte der Pilot durch Wegdrücken die Geschwindigkeit zu erhöhen. Das Handbuch wies darauf hin, daß die Splitter einer oberhalb des Flugzeuges krepierenden Flakgranate nicht gefährlich seien, da die Aufwärtsbewegung der Granate die Abwärtsbewegung der Splitter aufheben würde. Im gleichen Sinne seien die Splitter einer hinter dem Flugzeug detonierenden Granate ungefährlicher, da die Geschwindigkeit des Flugzeugs den Splittern die Wirkung nimmt, wohingegen das Flugzeug in die Splitter hineinschießt, wenn der Sprengpunkt vor dem Flugzeug liegt. Für das Abschütteln eines Jägers wurde eine Sturzflugkurve empfohlen. Das Kampfflugzeug gewann dadurch rasch an Fahrt und war von oben aus auch schwer zu sehen, es sei denn, daß es sich gegen eine Wolke abhob.

Andere Anweisungen des Handbuchs waren hingegen weniger vernünftig. So wurde zum Beispiel empfohlen, daß ein oder zwei Maschinen aus sicherer Höhe Scheinangriffe gegen das Ziel richten sollten, um die Abwehr abzulenken.

»Diese Flugzeuge haben ihre Positionslampen und Kennlichter einzuschalten. Wie die Erfahrung zeigt (sic), wird die Aufmerksamkeit der Abwehr davon angezogen, wodurch die verbleibenden Maschinen vergleichsweise unbehelligt bleiben, vor allem wenn sie im Gleitflug aus verschiedenen Richtungen kommen.

Der »Lockvogel« kann selber zum Bombenangriff übergehen, wenn das Täuschungsmanöver vorüber oder nicht mehr erforderlich ist.«

Auf dem Papier war das ein schöner Plan. Besatzungen, die den Schneid besaßen, im Zielraum ihre Erkennungs- und Positionslichter brennen zu lassen, mußten die gegnerische Aufmerksamkeit mit allergrößter Gewißheit auf sich ziehen. Doch wie sollten die anderen Bomber zum gegebenen Zeitpunkt das gleiche Ziel erreichen, um diesen günstigen Augenblick auch auszunutzen?

Obwohl der Name der ursprünglichen Fortress-Ausführung fälschlicherweise mit »Seattle« angegeben wird, ist doch die 1941 offiziell von der Luftwaffe wiedergegebene Beschreibung bezüglich der leichten Bewaffnung und der Lage der Betriebsstofftanks richtig. Die 90. RAF-Staffel flog die B 17 C im Sommer 1941 während einiger in großer Höhe durchgeführten Angriffe

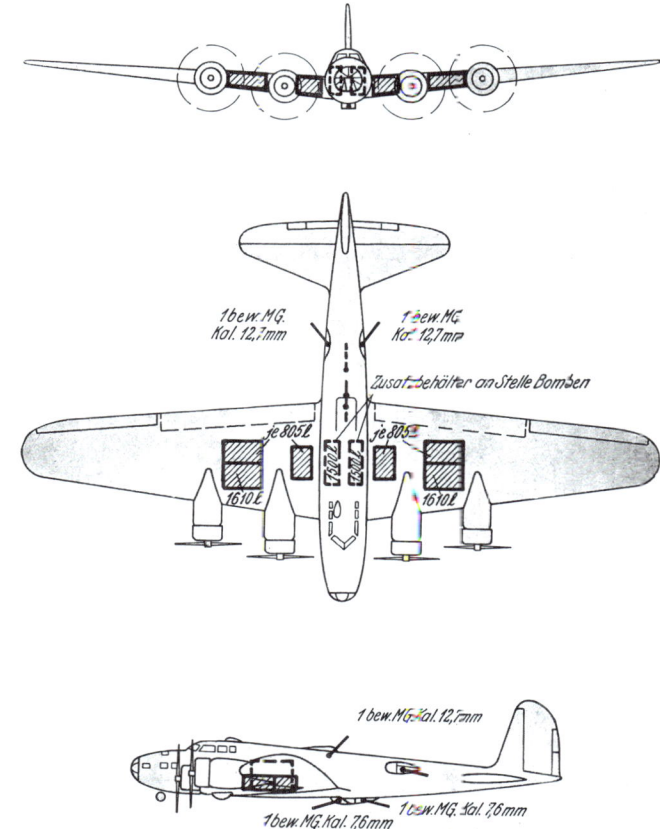

Boeing „Seattle"
Kampfflugzeug[1]

Je 1 bewegliches MG, Kal. 12,7 mm, auf Rumpfoberseite und beiderseits im Rumpf, und je ein bewegliches MG, Kal. 7,6 mm in Bodenwanne, nach vorn unten und hinten unten feuernd.
Bei Ausführung B, in der Bodenwanne nur 1 nach hinten unten feuerndes MG.

1) Die Skizze zeigt die neueste Ausführung C (D).

gegen Deutschland. Diese frühe Version war jedoch kein Erfolg und wurde bald aus der Front gezogen.

Am Ende des ersten Jahres der RAF-Bomberoffensive nahm allein schon das Problem der bloßen Erreichung des Ziels die besten Köpfe in Anspruch.

Die Luftbild-Fernaufklärung der RAF reichte gegen Mitte 1941 über ganz Deutschland hinweg und brachte von den bombardierten Zielen klare Aufnahmen zurück. Diese wiesen in den meisten Fällen nur geringe

Beschädigungen nach. Das konnte zweierlei bedeuten: entweder war die deutsche Schadentarnung bzw. – Reparatur hervorragend oder – und zu dieser Annahme neigte man mehr und mehr – die meisten Bomben waren gar nicht in das Ziel gefallen. Air Vice Marshal Saundby, der Stabschef des Bomber Command, meinte sogar bei der Zurückmeldung einer Gruppe, die behauptete, 300 Tonnen Bomben über einem bestimmten Ziel abgeladen zu haben: alles, was mit Sicherheit festgestellt werden könne, sei die Tatsache, »daß man 300 t Bomben in eine bestimmten Richtung exportiert habe.« Professor Lindemann, Churchill's wissenschaftlicher Berater, ließ einen seiner Mitarbeiter eine unabhängige Untersuchung hinsichtlich der Wirkung der Bombenangriffe durchführen, wobei Aufnahmen im Augenblick des Abwurfs mit der späteren Schadenserfassung verglichen und als Beweismittel benutzt wurden. Das Ergebnis war auf das äußerste beunruhigend: bei den Besatzungen, die Treffer im Ziel gemeldet hatten, war nur jede dritte überhaupt mit ihren Bomben bis auf 9 km an das Ziel herangekommen. Im Ruhrgebiet, mit dem dort ständig lagernden Dunst, war es sogar nur eine von 10. Zwar mochte Görings Ansehen ein bißchen gelitten haben, doch insgesamt gesehen, zeigte das Industriegebiet der Ruhr nur wenig Narben. Auf alle Fälle hatten die Bombenangriffe keine Einschränkungen bei der Rüstungsindustrie zur Folge. Churchill schalt denn auch seinen Luftwaffen-Oberbefehlshaber, Sir Charles Portal: »Es ist ein schrecklicher Gedanke, daß vielleicht dreiviertel unserer Bomben fehlgehen … kämen wir auch nur auf 50:50, dann hätten wir praktisch unsere Bombenwirkung verdoppelt.« Im Juni 1941 war der deutsche Angriff auf die Sowjetunion erfolgt und hatte alsbald tief in das Land hineingeführt. Wenn es den Russen nicht gelang, diesen Druck ein wenig abzufangen, würden sie gegebenenfalls zu Friedensverhandlungen genötigt sein. Außerstande, wie der britische Premier war, eine Invasion des europäischen Festlands durchzuführen, sah er sich nunmehr gezwungen, die einzige Offensivwaffe, die er besaß, weiter einzusetzen: Das Bomber Command der RAF. Jetzt galt es, den strategischen Bombereinsatz zu entwickeln.

Dieses Setzen neuer Prioritäten hatte zur Folge, daß Wissenschaftler des Staatlichen Fernmelde-For-

schungsamtes von anderen Aufgaben abgezogen und mit der beschleunigten Entwicklung von Funkhilfen für die Kampfflugzeuge betraut wurden, mit deren Unterstützung das Ziel leichter angeflogen werden konnte. Das erste dieser Geräte ging im Herbst 1941 in die Massenproduktion: »Gee«. Das System bestand aus 3 festen Sendern, die in einer vorher festgelegten Anordnung Impulse ausstrahlten. Der Flugzeug-Navigator konnte nun mittels eines besonderen Empfängers die sehr kleinen Unterschiede bei der Ankunft der verschiedenen Wellen messen und auf diese Weise einen Gee-Wert erhalten. Übertrug er diesen auf eine Gee-Karte, konnte er seinen Standort ablesen. Die Gee-Sender breiteten also praktisch ein unsichtbares Funk-Gitternetz über Europa aus, welches es den mit Spezialgeräten ausgestatteten Flugzeugen ermöglichte, bis auf eine Reichweite von 650 km ihren Standort überall zu ermitteln. In Sendernähe stimmte die Genauigkeit bis auf etwa 800 m, bei zunehmender Entfernung verschlechterte sie sich und bei 650 km mußte man eine Abweichung von ungefähr 10 km in Kauf nehmen. Nichtsdestoweniger war mit dieser Anlage eine gewaltige Verbesserung gegenüber den bisherigen Hilfsmitteln zur Positionsbestimmung geschaffen worden, welche erwarten ließ, daß künftig weit mehr Flugzeuge ihre Ziele finden würden. Bis anfangs 1942 sollten genügend Gee-Empfänger verfügbar sein, um die Masse der Bomberflotte damit auszurüsten.

Vier neue Bomber-Typen wurden im Verlauf des Jahres 1941 vom Bomber Command in Dienst gestellt. Verglichen mit den Whitley, Wellington und Hampden, welche sie ersetzen sollten, hatten alle eine bessere Leistung und Tragfähigkeit aufzuweisen. Zuerst kam die viermotorige *Short Stirling,* welche eine Bombenlast von 6350 kg rund 1200 km weit, und eine von 2300 kg 1600 km weit befördern konnte. Als nächstes erschien dann die *Avro Manchester,* welche von nur zwei neuen Rolls Royce »Vulture« Motoren angetrieben wurde, obwohl sie annähernd so schwer war wie die *Stirling.* Bald stellte sich jedoch heraus, daß diese noch unerprobten Triebwerke ihre Tücken hatten, weshalb die *Manchester* unter den Besatzungen schnell einen schlechten Ruf bekam.

Etwas besser war die andere Viermotorige, die *Halifax,* obwohl auch bei ihr anfänglich nicht genügend Kraft

Das Wrack eines der neuen *Halifax-Bomber* der 35. Staffel, das hier in Norddeutschland auf dem Boden schwelt, ist höchstwahrscheinlich jene Maschine, die am 30. Juni 1941 beim Tagangriff auf Kiel verloren ging. Auf der rechten Seite sieht man das selten eingebaute Rumpf-Seiten-MG.
Weber via Krüger

vorhanden war und sie einige unangenehme Flugeigenschaften aufwies. Im Frühjahr 1941 erhielt das Bomber Command schließlich eine ausreichende Zahl der neuen amerikanischen »B17-Fortress«-Bomber, mit denen eine ganze Staffel ausgerüstet werden konnte. Allerdings handelte es sich bei dieser ersten Ausführung um eine nur leicht bewaffnete Maschine, deren Kampfkraft weit unter der der Nachfolgemodelle lag. Von den 4 neuen schweren Kampfflugzeugen, die jetzt zum Einsatz gelangten, war daher eigentlich nur die *Stirling* eine von Anfang an brauchbare Waffe. Zwar wurden auch die drei anderen noch zu äußerst tüchtigen Bombern entwickelt, doch benötigte dies beträchtliche Zeit. Obwohl die meisten Bombenangriffe gegen Ziele in Deutschland unter dem Schutz der Dunkelheit stattfanden, schickte das Bomber Command seine Maschinen 1941 gelegentlich auch bei Tage los. Die Risiken waren groß, das wußte man, doch war man bereit, sich damit abzufinden. Selbst wenn derartige Unternehmungen der gegnerischen Kriegsmaschine nicht allzu viel Schaden zufügten, wurden doch durch die bloße Drohung Abfangjäger gebunden, die sonst an-

derweitig nach dem Osten verlegt worden wären. Der Umfang derartiger Angriffe war sehr unterschiedlich. So wurde beispielsweise am 30. Juni, eine Woche nach dem deutschen Einfall in Rußland, die Stadt Kiel aus rund 6000 m Höhe durch 6 *Halifax* bombardiert, mit denen die 35. Staffel gerade neu ausgerüstet worden war. Eine Maschine ging verloren. Am 4. Juli griffen 12 Blenheim der 105. und 107. Staffel aus niedriger Höhe die Docks von Bremen an. Bei derartigen Höhen konnte die leichte Flak sich als tödlich erweisen, und in der Tat war das bei dieser Gelegenheit auch der Fall. Vier Blenheim wurden abgeschossen und alle übrigen beschädigt. Wing Commander H. Edwards erhielt für diesen Einsatz das Victoria Kreuz. Einen Monat später, am 12. August, richteten 54 Blenheim einen Tiefangriff gegen die Kraftwerke Knapsack und Quadrath bei Köln, von dem 10 Flugzeuge nicht wiederkamen.

Im gleichen Zeitraum experimentierte die RAF auch mit Angriffen aus großer Höhe, wozu die »Fortress« aus 10 000 m Höhe angesetzt wurde. Da innerhalb des Bomber Command aber nur die 90. Staffel mit diesem Typ ausgerüstet war und diese nie mehr als 9 Maschinen besaß, konnte von Großeinsätzen, wie in den späteren Jahren, allerdings nie die Rede sein.

Anstattdessen griffen die *Fortress* entweder allein oder in Gruppen zu drei Maschinen an. Es wurde jedoch bald klar, daß selbst diese Maschinen weder hoch noch schnell genug fliegen konnten, um der Aufmerksamkeit der deutschen Jäger zu entgehen, und da ihre MG-Stände nicht kraftbetätigt waren, konnten sie sich auch nicht genügend verteidigen.

Nachdem drei im Einsatz und vier weitere bei Unfällen verlorengegangen waren, zog man die *Fortress* gegen Ende September 1941 aus dem nordeuropäischen Kampfraum heraus. Für einen derartig schwierigen Kriegsschauplatz war dieser Typ einfach noch nicht reif genug. Die Lehren aus diesen in sehr großer Höhe geflogenen Angriffen hatte man indessen gelernt. Als das Jahr 1941 zu Ende ging, waren die Deutschen durchaus zuversichtlich und glaubten sich für jeden Einflug in ihren Luftraum gewappnet. Zwar war die Abwehr bei Nacht etwas schwieriger, doch der durch Bomben angerichtete Schaden dafür auch geringer. Auf alle Fälle würden die kurz vor der allgemeinen Auslieferung stehenden neuen Radar-Geräte die Wirksamkeit der Nachtjäger beträchtlich verbessern. Für die Nachtjäger selbst war inzwischen eine Radar-Bordanlage unter der Bezeichnung *Lichtenstein,* mit einer Höchstreichweite von 4 km, verfügbar. Die Boden-Leitstationen ihrerseits waren mit *Würzburg Riese* und dessen Reichweite von 65 km imstande, die Abfangjäger weit besser an den Gegner heranzubringen. Gegen Jahresende besaß die Luftwaffe insgesamt 302 Nachtjäger, von denen etwa 150 für den Einsatz zur Verfügung standen. Mit dieser ständig wachsenden

Der meistgebräuchliche Nachtjäger-Typ war die hier abgebildete Messerschmitt Bf 110, Gildner steigt gerade ein, um von Leeuwarden/Holland, dem Frontflugplatz der II./NJG 1, zu einem Einsatz zu starten. Man beachte seitlich am Bug den stürzenden Adler mit dem Blitz, das taktische Zeichen der Nachtjäger.

Die Bugwaffen der Bf 110 bestanden aus zwei 7,6 mm MG sowie aus zwei 20-mm-Kanonen. Die Wirkung der 20-mm-Explosivgeschosse kann man am Rumpf dieser *Manchester* erkennen. Zum Abschuß eines schweren Kampfflugzeugs waren im Durchschnitt 20 20-mm-Treffer erforderlich Lewin, via Garbett/Goulding.

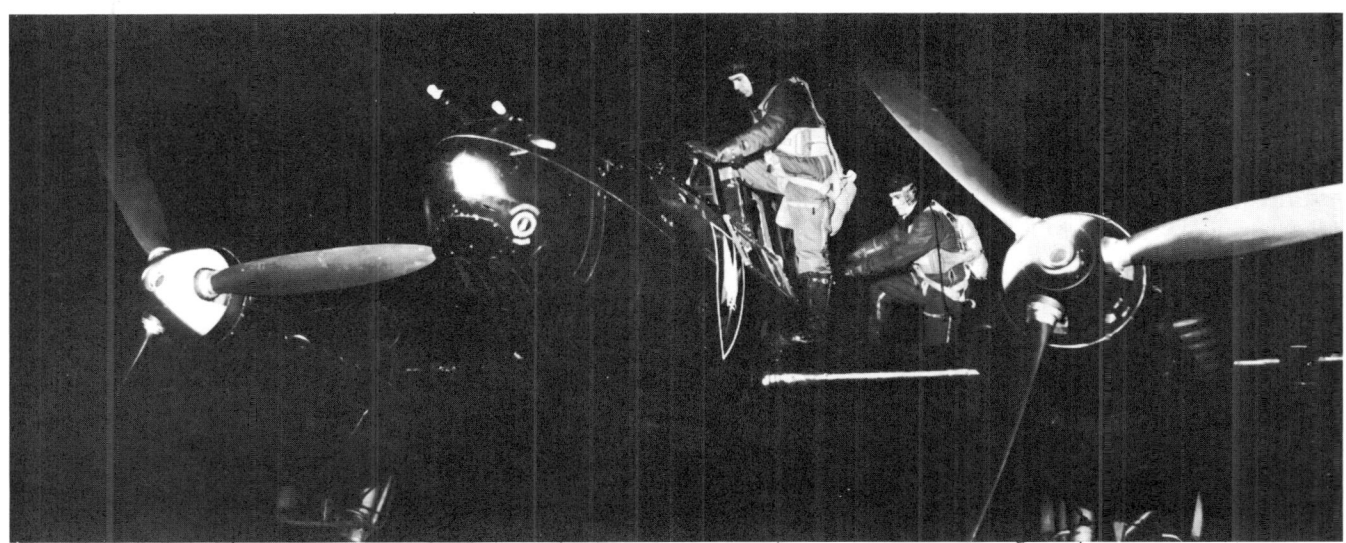

Streitmacht und angesichts der Einführung einer immer besser werdenden Ausrüstung, so glaubte die deutsche Führung, würde man dem Bomber Command schwere Verluste zufügen können, wenn es mit seinen Angriffen fortfuhr.

Aber auch in England war man in bezug auf die Zukunft optimistisch. Die neuen viermotorigen Bomber waren jetzt in ausreichender Zahl vorhanden, und die Navigationshilfe »Gee« konnte ebenfalls bald eingesetzt werden. Außerdem hatte sich eine realistischere Betrachtungsweise durchgesetzt. Man hatte erkannt, daß die Nachtbomber bis auf weiteres nicht in der Lage sein würden, kleine Industrieziele aus größerer Höhe auszuschalten. Wie schon der Oberbefehlshaber der Luftwaffe, Sir Charles Portal, im vergangenen Juli festgestellt hatte: »Wenn er taktisch nicht durchführbar ist, lohnt sich selbst der Angriff auf das wirtschaftlich interessanteste Ziel nicht.«

Das Ergebnis war eine allmähliche Verlagerung der Angriffe auf Ziele, die »taktisch erreichbar« waren – nämlich die großen deutschen Städte. In höheren Offizierskreisen hegte man die Hoffnung, daß der Übergang zum sogenannten »Flächen-Bombardement« nur vorübergehender Natur sei und man nach Einführung von »Gee« und den anderen im Planungsstadium befindlichen neuen elektronischen Geräten in der Lage sein würde, die Bekämpfung von Einzelzielen wieder aufzunehmen.

Im Dezember 1941 traten die Vereinigten Staaten schließlich in den Krieg ein und mit ihnen kam der Entschluß, für den Angriff auf Deutschland eine strategische Bomberwaffe aufzubauen.

Auf diese Weise fühlten sich beide Seiten in der Annahme bestätigt, daß sich 1942 am deutschen Himmel entscheidende Dinge zu ihren Gunsten entwickeln würden. Beide sollten nicht Recht behalten.

Neue Waffen entstehen

JANUAR – DEZEMBER 1942

»Mit unserem Urteilsvermögen steht es wie mit den Uhren: man glaubt daran, obwohl jede anders geht.«

Pope

Mit Beginn des Jahres 1942 herrschte in Deutschland der optimistische Glaube vor, daß der Krieg bis zum Sommer vorüber sein würde. In Rußland verlief die Front direkt vor den Toren von Moskau und Leningrad. Die deutschen Truppen hatten im Verlauf ihrer Offensive mehr als 2,5 Millionen Gefangene gemacht, und nur wenige zweifelten daran, daß es den Panzerdivisionen gelingen würde, der Roten Armee im Frühjahr den Rest zu geben. Im Atlantik fügten die deutschen U-Boote den hart bedrängten Handelsschiff-Konvois schwere Verluste zu; und ein großangelegter Ausbau der U-Bootwaffe war bereits in Angriff genommen. Zugegeben, die USA waren jetzt in den Krieg eingetreten, doch hatten sie bisher kaum mehr getan, als vor den kraftvollen Schlägen der Japaner im Pazifik zurückzuweichen. Hatten die Briten und Amerikaner dann eine andere Wahl, als bei den Deutschen um günstige Friedensbedingungen nachzusuchen, wenn Rußland besiegt und der Atlantik blockiert war?

In Deutschland selbst, verursachten die nächtlichen Eskapaden der britischen Bomber nicht viel mehr als ein paar schlaflose Nächte. Doch das sollte sich bald ändern. Im Februar wurde Air Marshal Harris zum neuen Chef des Bomber Command ernannt, und zwar zu einem Zeitpunkt, wo einige der von seinem Vorgänger eingeleitete Verbesserungen bereits wirksam wurden. Das Navigationsradar »Gee« stand ab März zur Verfügung, und es sollte nicht lange dauern, bis die Deutschen dies zu spüren bekamen. Am 28. März

führte eine Flotte von 234 Bombern einen Schlag gegen Lübeck und legte einen Teil der Stadt in Schutt und Asche. Es war das erste Mal, daß RAF-Nachtbomber einem solchen Ziel schweren Schaden zufügen konnten. Im darauffolgenden Monat wurde Rostock, im Verlauf von vier aufeinanderfolgenden Nachtangriffen, ähnlich schwer beschädigt.

Zwar erfolgten diese Angriffe auf Ziele außerhalb der 650 km Maximalreichweite des Gee-Geräts, doch erwies es sich unterwegs als Navigationshilfe von außerordentlichem Wert. Man benutzte mondhelle Nächte und wählte sich leicht auszumachende Küstenziele aus. Auch über die Taktik der »Bomber-Wege« begann man sich zu Beginn des Jahres 1942 Gedanken zu machen. War dies die beste Art, um die ständig wachsende deutsche Nachtjäger-Abwehr zu durchbrechen? Während der ersten 18 Monate der Nachtbomber-Offensive, durften sich die Besatzungen den Kurs zum Ziel und zurück selber aussuchen. Viele waren davon überzeugt, daß ihre sichere Rückkehr nur dem Umstand zu verdanken war, daß sie sich anders als die anderen verhielten. Die deutschen Linien wurden auf diese Weise an vielen Punkten überflogen: immer nur von 2-3 Maschinen, und dies verteilt auf mehrere Stunden. Aber gerade für diese Größenordnung hatte Kammhuber das »Himmelbett«-System eingeführt. Es wurde auch in England offenkundig, daß die deutsche Abwehr infolge der Verwendung neuer elektronischer Jäger-Leitgeräte auf dem Boden und in der Luft immer wirksamer wurde. Während der 6 Monate bis zum Februar 1942 hatten die Verluste der Nachtbomber erträgliche 2,7% der eingesetzten Maschinen betragen, doch wuchs die Verlustrate jetzt auf nahezu 4% an. Diese Steigerung ging fast ausschließlich auf das Konto der deutschen Nachtjäger. Obzwar auch diese Verluste noch vertret-

Rückgrat der deutschen Nachtjäger waren die »Himmelbett«-Bodenstationen, welche auf große Entfernungen mit einer Radaranlage Typ »Freya« (Mitte) und zur Überwachung der Bomberbewegungen und angreifenden Nachtjäger mit zwei »Würzburg-Riese«-Geräten arbeiteten./via Heise

bar waren, erhob sich dennoch die Frage, ob man sie nicht mit einer verbesserten Taktik verringern könnte. Aufgrund der mit Einführung des »Gee«-Geräts verbesserten Orientierung erwies es sich als nützlich, den gesamten Kampffliegerverband, zeitlich und räumlich vereinigt, auf dem gleichen Weg, ans Ziel zuführen. Die Vorzüge einer derartigen Konzentration waren offenkundig, nachdem die Briten erst einmal die deutsche Abwehrmethode erkannt hatten. Eine »Himmelbett«-Jägerleitstelle konnte nebst dem ihr zugeordneten Nachtjäger immer nur einen Bomber angreifen und benötigte dazu im Durchschnitt 10 Minuten. Eine Flak-Batterie vermochte ebenfalls jeweils nur einen Bomber unter gezieltes Feuer zu nehmen, wobei rund 20 Minuten vergingen. Kamen die Kampfflugzeuge also in kleinen Pulks und in großen Zwischenräumen, konnten praktisch auch alle bekämpft werden. Falls sie aber die Luftverteidigung in einem konzentrierten Verband durchbrachen, boten sie der Abwehr für kurze Zeit eine verwirrende Zahl von Zielen und nichts für nachher. Eine gut eingespielte »Himmelbett«-Organisation war

in der Lage, pro Stunde höchstens 6 Bomber zu bekämpfen, egal wieviel Maschinen während dieser Zeit auch über sie hinwegflogen. Außer diesen 6 Pechvögeln, waren also alle übrigen vor einem Angriff sicher. In gleicher Weise konnte auch die Flak-Abwehr nur eine begrenzte Zahl von Zielen bekämpfen.

Natürlich brachte die Konzentration von vielen Kampfflugzeugen auf engem Raum auch eine vermehrte Kollisionsgefahr mit sich, und da die Maschinen jetzt sowohl in dunklen als auch in mondhellen Nächten starteten, mußte diesem Umstand Rechnung getragen werden. Es war in der Tat so, wie es Dr. Basil Dickins, der Chef der Einsatz-Planungsabteilung im Stabe des Bomber Command und einer der entschiedensten Fürsprecher für die Zusammenfassung der Einsatzstreitkräfte, später formulieren sollte:

»Es bestanden beträchtliche Meinungsverschiedenheiten, ob man zu geschlossenen Einsätzen übergehen und die damit verbundenen Risiken eingehen sollte. Interessanterweise war es immer so, daß, wenn eine Besatzung von einem Einsatz nicht zurückkehrte, sie eben »Pech gehabt« hatte. Kam sie hingegen mit einem Loch in der Fläche zurück, das von einer von oben kommenden Brandbombe herrührte oder einer leichten Berührung, erzählte sie aller Welt von dem »Beinah-Zusammenstoß.«

Auf diese Weise wurde die Kollisionsgefahr zum Gesprächsthema. Wir mußten die Dinge daher mathematisch erfassen und die tatsächliche Möglichkeit eines Zusammenstoßes genau errechnen. Bald war es meiner Abteilung klar, daß das Kollisions-Risiko lediglich ein halbes Prozent betrug, gegenüber einer 3-4 % Abschußrate durch Flak oder Jäger.

Das *Würzburg-Riese-Gerät* stellte eine einfache Entwicklung aus dem kleinen Würzburg dar, wie es die Flak verwandte; nur war der Reflektor größer, um durch schärfere Bündelung die Reichweite vergrößern zu können.

Wir konnten daher das Kollisionsrisiko durchaus in Kauf nehmen, vorausgesetzt natürlich, daß dafür Verluste aus anderen Gründen zurückgingen.«

Es muß allerdings betont werden, daß der Ausdruck »Konzentration« in diesem Zusammenhang relativ ist, vergleicht man ihn mit der vorangegangenen Situation. Tatsächlich sollten die Bomber nach wie vor weit auseinandergezogen fliegen. Dickins schlug vor, daß pro Minute jeweils 10 Maschinen eine bestimmte Stelle der Flugroute passieren sollten. Das bedeutete, daß immer rund 10 Bomber innerhalb eines »Kastens« von etwa 5 km Länge, 8 oder mehr km Breite und nahezu 3 km Tiefe verteilt flogen. Selbst in einer klaren Nacht hätte auf diese Weise eine Besatzung kaum die Chance, von den mitfliegenden Bombern mehr als einen oder zwei zu sehen. Der »Bomberstrom«, wie er genannt werden sollte, hatte daher auch nichts mehr mit einer regelmäßigen Formation zutun, und war sie noch so weit auseinandergezogen. Auch eine gegenseitige Abschirmung gegen Nachtjägerangriffe war hierbei kaum möglich, obwohl Versuche gelegentlich stattfanden.

Die erste Anwendung der Bomberstrom-Taktik fiel mit einem wichtigen Meilenstein der Bomberoffensive zusammen: dem ersten »Tausend-Bomber-Angriff«. Air Marshal Harris mußte aus politischen Gründen einen solchen Schlag führen, um auf diese Weise die Wichtigkeit seiner Waffe demonstrieren zu können. »Ein derartiger Beweis,« so schrieb er später, »war in der Tat das einzige sichtbare Argument für mich, um zu verhindern, daß unsere Staffeln weggenommen und gegen andere, unwichtige Ziele eingesetzt wurden, und um endlich das dringend benötigte Material zu erhalten, die Navigationsradar- und Zielweisungsgeräte, welche die unbeweglichen Ämter uns lange vorenthalten hatten!«

Um die 1000 Bomber zusammenzubekommen, die er für erforderlich hielt, setzte Harris nicht nur seine gesamte Streitmacht ein, sondern er zog auch von seinen Kampffliegerschulen fast 500 Maschinen ab. Die letzteren mußten von Fluglehrern oder Besatzungen im letzten Ausbildungsstadium geflogen werden. Sowohl der gegenwärtige Stand als auch die Zukunft der Kampfflieger standen also bei diesem einen Angriff auf dem Spiel. Angriffsziel war Köln, immer noch in Reichweite von »Gee«.

Verständlicherweise hatte die RAF ein großes Interesse an dem Standort der einzelnen deutschen Radar-Stationen. Flugzeuge mit Spezialantennen wurden ausgesandt – wie die hier abgebildete Wellington um sie genau zu lokalisieren.

Rund 100 damit ausgerüstete Maschinen der 1. und 3. Gruppe sollten im ersten Pulk fliegen. Mit Brandbomben und dem Auftrag, das Zielgebiet für das nachfolgende Gros auszuleuchten.

In der Nacht vom 30. Mai fand der Angriff statt. Eine Flotte von insgesamt 1046 Bombern, viermal mehr als bisher jemals vom Bomber Command eingesetzt, hob von den englischen Plätzen ab. Die Bombenabwürfe sollten innerhalb von 90 Minuten erfolgen, was einer Planungsdichte von etwa 11 Bomben pro Minute entsprach.

Diese »Demonstration« kostete Harris 41 Flugzeuge, d.h. etwa 3,8 % des eingesetzten Verbandes. Zwar war diese Verlustrate kaum niedriger als bei den früheren Angriffen, doch fand der Einsatz gegen Köln in einer mondhellen Nacht statt, welche die Abwehr durch

Nachtjäger erleichterte, und zum Teil auch mit Besatzungen ohne Einsatzerfahrung.

Die Verluste wären zweifelsohne höher gewesen, wäre man nicht im geschlossenen Verband geflogen. Außerdem war es den Angreifern erstmalig gelungen, einer großen deutschen Stadt ausgedehnte Schäden zuzufügen.

Der Weg der Bomber, zum Ziel hin und zurück, führte sie durch »Himmelbett«-Sektoren, in denen die mit Bf 110 ausgerüstete II. Gruppe des Nachtjagdgeschwaders 1 zum Einsatz bereit stand. Wie nicht anders zu erwarten, mangelte es dieser Gruppe nicht an Zielen. Aber wenn sie auch 8 Flugzeuge abschoß, so gelangte dennoch für jede zerstörte Maschine ein Dutzend anderer an ihnen vorbei. Zu den bemerkenswerten Vorkommnissen dieser Nacht gehört aus deutscher Sicht der Einsatz des Leutnant Niklas und seines Funkers, Unteroffizier Wenning, beide von der II./ NJG 1. Sie waren beim Anflug der Bomber von ihrem Einsatzflugplatz bei St. Trond gestartet und flogen auf die Funk-Bake zu, welche direkt nordwestlich ihrer Jägerleitstelle lag. Später erinnerte sich Wenning daran wie folgt:

»Wir brauchten in unserem Raum nicht lange zu warten. In 3000 m Höhe sahen wir auf 500 m Entfernung die erste Maschine, die wir als Wellington ausmachten. Der Tommy entdeckte uns fast zur gleichen Zeit. Er machte eine plötzliche Rechtsbewegung und drehte von uns weg. Wir hinterher, aber sein Abwehrfeuer war so stark, daß wir nicht in Angriffsposition gelangten und über die Wellington hinwegfegten.

… Dann setzten wir uns wieder hinter sie und konzentrierten unser Feuer auf die linke Fläche. Sie fing zu brennen an, wir konnten Flammen erkennen. Unser Opfer war inzwischen auf etwa 2000 m heruntergedrückt worden. Wir schlossen von neuem auf. Nach einem weiteren Feuerstoß auf Rumpf und Flächen leuchteten die Flammen heller auf. Dann setzten wir uns etwas ab, um besser zu erkennen, ob ein weiterer Angriff erforderlich sei. Die Wellington flog noch eine Weile weiter, während das Feuer an Stärke zunahm. Dann kippte sie über und stürzte ab, wobei sie einen funkensprühenden Kometenschweif hinter sich herzog. Sie explodierte dicht über dem Boden und erleuchtete weithin die Umgebung.

Die »Tausend-Bomber-Angriffe« symbolisierten Harris' Entschlossenheit, die Ziele mit vernichtender Wirkung anzugreifen. Obenstehend die von Leutnant Niklas geflogene Bf 110 nach dem Nachteinsatz vom 30. Mai 1942./Seeley

Niklas und Wenning stiegen wieder auf die befohlene Einsatzhöhe und meldeten ihrer Leitstelle, daß sie für den nächsten Angriff bereit wären.

Sie wurden unverzüglich auf ein zweites Flugzeug angesetzt, welches vor ihnen auf 650 m in Sicht kam.

»Es machte Ausweichbewegungen, schoß aber nicht. Hatte man uns gesehen? Wir gingen direkt zum Angriff über. Das Ziel wurde immer größer, bis es schließlich wie ein Scheunentor vor uns stand. Mir verschlug es fast den Atem: wir waren drauf und dran, es zu rammen. Wir eröffneten das Feuer auf kurze Entfernung und trafen Rumpf und Flächen. Im hinteren Rumpfteil begannen Brände aufzuglühen, und ich wollte gerade rufen: »Er brennt!«, als Leutnant Niklas plötzlich rief: »Ich bin getroffen und breche den Kampf ab!« Ich hatte Mündungsfeuer vom hinteren MG-Stand für das Aufglühen unserer Geschosse gehalten. Wir konnten uns dem Tommy nicht mehr länger widmen, sondern hatten jetzt unsere eigenen Probleme.«

Niklas' linker Arm war zerschmettert und nicht zu gebrauchen. Außerdem blutete er beträchtlich. Da er von seiner hinteren Sitzposition den Steuerknüppel nicht erreichen konnte, legte Wenning Niklas einen behelfsmäßigen Druckverband an und wandte sich dann der schwierigen Aufgabe zu, seinen Piloten nach St. Trond zurückzudirigieren, der zeitweilig immer wieder das Bewußtsein verlor.

Der Funker fuhr dann fort: »Auf diese Weise gelangten wir zu unserem Platz zurück. Leutnant Niklas befand sich schon über der Platzbefeuerung, bevor er sie erkannte. Für eine Landung auf der Piste war es zu spät. Er slippte nach der Seite und versuchte auf einer Ausweichlandebahn aufzusetzen. Unter uns wischten Bäume hinweg. »Wir sind zu tief!«, murmelte Leutnant

33

Niklas, »ich kann nicht mehr«, und sackte nach vorne zusammen. Ein kratzendes Geräusch ertönte und Erde wurde gegen die Kabine geschleudert. Wir rutschten über den Boden. Mir erschien es eine Ewigkeit. Das Krachen und Splittern wurde lauter, dann ein Stoß – und Stille trat ein. »Los, raus hier!« schrie Leutnant Niklas. Er hatte sich den Kopf angeschlagen, war aber wieder bei Bewußtsein.

Er sprang aus seinem Sitz und versuchte gleichzeitig, den Fallschirmgurt zu lösen. Aber es ging nicht und er verlor erneut die Besinnung. Ich legte ihn vorsichtig auf das Gras und öffnete seine blutdurchtränkte Flieger-kombination. Bald trafen ein Arzt und andere Kamera-den ein und schafften ihn fort. Ich wurde von vielen Leuten umringt, die mich mit Fragen bestürmten, und mir ging auf, was für ein Glück ich gehabt hatte.«

Sir Arthur Harris wollte nunmehr unter allen Umstän-den auch den Vorteil wahren, den ihm die Massierung einer derartig grossen Streitmacht gab, und bereitete zwei weitere derartige Riesenangriffe für den Monat Juni vor. Am 1. Juni schickte er 956 Bomber nach Es-sen und am 25. Juni 1006 Bomber nach Bremen. Doch in beiden Fällen lag eine dichte Wolkendecke über den Zielen und die Bomben fielen weit verstreut auf ein großes Gebiet. Die Verluste entsprachen jenen des An-griffs auf Köln! Harris hatte seine Ansicht durchge-setzt und sah nun keine weitere Notwendigkeit mehr, seine Ausbildungseinheiten auf diese Weise noch aufs Spiel zu setzen.

Das Bomber Command nahm daher seine Einsätze im früheren Umfang wieder auf, und flog je Woche drei oder vier Angriffe mit über 100 Maschinen. Obwohl das »Gee«-Gerät sich in den ersten Einsatzmonaten als äußerst nützliche Navigationshilfe erwiesen hatte, war doch klar, daß es für den Blindabwurf nicht genau ge-nug arbeitete.

Der Anteil der Bomber-Besatzungen, die ihre tödliche Last bis in einen Umkreis von 5 km an das Ziel heran-brachten, wuchs von einem Viertel auf ein Drittel. Dies war zwar eine wertvolle Steigerung, reichte aber noch nicht aus.

Die Deutschen ihrerseits begriffen rasch den Grund für die plötzliche Wirkung der Bombenangriffe. Um »Gee« zu neutralisieren, stellten sie das starke Störgerät *Heinrich* in Massen her und bestückten damit die Bodensta-

Im Februar 1942 übernahm Air Marshal Harris (links) den Befehl über das Bomber Command. Rechts von ihm sein Stellvertreter Air Vice Mar-shal Saundby. Damit begannen die konzentrierten Nachtbomber-An-griffe auf Deutschland./IWM.

tionen im ganzen besetzten Europa. Das Ergebnis war, daß ab August 1942 die Gee-Signale derartig überla-gert wurden, daß sie für die Navigation im Reichsgebiet kaum noch in Betracht kamen. In den Küstengebieten konnten sie den Besatzungen jedoch nach wie vor noch eine letzte feste Orientierungsmarke geben, bevor diese in das Feindgebiet einflogen und nochmals den Kurs überprüften. Um der neuen Konzentrationstaktik zu begegnen, baute Kammhuber als Korsettstangen für seine ursprüngliche Verteidigungslinie weitere *Himmel-bett*-Stationen ein, und zwar weiter vorn – und rückwärts. Dadurch wurde die Tiefe des Abwehr-gürtels vergrößert, den der Gegner zu durchfliegen hat-te, und sein Risiko erhöht.

Des weiteren baute die Luftwaffe, zusammen mit der deutschen Kriegsmarine, entlang der nördlichen Küste Europas eine Frühwarnradar-Kette auf, welche aus den starken und weitreichenden *Wassermann-* und *Mammut-* Geräten bestand. Mit ihnen war es möglich, den Gegner schon über England auszumachen, sobald er sich über den Radar-Horizont erhob.

Während der ersten Monate des Jahres 1942 erhielt das Bomber Command zwei wichtige neue Flugzeugtypen: die *Mosquito* und die *Lancaster*. Die *Mosquito* war eine schnelle, zweimotorige Maschine, welche in ihrer anfänglichen Ausführung eine Bombenlast von 900 kg tragen konnte, und dies bei einem Aktionsradius von 1600 km und 416 km/h Reisegeschwindigkeit. Dank ihrer Geschwindigkeit und Höhenleistung konnte sie mit geringem Risiko bei Tage über Deutschland eingesetzt werden und völlig bedenkenlos bei Nacht.

Bei der *Lancaster* handelte es sich um eine viermotorige Weiterentwicklung aus der wenig geglückten *Manchester*. Bei rund 335 km/h Reisegeschwindigkeit und einer Flughöhe von ca. 6000 m schleppte sie etwa 3,6 t Bomben bis nach Berlin. Gegenüber ihren Vorgängern stellte sie einen echten Fortschritt dar. Obwohl beide Maschinen jetzt in die Serie gingen, sollten dennoch viele Monate vergehen, bis sie dem Bomber Command in namhafter Zahl zur Verfügung standen.

Mit Beginn der Bomberstrom-Taktik stellte sich dem Bomber Command auch die Forderung nach einem genauen Zielmarkierungs-Mittel für den angreifenden Hauptverband. Wollte man die Ziele tatsächlich erledigen, konnte nur auf diese Weise ein konzentrierter Bombenabwurf erreicht werden. Group Capt. D. Bennett erhielt daher im August 1942 den Auftrag zur Aufstellung einer »Pfadfinder«-Einheit: je eine Staffel *Stirling, Halifax, Wellington* und *Lancaster,* deren Besatzungen mindestens 30 Einsätze hinter sich haben sollten.

Der Gedanke, durch bestimmte Besatzungen Brände in den Zielgebieten auszulösen, war keineswegs neu. Man hatte ihn bereits bei dem «Tausend-Bomber-Angriff» auf Köln in die Tat umgesetzt. Neuartig war jetzt nur,

Wellington-Maschinen stellen sich vor einem Nachteinsatz zum Gruppenstart auf./IWM

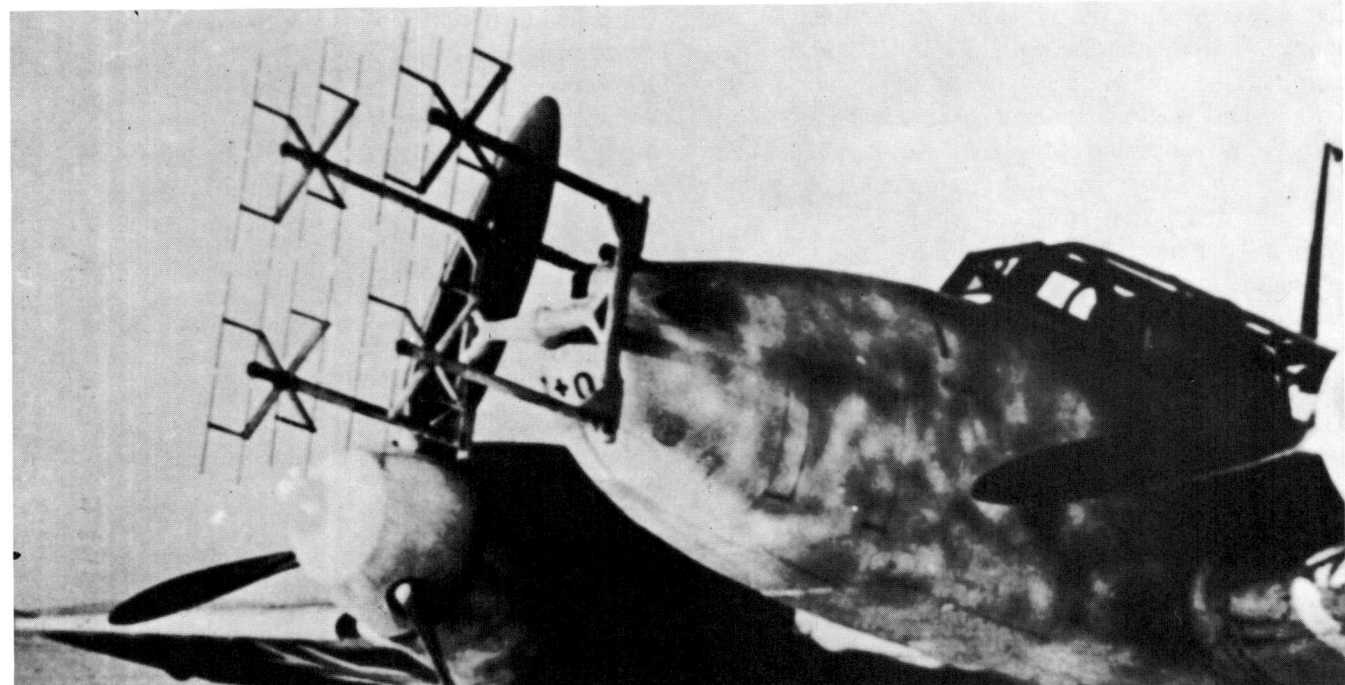

Das deutsche Nachtjägerleitsystem »Himmelbett« wurde 1942 beträchtlich verstärkt. Immer mehr Jäger wurden mit dem *Lichtenstein*-Bordradar ausgerüstet, dessen Antenne man sowohl oben an der Messerschmitt Bf 110 als auch rechts an der Junkers Ju 88 erkennt.

daß man die besten Besatzungen auswählte und in einem Elite-Verband zusammenfaßte. Der erste von *Pfadfindern* angeführte Angriff, im Sommer 1942, stellte in der Tat eine spürbare Verbesserung der Abwurfergebnisse dar. Aber Konzentration allein genügte nicht, es mußte noch Genauigkeit hinzukommen, und hier fehlte den *Pfadfindern* die erforderliche Ausrüstung. Ein massierter Abwurf auf offenem Felde war militärisch weniger bedeutungsvoll als ein auseinandergezogener, dessen Bomben jedoch nicht nur Felder sondern auch bebautes Gelände trafen.

Oder wie es einer der ersten *Pfadfinder* formulierte: »Durch das ganze Gerede über die *Pfadfinder*-Einrichtung erwartete die Öffentlichkeit mehr von uns, als wir physisch zu leisten imstande waren. Wir fühlten uns eher wie ein Starfußballer, den man für eine enorme Ablösungssumme eingekauft hatte, und der jetzt in der ersten Saison ganz einfach kein Tor schießt.« Zugegeben, Feinmeßradar und Zielmarkierungs-Bomben befanden sich bereits in einem fortgeschrittenen Entwicklungsstadium, doch in der damaligen schwierigen Zeit standen sie den *Pfadfindern* ganz einfach noch nicht zur Verfügung. Es schien, als wollte der Blinde den Blinden führen.

Es war offenkundig, daß noch viel Zeit vergehen würde, bevor das Bomber Command RAF zu einer ernsthaften Bedrohung der Ziele in Deutschland werden sollte. Es war aber nicht die einzige Waffe, die gegen Ende des Jahres 1942 Gestalt annahm. Auch die viel diskutierte amerikanische Bomberflotte machte sich allmählich bemerkbar.

Seit dem Kriegseintritt Amerikas war seine Entscheidung, eine schwere Bomberwaffe zur Durchführung von Tagesangriffen aufzustellen, heftig umstritten. Die RAF-Führer bemühten sich, ihren Alliierten klarzumachen, daß es das Unglück herausfordern hieße, wollte man Langstreckenflüge über Feindesland durchführen, die über die Reichweite der Begleitjäger hinausgingen. Warum wollte man sich das von den Briten bereits bezahlte Lehrgeld nicht zunutze machen und bei Nacht angreifen? Doch die Amerikaner wußten aus ihren Vorkriegsinformationen, die sie sowohl aus der Presse als auch über diplomatische Kanäle und geschäftliche Verbindungen erhalten hatten, daß die aus großer Höhe durchgeführten britischen Einsätze wenig Wirkung gezeitigt hatten. Wenn die deutschen Industrie-Ziele aus der Luft zerstört werden sollten, so argumentierten sie, könne dies nur durch Präzisionsangriffe bei Tage geschehen. Falls zur Erreichung dieses Kriegsziels Verluste einträten, so müßten sie eben hingenommen werden. Man würde die Bomber schwer bewaffnen, und in der Auseinandersetzung mit ihnen würden schließlich auch die Jäger der deutschen Luftwaffe Federn lassen müssen.

Air Vice Marshal Slessor besuchte Washington im September 1942 und meldete anschließend dem Oberbe-

fehlshaber der britischen Luftstreitkräfte, Sir Charles Portal: »Sie haben sich in ihre Bomber-Politik verbissen und sind überzeugt, daß sie es schaffen werden«. Angesichts dieser Tatsache sei es daher nicht empfehlenswert, so fügte er hinzu, weitere Zweifel in dieser Angelegenheit zu äußern, da diese »... nur Verärgerung und Widerstand auslösen würden.«

Air Marshal Portal reichte diesen Bericht an den Luftfahrtminister, Sir Archibald Sinclair, weiter und fügte hinzu:

»Nach meiner Auffassung werden sich die Dinge wie folgt entwickeln: den Amerikanern wird es letztendlich gelingen, bis zum Ruhrgebiet vorzustoßen, wobei sie aber weniger Einsätze fliegen und weit höhere Verluste haben werden, als wir bei Nacht. Sie werden Flächenbombardierungen durchführen, wobei das Fehlen von Scheinanlagen einen Vorteil darstellt. Falls derartige Einsätze durchgehalten werden können (was ich selber nicht glaube), würde dies natürlich einen wertvollen Beitrag zur Kriegführung darstellen, jedoch ohne daß dabei die deutschen Jagdflieger ausgeschaltet werden... Ich glaube nicht, daß sie je in der Lage sein werden, weiter als bis zur Ruhr oder bis Hamburg einzudringen, da schon allein Munitionsmangel sowie Ausfälle unter den Bordschützen, als Folge der ständigen Angriffe, untragbare Verluste nach sich ziehen müssen«.

Die Amerikaner besaßen kaum Erfahrung und nur wenige ausgebildete Besatzungen, verfügten dafür aber über ein umfangreiches Industriepotential. Die beiden in großen Stückzahlen gebauten schweren Bomber, die B 17E *Fortress* und die B 24 *Liberator* rechtfertigten ihren Titel als «Flugzeug für Wehrdienstpflichtige«. Solide gebaut und leicht zu fliegen, konnten sie von rasch ausgebildeten Besatzungen und Technikern bedient und gewartet werden.

Um für die künftigen harten Auseinandersetzungen gerüstet zu sein, besaßen sie eine ausgedehnte Panzerung und selbstabdichtende Benzintanks. Wichtigste Verteidigungswaffe waren jedoch die zehn 12,7 mm MG, welche bis auf eine Entfernung von 700 m äußerst wirksam waren und die doppelte Feuerkraft besaßen wie die 7,6 mm MG der britischen Bomber. Die amerikanischen Planer waren überzeugt, daß ein großer Bomberverband, bei dem jede Maschine den Nachbarn schützen und umgekehrt auch beschützt werden kann, einem an-

Für große Entfernungen gab es das technisch hervorragende Frühwarnradar *Wassermann*, welches die einfliegenden Bomber für gewöhnlich schon beim Verlassen der englischen Küste ausmachte. Man beachte die 40 m hohe Antenne, welche die Häuser dieser Küstenstation winzig erscheinen läßt.

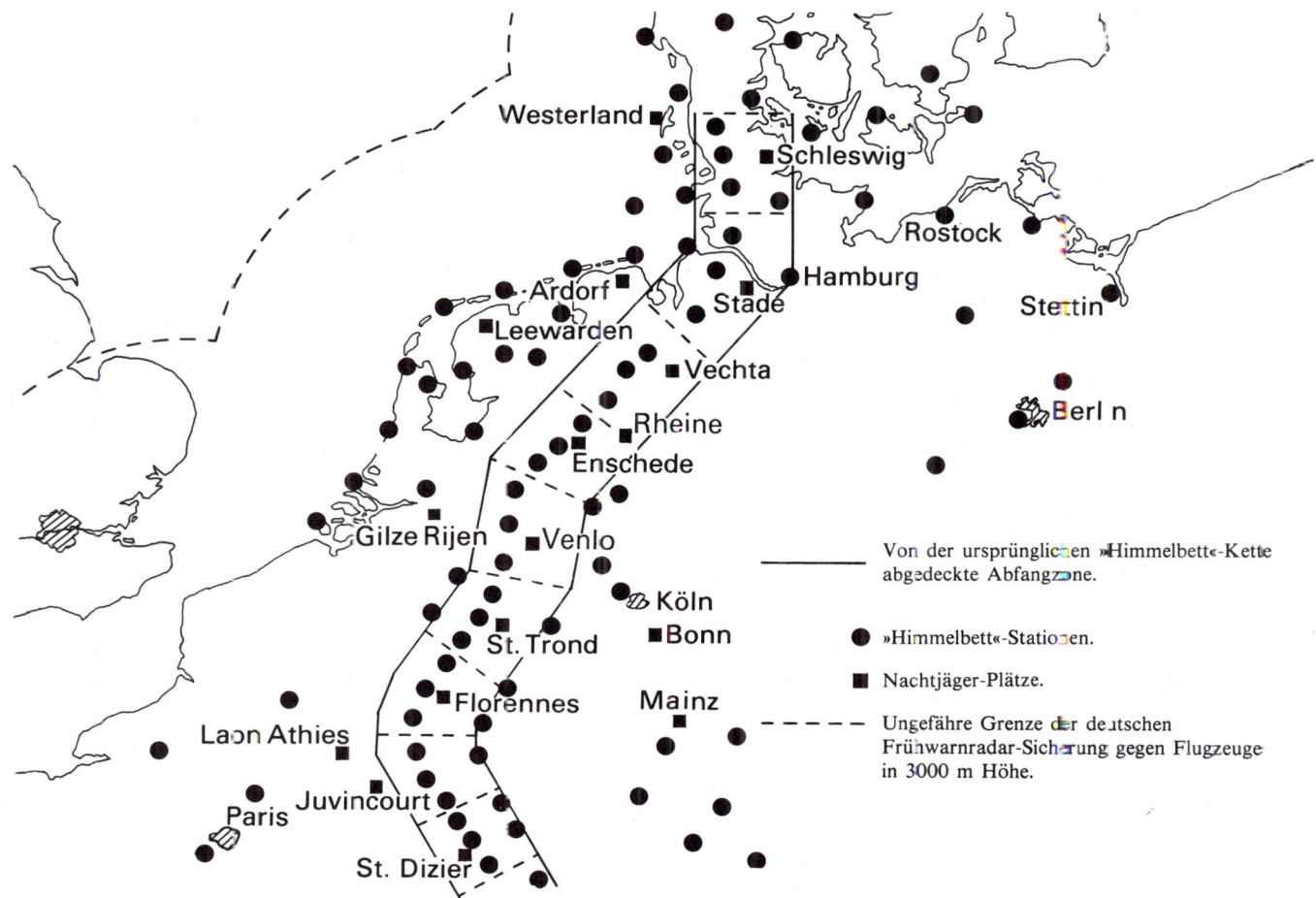

Westerland

Schleswig

Rostock

Hamburg

Stettin

Ardorf

Stade

Leewarden

Vechta

Berlin

Rheine

Enschede

Gilze Rijen

Venlo

Köln

Bonn

St. Trond

Florennes

Mainz

Laon Athies

Juvincourt

Paris

St. Dizier

Von der ursprünglichen »Himmelbett«-Kette abgedeckte Abfangzone.

»Himmelbett«-Stationen.

Nachtjäger-Plätze.

Ungefähre Grenze der deutschen Frühwarnradar-Sicherung gegen Flugzeuge in 3000 m Höhe.

Die deutsche Nachtjäger-Organisation gegen Ende 1942.

greifenden Jägerverband schwere Verluste zufügen würde. Zwar stellte die deutsche Bodenabwehr eine ständige Gefahr dar, doch glaubte man ihr durch Fliegen in Höhen über 6000 m begegnen zu können.

Die 8. US Luftflotte hatte ihren ersten Angriff auf das von den Deutschen besetzte West-Europa am 17. August geflogen. Zwölf B 17 bombardierten an diesem Tage den Verschiebebahnhof von Sotteville in Frankreich. Der Kurzstrecken-Einsatz wurde von 9 *Spitfire*-Staffeln begleitet, und amerikanische Verluste traten dabei nicht auf. In den darauf folgenden Monaten wuchs die 8. Luftflotte beträchtlich und damit zugleich auch der Ehrgeiz bei den Angriffen.

Am 9. Oktober, starteten die Amerikaner ihren bislang stärksten Angriff, indem sie 108 B 17 und B 24 nebst

Begleitschutz auf die Stahlwerke Fives-Lille in Belgien ansetzten. Die deutsche Luftwaffe hatte zu diesem Zeitpunkt für den Schutz von Frankreich und Belgien zwei Jagdgeschwader: JG 2 und JG 26 mit etwa 330 Maschinen, die sich hauptsächlich aus Focke Wulf Fw 190 und einigen Messerschmitt Bf 109 zusammensetzten.

Bei dem Angriff auf Lille gelang es den Abfangjägern erstmalig, bis an die Bomber heranzukommen, wobei sie bei zwei eigenen Verlusten vier abschossen. Einer der erfolgreichen deutschen Piloten war Oberleutnant Stammberger von der III. Gruppe des JG 26, aus dessen Bericht gut verständlich wird, mit welchen Schwierigkeiten man es anfänglich zu tun hatte: »... Schließlich erreichte ich die befohlene Höhe und

Position. Wir griffen die feindlichen Bomber rottenweise und mit großem Ungestüm an, schlossen mit Vollgas auf und hielten dann voll hinein. Doch zuerst wurden alle Angriffe viel zu früh abgebrochen, da die Flugzeuge immer riesenhafter erschienen und unsere Leute mit ihnen zusammenzustoßen fürchteten. Ich wunderte mich, daß ich keine Treffer erzielt hatte, doch dann wurden mir die Ausmaße von diesen Dingern klar: 40 Meter Spannweite! Als ich zum nächsten Angriff ansetzte, dachte ich mir: du mußt viel näher ran, weiter, weiter. Dann eröffnete ich das Feuer, zunächst auf die Backbordmotoren. Nach dem dritten Anlauf fingen die beiden Backbordmotoren deutlich zu brennen an, und auch den äußeren Steuerbordmotor hatte ich in Fetzen geschossen. Die Kiste ging in großen Linksspiralen herunter und schlug hart ostwärts Vendeville auf. Von der Besatzung stiegen 4 oder 5 aus.«

Allmählich dämmerte den Deutschen, welcher neue Gegner ihnen da erstanden war. Selbst die erfahrenen »Kanal-Piloten« fanden es höchst unangenehm, dem massierten Leuchtspurfeuer der Bomber ausgesetzt zu sein, wenn sie sich hinter ihren Zielen in Angriffsposition begeben wollten. Es sollte jedoch nicht lange dauern, bis man herausfand, daß die Bomber sich nach vorne viel schlechter verteidigen konnten. Nicht nur, weil hier weniger MG zum Tragen kamen, sondern auch, weil die von hier bestrichene Zone viel schneller passiert werden konnte. Um diese Schwäche auszunutzen, machte der Kommandeur der III. Gruppe JG 2, Major Egon Mayer, Versuche mit Frontalangriffen auf die Amerikaner.

Am 23. November führte er seine Gruppe zum Angriff gegen 36 B17, welche ohne Begleitschutz auf St. Nazaire angesetzt waren. Jeweils drei Focke Wulf griffen von vorne an, wobei es gelang, 4 Bomber abzuschießen und einen schwer zu beschädigen. Da es sich bei diesem Einsatz um den bisher erfolgreichsten gegen die Amerikaner handelte, wurde der Angriff von vorne bald auch von anderen Jagdverbänden praktiziert.

Die Mayer'sche Taktik sah ein Rendevous mit den Amerikanern vor, welches meist vom Boden her geleitet wurde. Dann folgten die Piloten ihrem Wild für eine kurze Weile, um den Kurs berechnen zu können, und setzten schließlich zu einem ausholenden Überholmanöver außerhalb der Grenze des Abwehrfeuers an.

Sobald sie den Bombern einen Vorsprung von ungefähr 3 km abgewonnen hatten, machten sie eine halbe Wendung und setzten zum Angriff an. Die amerikanischen Bomber flogen mit 280 km/h und die deutschen Jäger mit 480 km/h, so daß die Annäherungsgeschwindigkeit nahezu 800 km/h betrug. Das bedeutete, daß nur sehr wenig Zeit für einen Anlauf blieb. Wenn die deutschen Piloten auf 450 m das Feuer eröffneten und bei 90 m hochzogen, blieben ihnen zum Schießen nicht ganz 2 Sekunden. Es bedurfte außerordentlicher Geschicklichkeit und eines kühlen Kopfes, um einen derartigen Angriff auch durchzustehen. Nur die besten Piloten vermochten die Entfernung richtig einzuschätzen. Die weniger erfahrenen brachen den Angriff entweder vorzeitig ab – oder zu spät – und schossen entweder vorbei oder aber – was auch vorkam – rannten mitten in den Bomber hinein. Tech. Sgt. William Murphy, der damals in einer B24 im mittleren Rumpfstand als MG-Schütze flog, erinnert sich noch gut an die Schwierigkeit, einen derartig vorbeiflitzenden deutschen Jäger zu treffen: »Die einzigen, die wir je erwischten, waren diejenigen, die entweder schlecht anflogen oder beim vorzeitigen Abbrechen Geschwindigkeit verloren bzw. um uns herumkurvten. In diesen Fällen besaßen wir eine Erfolgschance. Aber die ausgekochten Burschen kannten sich aus und flogen mitten durch unsere Formation hindurch, wobei sie ein nur äußerst schwer zu treffendes Ziel boten.«

Die deutschen Jagdflugzeuge wiesen damals einen schwerwiegenden Nachteil auf, und zwar fehlte ihnen die erforderliche Feuerkraft, mit der ein Durchschnittspilot einen der widerstandsfähigen schweren amerikanischen Bomber mit einem Feuerstoß hätte erledigen können. Die Focke Wulf Fw 190 A-4, zum Beispiel, verfügte über eine Bewaffnung von vier 20 mm Kanonen und zwei 7,9 mm MG. Bei einem Feuerstoß von 3 Sekunden wurden etwa je 130 Schuß von beiden Kalibern abgegeben. Im Durchschnitt waren 20 Treffer von der 20 mm-Munition erforderlich, um einen schweren amerikanischen Bomber abzuschießen.* Das 7,9 mm MG spielte bei dieser Art von Kampfführung keine Rolle, es sei denn, daß zufälligerweise ein lebens-

---

* Es muß betont werden, daß es sich hierbei nur um einen Durchschnittswert handelt. Es gab Fälle, in denen Bomber mit mehr als 20 Treffern zurückkehrten und andere, in denen schon weniger tödlich waren.

wichtiges Teil getroffen wurde. Deutsche Waffenexperten stellten bei der Auswertung von Luftkampf-Filmen fest, daß von den sorgfältig gezielten Schüssen eines Durchschnittspiloten, lediglich 2 % als Treffer auf den Bombern verzeichnet werden konnten. Um die erforderlichen 20 Treffer zu erzielen, mußten also 1000 Schuß 20 mm Munition auf den Bomber verschossen werden, was bei einer FW 190 A-4 einer Feuerdauer von 23 Sekunden entsprach, d.h. also einer viel zu langen Zeit für einen Angriff. Selbst wenn der Angriff von hinten erfolgte, war dies irreal, um so mehr, wenn der Bomber im Verband flog und der Jäger dem konzentrierten Abwehrfeuer der anderen Maschinen ausgesetzt war.

Dies alles zusammen führte bei der Luftwaffen-Führung zu der unausweichlichen aber wenig schmackhaften Erkenntnis, daß es mit der gegenwärtigen Ausrüstung und Bewaffnung für den normalen Jagdflieger unmöglich war, einen schweren amerikanischen Bomber abzuschießen, es sei denn, daß er, zusammen mit anderen Kameraden, auf einzelne Kampfflugzeuge mehrere Angriffe flog. So lange dieser Mangel bestand, würde die deutsche Jagdwaffe außerstande sein, massierte amerikanische Bomberangriffe abzuwehren, selbst wenn diese ohne Jagdschutz stattfanden. Daraus konnte eine schwierige Situation entstehen, wenn die Amerikaner in naher Zukunft erst einmal damit begannen, sich Zielen in Deutschland zu widmen.

Mit Beginn des Jahres 1943 sah es so aus, als würden sich für die amerikanischen Bomber die ersten Erfolge gegen Deutschland einstellen und – nach Einführung epochemachender neuer elektronischer Geräte – auch für die britischen. Der Monat Dezember 1942 konnte daher als Wendepunkt bezeichnet werden. Wie vorausschauend waren doch Churchill's Worte, als er einen Monat nach dem Sieg von El Alamein sagte: »Dies ist nicht das Ende. Es ist noch nicht einmal der Anfang vom Ende. Aber es ist vielleicht das Ende vom Anfang.«

Die Schläge sitzen

»Wenn wir nun schon mal Feinde sein müssen, so laßt uns auch als Männer kämpfen und nicht heuchlerisch Gott und die Menschheit anrufen.«
General Sherman in einem Brief an General Hood vor der Schlacht von Atlanta, 1864.

Die ersten Monate des Jahres 1943 waren für die deutschen Waffen die bisher mißlichsten des ganzen Krieges. In Stalingrad hatte die *Rote Armee* eine ganze deutsche Heeresgruppe mit mehr als 300 000 Mann eingeschlossen und vernichtet, und in Nordafrika mußte das *Afrika Korps* nach der Niederlage von El Alamein vor den anrückenden britischen Streitkräften zurückweichen und Lybien aufgeben. Natürlich bedeuteten diese beiden Ereignisse noch nicht das Ende, zumal die deutsche Bevölkerung bereitwillig die Propagandathese schluckte, wonach es sich zwar um ernste Rückschläge, nicht aber um eine totale Veränderung der Lage handelte.
Die nächtlichen Bombenangriffe waren in Deutschland zu einer ruhestörenden Einrichtung geworden, doch beeinträchtigten sie das Leben des Einzelnen nicht allzu sehr.
Generaloberst Hubert Weise, der Luftwaffenbefehlshaber Mitte, bereitete sich mit Beginn des neuen Jahres darauf vor, den in den folgenden Monaten mit Sicherheit zu erwartenden schweren britischen Luftangriffen zu begegnen. Die Nachtjagdwaffe war im Verlauf des zurückliegenden Jahres weiter ausgebaut worden und verfügte jetzt über rund 390 Maschinen, bei denen es sich vorwiegend um Bf 110 handelte, die zumeist auch mit dem »Lichtenstein« Bord-Radar ausgerüstet waren. Die Tagjagdwaffe hingegen, hatte sich nicht im gleichen

Maße ausdehnen können, da hierzu die ständigen Ersatzanforderungen der Ost- und Südfront zu groß waren. Um gegen die sich anbahnenden amerikanischen Tagbomberangriffe gewappnet zu sein, besaß Weise lediglich etwa 200 einsitzige Bf 109 und Fw 190. Für den Objektschutz bei Tage und während der Nacht waren etwa 600 schwere Flak-Batterien zu je 4 Geschützen einsatzbereit. Sie verfügten vornehmlich über die 8,8 cm Flak – sowohl in der alten als auch in der verbesserten Version – und teilweise auch über die schweren 10,5 cm und 12,8 cm Kaliber. Ferner waren ungefähr 200 Scheinwerfer-Batterien vorhanden. Aufgrund der großen Nachfrage nach Radar- und Nachrichtengeräten für die »Himmelbett«-Verteidigung, gab es hier Engpässe bei den anderen Waffengattungen der Deutschen Wehrmacht. So besaßen selbst in diesem fortgeschrittenen Stadium des Kriegs noch nicht einmal ein Drittel der schweren Flakbatterien ein Feuerleitradar. Mit Beginn des Jahres 1943 umfaßten die Streitkräfte des Bomber Command für die Nacht-Offensive gegen Deutschland rund 600 schwere *Lancaster, Halifax* und *Stirling*-Kampfflugzeuge, 250 mittlere *Wellington* und 30 *Mosquito,* welche entweder als leichte Bomber oder als Pfadfinder verwendet wurden.
Die veralteten *Whitley, Hampden* und *Blenheim* sowie auch die wenig erfolgreichen B 17C *Fortress* und *Manchester* hatte man aus dem Einsatz gegen Deutschland zurückgezogen. Um die Schlagkraft dieser ständig wachsenden Luftflotte noch weiter zu erhöhen, gelangte jetzt auch ein neues Bordgerät für den Blindabwurf bei den *Pfadfinder*-Verbänden zum Einbau: »Oboe« und H2S.
»Oboe« war auf Zusammenarbeit mit zwei englischen Bodenstationen angewiesen, weshalb seine Reichweite auch nicht um mehr als 450 km über diese hinausging.

Doch für das Ruhrgebiet und andere wichtige Ziele genügte das durchaus. Da die beiden »Oboe«-Bodenstationen immer nur jeweils einen Bomber leiten konnten, ein Abwurf-Anflug aber rund 10 Minuten dauerte, kam ein massierter Einsatz, bei dem alle Maschinen mit diesem Gerät hätten ausgestattet sein müssen, nicht in Betracht. Ungeachtet dieses Mangels, wies »Oboe« aber zwei ganz entscheidende Vorteile auf: es war weitaus genauer als irgendein vorhandenes oder in Vorbereitung befindliches Gerät. Man konnte mit einer »Oboe«-Anlage – ohne Bodensicht – bis auf 350 m an das Ziel herankommen, bei einer Fehlerquote von etwa 50 % im Umkreis.* Ferner war das Bordgerät klein und so leicht, daß es ohne größere Umbauten in der *Mosquito* untergebracht werden konnte. Man beabsichtigte daher, den schnell und hochfliegenden *Mosquito* der *Pfadfinder*-Einheiten die Aufgabe zu übertragen, für die nachfolgenden schweren Verbände die Ziele zu markieren.

H2S war ein für seine Zeit sehr fortschrittliches Radargerät auf Zentimeter-Wellenlänge, welches den Boden unterhalb des Flugzeugs abtastete. Das zurückgeworfene Echo war am stärksten bei bebauten Gebieten, weniger stark bei offenem Gelände und am schwächsten bei Wasser. Durch Sichtbarmachung der Echosignale auf einer Braunschen Röhre war es daher möglich, sich von der unten liegenden Gegend ein ganz gutes Bild zu machen und dies mit den vorhandenen Karten zu vergleichen. Aufgrund seines Gewichts war anfänglich vorgeschrieben, daß H2S nur in schweren Bombern eingebaut werden durfte. Man konnte es überall und je nach Reichweite seines Trägers verwenden. Die Abwurffehlerquote im Zielumkreis variierte beträchtlich und hing stark von der Größe und Radar-Ansprechbarkeit des Objekts ab. Sie war ungefähr 3-4 mal so groß wie beim »Oboe«-Gerät, was aber gegenüber den früher eingesetzten Langstrecken-Leitsystemen noch eine erhebliche Verbesserung darstellte. Um die Genauigkeit des neuen elektronischen Zielortungssystems auch ausnutzen zu können, das bei den Pfadfinder-Einheiten nunmehr Verwendung fand, be-

gann man auch mit der Herstellung von Zielmarkierungs-Bomben. Sie fielen wie die gewöhnlichen Bomben bis auf eine vorherbestimmte Höhe – 1000 m für gewöhnlich – zerbarsten dort und stießen 60 hellfarbige Leuchtkerzen aus. Diese entzündeten sich im Fall und breiteten sich aus, so daß sie noch vor der Landung einen weithin sichtbaren Flammenkreis von annähernd 300 m Durchmesser bildeten. Die Leuchtkerzen der normalen Zielmarkierungsbomben brannten auf dem Boden etwa 3 Minuten. Eine länger brennende Ausführung befand sich in der Entwicklung. Durch verspätete Zündung eines Teils der Leuchtkerzen sollte die Brenndauer auf dem Boden bis zu 7 Minuten verlängert werden.

Hand in Hand mit der Einführung dieser neuen Zielortungs- und Markierungsmittel, ging die Indienststellung von nicht weniger als vier verschiedenen elektronischen Geräten, welche es den Bombern erleichtern sollten, ihren Weg durch die deutschen »Himmelbett«-Verteidigungsanlagen zu finden: »Monica«, »Boozer«, »Mandrel« und »Tinsel«.

»Monica« wurde im Bomberheck eingebaut und sollte von hinten aufkommende Jäger anzeigen. Aber da sich in einem Bomberstrom fast immer noch jemand hinter einem befand, erwies es sich in der Folgezeit als praktisch unmöglich, aus der Masse der Freunde den einen Feind herauszufinden.

»Boozer« war ein einfacher Radar-Empfänger, der auf den gleichen Frequenzen arbeitete, wie die deutschen »Würzburg« und »Lichtenstein«-Geräte. Wurden Signale vom ersteren empfangen, leuchtete auf dem Armaturenbrett des Piloten eine orangefarbene Lampe auf, kamen sie vom letzteren, eine rote. Es war dann höchste Zeit für ein Ausweichmanöver, da jeden Augenblick mit Flakfeuer oder einem Nachtjäger zu rechnen war. Aber auch »Boozer« hatte mit ähnlichen Schwierigkeiten zu kämpfen, wie »Monica«, da nur zu häufig falscher Alarm erfolgte. Nur daß er in diesen Fällen von den deutschen Radar-Stationen ausging, die ein ganz anderes Flugzeug aus dem Bomberstrom beschattete.

»Mandrel« und »Tinsel« erwiesen sich hingegen als nützlicher.

»Mandrel« sendete Störgeräusche auf den Frequenzen, die von den deutschen Weitbereichs-Radaranlagen

---

* Der 50 % Fehlerumkreis ist der Radius des Kreises, in dem aus einer Reihe von gezielt abgeworfenen Bomben die besten 50 % niedergehen, und zwar bei einem guten Bombenschützen und einer ganz bestimmten Zieleinrichtung. Da nur die bestplazierten Bomben berücksichtigt werden, schließt man auf diese Weise die anderen groben Fehlerquellen aus, was zu einem brauchbaren Anhalt für die Genauigkeit des Zielsystems führt.

Vom Beginn des Jahres 1943 an, verwendeten die *Pfadfinder*-Einheiten des Bomber Command eine Reihe von neuartigen Geräten zur Zielauffindung und Markierung. Eine *Halifax* der 35. Staffel startet in Graveley. Unter dem Heck des Flugzeugs erkennt man deutlich die Ausbuchtung, in welcher der Abtaster des H2S-Radar untergebracht ist.
/Daniels, via Garbett/Goulding.

»Freya«, »Mammut« und »Wassermann« verwendet wurden. Für die Schmalbündelantenne des »Würzburg Riesen« wurde es dadurch erheblich schwieriger, die Bomber anzurichten.

Bei »Tinsel« handelte es sich um eine einfache Modifizierung der normalen Bord-Sendeanlage, mit der es möglich war, die Leitfrequenzen der deutschen Nachtjäger zu stören und ihren Anflug zu erschweren. Beiden Geräten gelang es zunächst, die Wirkung des »Himmelbett«-Systems zu beeinträchtigen. Zwar war es nur ein kleiner zeitlicher Gewinn, doch mitunter bedeutete ein solcher schon den Unterschied zwischen Tod und Leben der Besatzungen. Die deutschen Jäger hingen ganz von ihren Boden-Leitstationen ab. Sahen sie den Bomber nicht auf ihrem Nahbereichsradar »Lichtenstein«, bevor er aus dem Bereich des »Würzburg Riesen« ausgewandert war, konnte die Verfolgung getrost abgebrochen werden.

Falls sich im Stabe des Bomber Command jemand eingebildet haben sollte, daß sich mit der Einführung von »Oboe« und »H2S« ihre Waffe über Nacht von einem Knüppel in einen Stoßdegen verwandeln würde, sah er sich rasch getäuscht. Die ersten Angriffe mit diesen Geräten, die in den ersten Monaten des Jahres 1943 stattfanden, ließen entweder keine Schlüsse zu oder waren enttäuschend. So fand, zum Beispiel, am 3. März ein Angriff von 417 Maschinen auf Hamburg statt, den 14 *Pfadfinder* mit »H2S«-Geräten anführten. Doch die Ausrüstung mit dem Radar auf Zentimeterwelle hatte erst zwei Monate vorher stattgefunden, und es ergaben sich Bedienungsschwierigkeiten infolge der komplexen und neuartigen Verfahren. Bei 6 *Pfadfindern* war das Radar schon ausgefallen, bevor sie das Zielgebiet überhaupt erreicht hatten. Anderen Flugzeugen mit »H2S«-Ausstattung erging es ähnlich. In einem Falle entschied sich die Besatzung, trotzdem weiterzufliegen, obwohl außer der Küste oder Wasserläufen auf ihrem Gerät nichts mehr zu erkennen war. Über seinen Radarschirm gebeugt, erkannte der Beobachter die Elbe und sah, wie sie sich verengte. Wie er von seiner Karte wußte, geschah dies bei Hamburg. Ferner konnte er die verschwommenen Umrisse der Alster ausmachen, eines ganz bestimmten Markierungspunkts der anzugreifenden Stadt.

Heutzutage ist die Zielansprache und die richtige Einschätzung der Bodenmerkmale, wie sie sich aus verschiedenen Winkeln im »H2S«-Radar darstellen, eine ziemlich exakte Wissenschaft geworden, aber damals wußte man davon noch nicht viel. Es wurde angenommen, daß ein Ziel, besonders wenn es sich um eine typische Flußeinmündung wie bei Hamburg handelte, allein schon mit der normalen Landkarte bestimmt werden könnte. Doch dem Bomber Command wurde durch den Angriff vom 3. März klar, daß dem nicht so war. Als der angreifende Verband die deutsche Küste überflog, herrschte Ebbe und das abfließende Elbe-Wasser hatte zahlreiche ausgedehnte Sandbänke freigelegt. Auf den »H2S«-Bildschirmen sah das aber so aus, als ob sich der Strom schon weit unterhalb von Hamburg verengte. Das war aber noch nicht alles. Nahe der Stadt Wedel, 16 km flußabwärts von Hamburg, gab es eine raffiniert angelegte, beleuchtete Scheinanlage. Heerespioniere hatten hier durch Anstauung eines kleinen Mühlbachs einen großen See erzeugt, welcher in seiner Gestalt der Alster im Herzen von Hamburg glich. Mithin war es also der Wedel-See, den der Radar-Beobachter auf seinem Bildschirm gesehen hatte. Er machte demzufolge einen falschen Anflug und warf seine Zielmarkierungs-Bomben am falschen Platz ab. Binnen Minuten gesellten sich diesen Fehlwürfen die Leuchtzeichen der anderen *Pfadfinder* hinzu und wurden so der Zielpunkt für einen Strom von Brand- und Sprengbomben. Der überwiegende Teil der Besatzungen lud seine Fracht über der Scheinanlage ab, wobei Wedel und einige benachbarte Ortschaften ausradiert wurden. Diejenigen Zielmarkierer hingegen, die Ham-

burg weiter östlich richtig bezeichnet hatten, wurden von den Bomber-Besatzungen mit Verachtung gestraft. Sie seien auf eine Scheinanlage hereingefallen, meinte man. Hamburg kam in dieser Nacht fast ungeschoren davon. Wie eine spätere Bildungswertung ergab, hatten von den 344 Besatzungen, die alle Hamburg angegriffen zu haben behaupteten, lediglich 17 das richtige Objekt bekämpft. Der Mißerfolg kostete 10 Flugzeuge. Hält man sich vor Augen, daß die neuen Geräte von umwälzender Natur waren, so waren derartige Pannen wahrscheinlich unvermeidlich. Doch das war ein geringer Trost für die Männer, die davon abhingen.

Wenn das Wedel-Fiasko den Deutschen auch zustatten gekommen sein sollte, so wurden sie doch zwei Nächte später durch einen Großangriff auf Essen mit der rauhen Wirklichkeit erneut konfrontiert. Die Zielmarkierung für die 438 schweren *Pfadfinder* und das Gros der Angreifer sollte diesmal durch 8 *Mosquito* mit »Oboe«-Geräten erfolgen. Den Bomberbesatzungen war bei der Befehlsausgabe gesagt worden, daß die Bezeichnung der Ziele mit roten Leuchtzeichen diesmal »neuartig und sehr genau« sein würde. Man sollte diese wenn möglich anvisieren. Falls rote nicht sichtbar seien, hätte man sich auf die dahinter stehenden grünen zu konzentrieren. Eine Identifizierung des Ziels durch direkte Beobachtung wurde während dieses Einsatzes zu keinem Zeitpunkt verlangt.

Die ersten Zielmarkierungs-Bomben wurden durch ein »Oboe«-Gerät zwei Minuten zu früh ausgelöst. Drei Minuten später erfolgte durch eine andere *Mosquito* der zweite Markierungsabwurf und nach nochmals zwei Minuten das erste grüne Leuchtzeichen durch einen schweren *Pfadfinder*-Bomber. Von nun an wurde, während der gesamten Angriffsdauer von 40 Minuten, das Zielgebiet ständig mit Rot und Grün abgesteckt. Die auf diese Weise gelenkten Bombenwürfe zerstörten eine Fläche von 384 Hektar sowie in einem dreimal so großen Gebiet die Gebäude. 14 Flugzeuge gingen verloren und 38 kehrten beschädigt zurück. Vergleicht man die angerichteten Schäden mit jenen späterer Unternehmungen, waren sie vergleichsweise bescheiden. Dennoch stellte der Angriff auf Essen »den bisher wichtigsten Einsatz des Bomber Command dar«, wie Sir Arthur Harris später schrieb. Seine Kampfflugzeuge hatten erstmalig einen Überfall durchgeführt, der zugleich

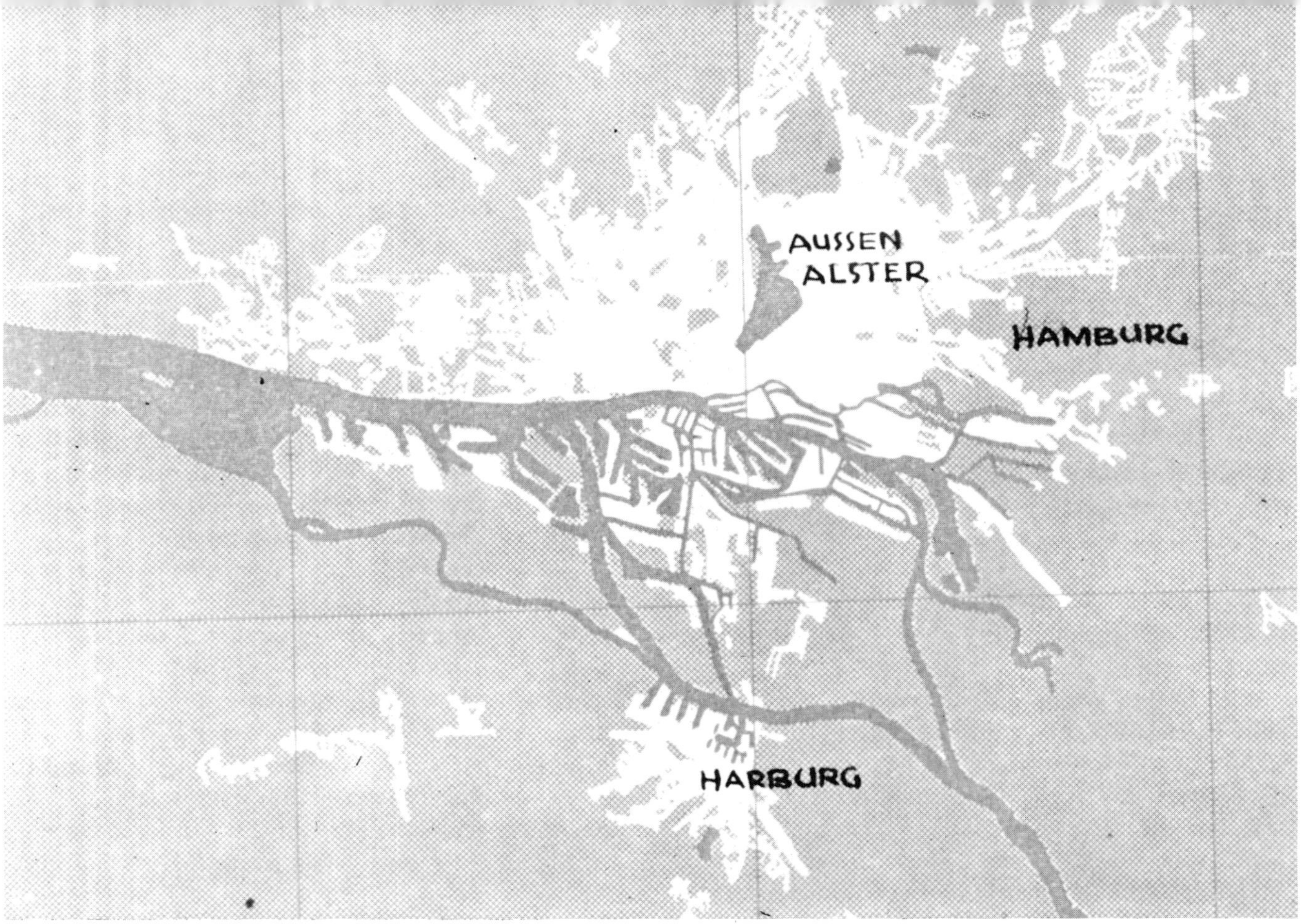

Hamburg war eines der ersten Ziele, bei dem H2S eingesetzt wurde. Auf dem Bildschirm erkennt man oben den Lauf der Elbe.

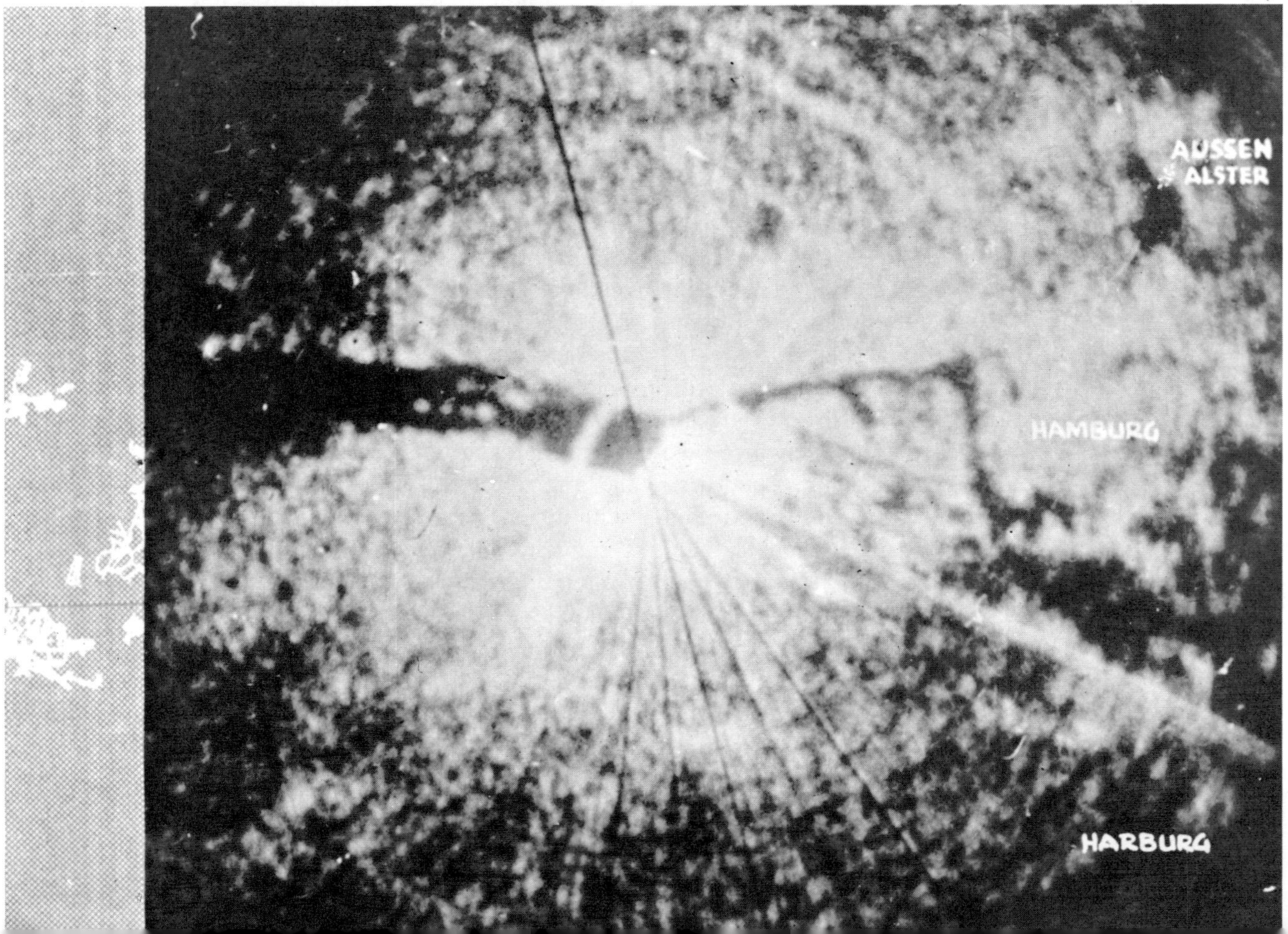

Sobald das Ziel ausgemacht war, wurde es von solchen Markierungsbomben eingedeckt. Man beachte an der Nase den vorstehenden Luftdruck-Zünder. Dieser sollte bei einer vorher bestimmten Höhe das Schwarzstück absprengen und somit die Leuchtkerzen freigeben.
/Lees, via Garbett/Goulding.

genau und konzentriert gewesen war. Überdies hatten die Bomberbesatzungen zur Zielbekämpfung keiner Bodensicht bedurft. Für die deutschen Industriezentren, die sich in »Oboe«-Reichweite befanden, standen die Zeichen nunmehr an der Wand.

Die 5 Monate, welche dem Angriff vom 5. Mai folgten, gingen in die Annalen des Bomber Command als »Die Schlacht an der Ruhr« ein. Fünf weitere Angriffe auf Essen fanden während dieser Zeit statt, und auch in anderen Teilen Nordwestdeutschlands markierten »Oboe«-gelenkte Leuchtzeichen den schweren Bombern ihren Weg: Dortmund, Duisburg, Bochum, Gelsenkirchen, Oberhausen und Mülheim, Remscheid, Mönchen-Gladbach und Krefeld, Münster, Aachen, Düsseldorf, Köln und Wuppertal – sie alle wurden angeflogen und in den meisten Fällen auch schwer zerstört. Da der verheerende Angriff auf Wuppertal, in der Nacht vom 29. Mai, für die Kampfführung des Bomber Command während der »Schlacht an der Ruhr« typisch ist, genau wie auch die deutschen Ab-

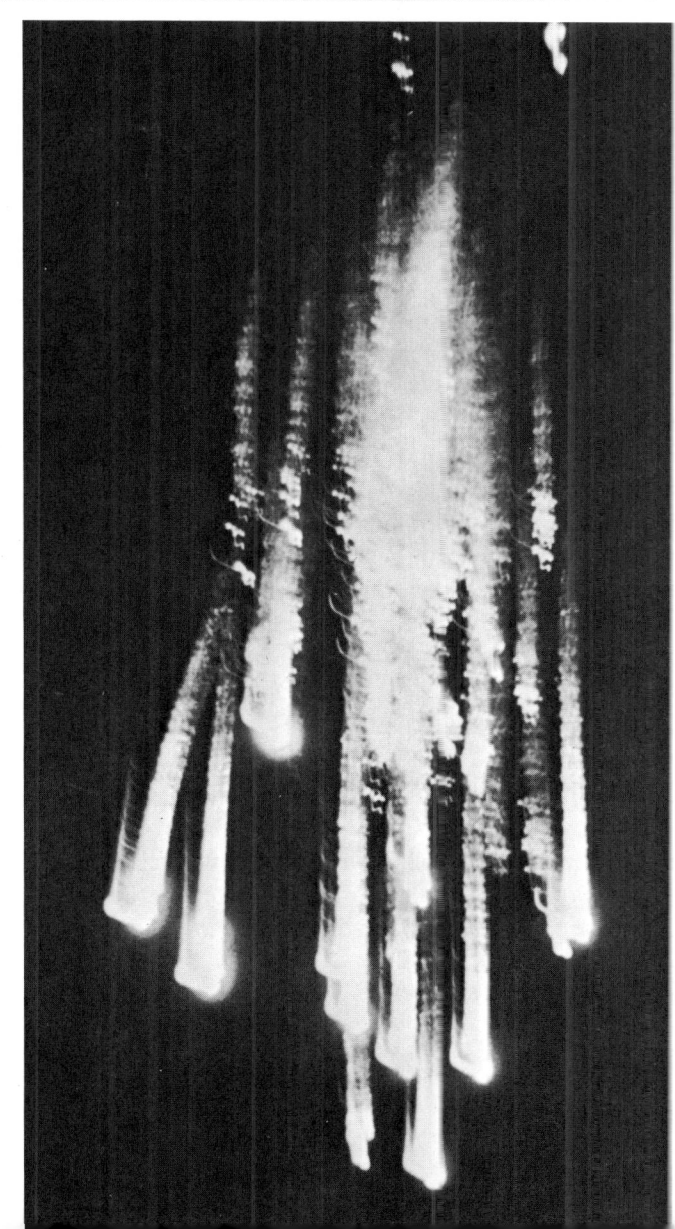

Die Kerzen entzünden sich und sinken in Kaskaden zu Boden, wobei dort ein weithin sichtbarer Kreis aus roten, grünen und gelben Flammen entsteht./Bundesarchiv.

wehrmaßnahmen, soll auf beide noch einmal im einzelnen eingegangen werden.

Wuppertal ist eine sich lang hinziehende rechteckige Stadt, welche 1929 im Oberlauf der Wupper durch Zusammenlegung von Elberfeld und Barmen entstand. 1943 wies sie eine Bevölkerung von 360 000 Menschen auf. Es wurden Kugellager, chemische Produkte und Seide sowie Teile für Waffen und Flugzeuge hergestellt. Außerdem konnte die Bevölkerung der anderen Ruhrstädte sich hier mal ausschlafen.

Aber die Stadt lag im Zentrum des deutschen Industriegebiets und innerhalb »Oboe«-Reichweite. Da der Angriff in einer mondlosen Nacht stattfinden sollte, war der Einsatz eines der Radar-Blindmarkierungssysteme für den Erfolg von Wichtigkeit.

Als Zielpunkt hatten die Planer des Bomber Command den Nordosten gewählt, Barmen, das Ende der Stadt, welches die Angreifer auf Kurs 068° überfliegen mußten. Das bedeutete, daß die Bomber zum Erreichen des Abwurfpunkts Elberfeld zu überqueren hatten, den Südwestteil der Stadt. Hierdurch wollte man sich ein Phänomen zunutze machen, über das man sich schon bei früheren Nachtangriffen gegen gut verteidigte Ziele geärgert hatte. Angesichts schweren Flakfeuers hatten nämlich die weniger erfahrenen Besatzungen den natürlichen Hang gehabt, ihre Bomben so früh wie möglich zu werfen, um nicht zu lange geradeaus und in gleicher Höhe über dem Zielgebiet fliegen zu müssen. Die spätere Bildauswertung ergab daraufhin reihenweise Bombenkrater, die vom Zielpunkt aus nach rückwärts in die offene Landschaft führten. Es mußte angenommen werden, daß Wuppertal als wichtiges Ruhrgebietsziel sowohl mit Flakgeschützen als auch mit Scheinwerfern gut geschützt war. Wenn daher die *Pfadfinder*-Maschinen ihre Markierungszeichen am äußersten Ende der Stadt absetzten, konnte damit gerechnet werden, daß der »Rückkriech-Effekt« das ganze übrige bebaute Gebiet erfassen würde.

Auf mehr als einem Dutzend Flugplätzen der englischen Küste in der Nacht des 29. März, kurz nach 23.00 Uhr, zerriß das Dröhnen der Flugzeugmotoren die Stille. Ein schwerbeladener Bomber nach dem anderen rumpelte über die Zufahrtswege, um seinen Platz in dem vor der Rollbahn aufmarschierten Verband einzunehmen. Als erste hoben die *Wellington* und *Halifax*

der 4. Kanadischen Gruppe ab, da ihr Heimathafen im Norden von Yorkshire lag und sie bis zum Sammelpunkt den größten Anmarschweg hatten. Dieser Vorgang wiederholte sich ab 23.25 Uhr auch auf den übrigen Flugplätzen, wo mit halbminütlichem Abstand Bomber um Bomber in den schwarzen Nachthimmel hochzog. Alles in allem gruppierten sich 719 Maschinen zum Angriff auf Wuppertal: 292 *Lancaster,* 185 *Halifax,* 118 *Stirling,* 113 *Wellington* und 11 *Mosquito* mit »Oboe«-Geräten. 62 Flugzeuge kehrten aufgrund technischer Defekte vorzeitig um, doch die anderen flogen entschlossen auf die holländische Küste zu.

Noch bevor die ersten Bomber über dem Radar-Horizont auftauchten, wußten die deutschen Verteidiger, daß das Bomber Command ihnen für diese Nacht einen Großangriff zugedacht hatte. Der *Horchdienst* der Luftwaffe war aufgrund einer eingehenden Untersuchung der britischen Funkabstimmung vor Einsatzbeginn in der Lage, bevorstehende Einflüge mit ziemlicher Sicherheit vorauszusagen: große Funkaktivität am Morgen und geringe am Nachmittag wiesen in der Regel auf einen Masseneinsatz während der Nacht hin. War kein Angriff geplant, verteilte sich der Funkbetrieb gleichmäßig auf Vor- und Nachmittag.

Schon kurz vor 23.30 Uhr bestätigten die Suchstrahlen der Weitbereichsradargeräte *Mammut* und *Wassermann* die Voraussage des Horchdienstes: über East-Anglia, 160 km entfernt in nordwestlicher Richtung, wurden viele Flugzeuge sichtbar. Dieses Radarbild wurde unverzüglich weitergegeben und leuchtete jetzt im abgedunkelten Lageraum des Gefechtsstandes der 3. Jagdflieger-Division auf, welcher in Arnheim-Deelen/Holland lag. Im Nu verwandelte sich alles in äußerste Geschäftigkeit. Befehle zur Herstellung der Alarmbereitschaft ergingen nach draußen. Und nur wenige Minuten später kletterten von den Basen in Frankreich, Holland und Belgien die Nachtjäger in die Luft, um ihre befohlene Position über den jeweils zugeordneten *Himmelbett*-Stationen einzunehmen. Auch in die Flakstellungen kam plötzlich Leben, als die Bedienungen aus den Unterkünften stolperten und an die Waffen eilten: Überzüge wurden heruntergerissen, Geschützrohre himmelwärts gedreht, Granaten wurden bereitgelegt und die elektronischen Meßgeräte vorgewärmt. Aus allen Himmelsrichtungen zwischen West und

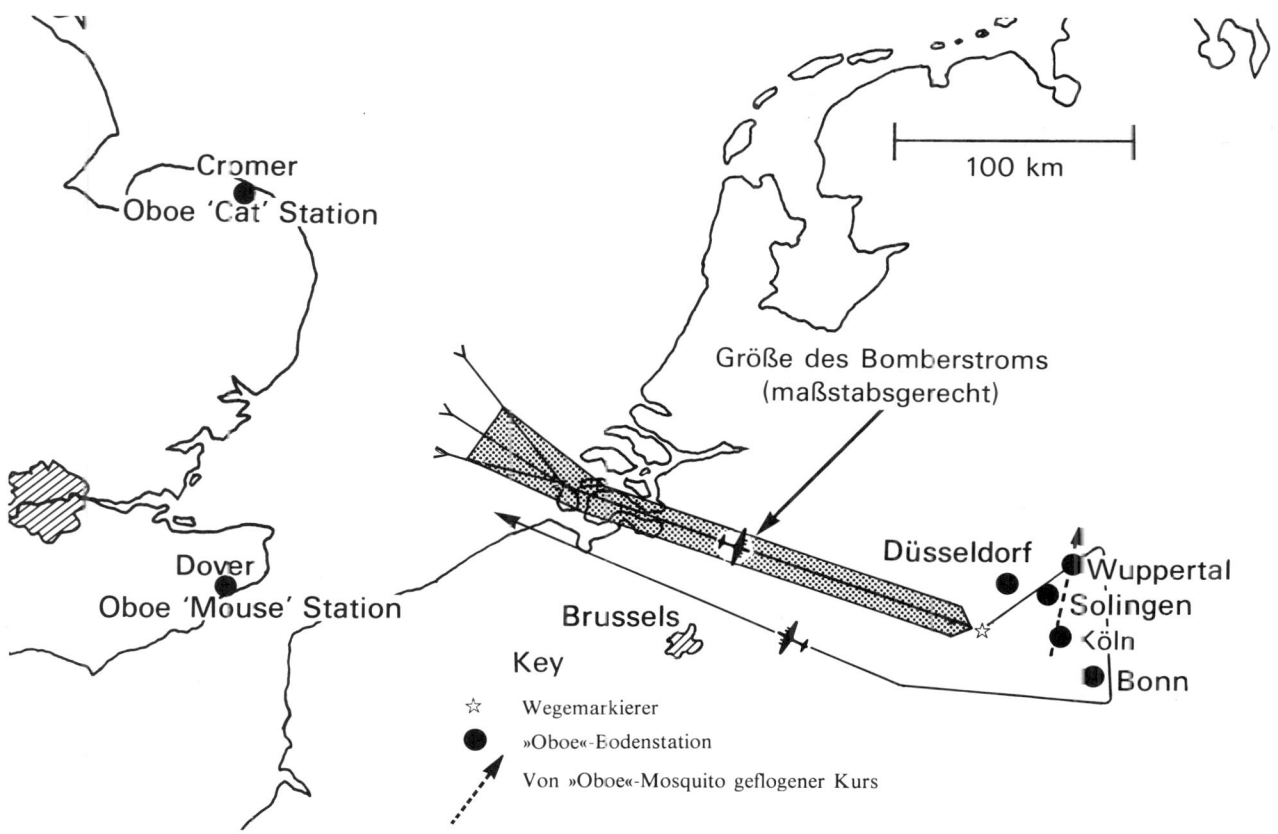

Cromer
Oboe 'Cat' Station

100 km

Größe des Bomberstroms
(maßstabsgerecht)

Dover
Oboe 'Mouse' Station

Düsseldorf

Wuppertal
Solingen
Köln
Bonn

Brussels

Key

☆   Wegemarkierer

●   »Oboe«-Bodenstation

↗   Von »Oboe«-Mosquito geflogener Kurs

Angriff auf Wuppertal in der Nacht des 29. Mai 1943. Der Bomberstrom befindet sich auf dem am Morgen des 30., um 00.36 Uhr eingenommenen Kurs.

Nordwest, strömten die Bomber mit Kurs auf die holländische Insel Walcheren zusammen. Nachdem die Leitflugzeuge gegen Mitternacht die Küste erreicht hatten, ging es mit 108° weiter landeinwärts. Die Beobachter in Deelen glaubten aus dieser Kursänderung schließen zu müssen, daß das Angriffsziel wieder im Ruhrgebiet läge. Dementsprechend wurde 5 Minuten nach 24 Uhr für dieses Gebiet »Luftalarm 15« gegeben, d.h. eine Vorwarnung für Krankenhäuser, Fabriken und zivile Hilfsorganisationen, daß ein Luftangriff innerhalb der nächsten 15 Minuten möglich sei.

Neun Minuten später wurde allgemeiner Fliegeralarm für das gesamte Ruhrgebiet gegeben: ein Sirenenton von zwei Sekunden Länge, fünfzehnmal hintereinander, der unmittelbar bevorstehende Luftgefahr ankündigte. Auch in Wuppertal ertönten die Sirenen, doch zogen es viele Bewohner vor, sich nicht in Deckung zu begeben.

Die Stadt war noch nie angegriffen worden und zu oft schon hatte es Fehlalarm gegeben.

Als in Wuppertal wieder Ruhe einkehrte, war gute 160 km weiter westlich der Kampf um das Überleben dieser Stadt bereits in vollem Gange: das Spießrutenlaufen der Vorhut-Bomber durch die Ruhrverteidigung der Himmelbett-Stationen. Rund 50 Nachtjäger stiegen in dieser Stunde auf, um sich den Eindringlingen entgegenzuwerfen. Nahezu alle von einem Geschwader, vom NJG 1. Tatsächlich stellten diese wenigen Maschinen nur ⅙ der vorhandenen Abfangjäger dar, doch ergab sich dies unausweichlich aus Kammhubers starrer Politik, ganze Gruppen in einzelnen Verteidigungsabschnitten festzulegen. Als erste Gruppe schoß die II./NJG 1 zum Gegner auf, die im belgischen St. Trond beheimatet war und über 13 Messerschmitt Bf 110 und 3 Dornier Do 217 verfügte. Einer der Messerschmitt-Piloten war der aufgehende Stern am Nachtjägerhimmel, Leutnant Heinz-Wolfgang Schnaufer, der später berichtete:

»Ich startete am 29. Mai um 23.51 Uhr zu einem Nachteinsatz im Raume »Lurch« (Tarnbezeichnung für die *Himmelbett*-Station nördlich Lüttich). Gegen 00.35 Uhr wurde ich auf eine in 3500 m Höhe einfliegende Feindmaschine angesetzt. Sie wurde auf dem FuG 202 (Bordradar *Lichtenstein BC)* ausgemacht und kam um 00.45 Uhr auf 200 m Entfernung rechts über uns in Sicht. Ich griff den heftige Ausweichmanöver machenden Viermot-Bomber auf 80 m von hinten unten an, und meine Garben lösten ein lebhaftes Feuer in der linken Tragfläche aus. Das brennende Feindflugzeug drehte ab und ging steil hinunter, wo es um 00.48 Uhr mit einer großen Explosion auf dem Boden aufschlug. Der Absturz erfolgte 1,5 km südlich Belven, 5 km nordwestlich von Eupen, Kartenbezugspunkt 6134.«

Bevor die Nacht noch vorüber war, sollten Schnaufer und sein Beobachter, Leutnant Baro, zwei weitere Luftsiege erringen.

Um 00.36 Uhr hatte die Spitze des Bomberstroms eine Position 62 km südwestlich Wuppertal erreicht. Es war der besonders wichtige Drehpunkt für das endgültige Einschwenken auf das Ziel, und um ihn für die nachfolgenden Maschinen zu kennzeichnen, warf ein mit »H2S« ausgestatteter *Pfadfinder* zwei gelbe Zielmarkierungen.

Als das nachfolgende Gros diese am Boden klar erkennbaren Feuer überflog, schwenkte es auf Angriffskurs ein: 068°. Der Bomberstrom existierte eigentlich erst ab jetzt als geschlossene Einheit: rund 650 Kampfflugzeuge befanden sich in einem rechteckig geformten Himmelsausschnitt von 240 km Länge, 10 km Breite und 3,2 km Tiefe. Während die Vorhut die Wendemarke passierte, stand die Nachhut noch vor der holländischen Küste. Der Verband war in 5 aufeinanderfolgende Wellen eingeteilt, die jeweils 130 Flugzeuge umfaßten und eine Luftbahn von 50 km Länge einnahmen. Aufgeteilt in der ganzen Länge des Stroms flogen die rückwärtigen *Pfadfinder*, deren Aufgabe darin bestand, am Wendepunkt die gelben Markierungen zu erneuern sowie grüne Leuchtzeichen und Sprengbomben auf das Ziel zu werfen. Mit einer Geschwindigkeit von nahezu 6,5 km/Min donnerte die Phalanx der Bomber auf Wuppertal zu.

Während die einfliegenden Maschinen ihren Wendepunkt rundeten und auf Angriffskurs gingen und die deutschen Nachtjäger sich einen Bomber nach dem anderen aus dem Strom herausfischten, spielte sich noch ein Drama gänzlich anderer Art ab. Im Plan war vorgesehen, daß eine einzige »Oboe«-Mosquito um die X-Zeit, d.h. um 00.45 Uhr, mit der Zielmarkierung beginnen sollte. Weitere »Oboe«-Mosquito hatten die Markierung mit 6-Minuten-Intervallen fortzusetzen. Da ein »Oboe«-gelenkter Bombenangriff jedoch etwa 10 Minuten Zeit in Anspruch nahm und zwei gekoppelte Bodenstationen sich immer nur mit einem Flugzeug befassen konnten, mußten bei diesem Angriff zwei getrennt arbeitende Bodenstationsgruppen mit verschiedenen Frequenzen eingesetzt werden: eine »Cat«-Gruppe bei Cromer in Norfolk und eine »Mouse«-Gruppe in der Nähe von Dover. Die führende *Mosquito* flog das Ziel um zwei Minuten zu spät an und die zweite um vier Minuten zu früh. Die Markierung erfolgte daher fast zur gleichen Zeit, anstatt in einem 6-Minuten-Intervall. Zwangsläufig mußte daher eine Markierungslücke entstehen, sobald die ersten Ziel-Leuchtsätze ausgebrannt waren. In der Vergangenheit waren Angriffe schon an kleineren Fehlern gescheitert.

Mit rund 8 km/min jagten die beiden ersten Markierungs-Mosquito auf Wuppertal zu und überholten rasch den Strom der schweren Bomber. In jeder »Oboe«-Maschine vernahm der Pilot in seinen Kopfhörern die Kurskorrekturen: ein Morse-Punktzeichen, wenn er links vom Kurs abkam, einen Strich, wenn er nach rechts abwich. Lag er genau auf Kurs, d.h. auf dem von Cromer ausgehenden Leitstrahl von 419 km Länge, hörte er einen Dauerton. Dieser führte die beiden *Pfadfinder* hoch über das verdunkelte Köln hinweg, wo die Flakkanoniere, in Unkenntnis der Mission dieser Flugzeuge, ein ungenaues Feuer eröffneten. Was sollten diese beiden Maschinen denn auch groß anrichten, wenn gleichzeitig ein ganzer Schwarm schwerer Bomber weiter nördlich auf die Ruhr zustieß?

Die Nahverteidigung des Ruhrgebiets war Aufgabe der 4. Flak-Division unter Generalmajor Hintz. Der Angriff auf Wuppertal führte die Bomber auf ihrem Kurs von 068° durch einen schmalen Korridor zwischen Solingen und Düsseldorf hindurch und an starken Flakstellungen vorbei. Ihr genaues Planschießen kostete mindestens 4 Flugzeuge und die schwere Beschädigung von weiteren 22, bevor man an ihnen vorbei war.

Um 00.40 Uhr schätzt die Rundfunkdurchsage der deutschen Luftwarnung die Situation richtig ein: »Die ersten Wellen fliegen über dem Rhein zwischen Düsseldorf und Köln in ostwärtiger Richtung.« Der Ansager fuhr fort: »Es sieht so aus, als ob ein Angriff auf Wuppertal bevorsteht.«

Dem war so, in der Tat. In den beiden *Pfadfinder-Mosquito,* die sich der Stadt jetzt mit hoher Geschwindigkeit näherten, lauschten die Beobachter gespannt auf die letzte Kursweisung der »Mouse«-Station bei Dover. Sie kam kurz nach 00.46 Uhr: 5 Morse-Punkte gefolgt von einem 3,5 Sekunden langen Strich. Das Ende des Strichs bedeutete, daß sich das Flugzeug genau über dem Bomben-Auslösepunkt befand: exakt 400 km von der Sendestation Dover entfernt.

Einer nach dem anderen betätigten die Beobachter die Auslöseknöpfe, und aus jeder Mosquito stürzten heulend die 4 Zielmarkierungs-Bomben auf Wuppertal. Nach weiteren 40 Sekunden und noch immer 1000 m über den ungläubigen Bewohnern, brachte der Luftdruckzünder den kleinen Sprengsatz zur Entzündung, der das hintere Teil der Bomben zerlegte, und aus jeder purzelten 60 Leuchtkerzen heraus und entzündeten sich. Hellrote Kaskaden ergossen sich in die Nacht, fielen in Trauben von 100 m Durchmesser zu Boden und verkündeten allen, daß der Kampf um Wuppertal begonnen habe.

Obwohl die Flak-Verteidigung des Ruhrgebiets insgesamt energisch und kraftvoll geführt wurde, waren doch zu wenig schwere Kanonen vorhanden, um die Verteidigung einer jeden Stadt sicherstellen zu können. Wuppertal gehörte zu den Städten, die, anläßlich einer Umgruppierung der Abwehr im vergangenen April, ihre schweren Batterien hatte abgeben müssen. Alles, was man jetzt besaß, waren zwei Batterien der 750. Leichten Flak-Abteilung mit je neun 20 mm-Kanonen und 3 oder 4 Suchscheinwerfern. Der Einheitsführer, Oberleutnant Herminghausen, sah mit Schrecken, wie die Markierungsfeuer die umgebenden Gebäude in unnatürlichem Glanz anstrahlten. Noch gab es eine kleine Chance, die Stadt zu retten: den Hüttenrauch, der die Ziele im Ruhrgebiet mit einer dicken Decke einhüllte und sich schon bei früheren Angriffen als Schutz erwiesen hatte. Voraussetzung war allerdings, daß die Abwehr sich nicht vorzeitig durch Scheinwerfer und Schießen verriet. Also wartete Herminghausen noch. Nach dem stürmischen Empfang, der ihnen noch wenige Minuten zuvor durch die Abwehr des Raumes Düsseldorf-Solingen zuteil geworden war, empfanden die Besatzungen an der Spitze des Bomberstroms die Ruhe über dem Ziel als nahezu unheimlich. Der übliche Industriedunst verhüllte die Bodenkonturen, und verlieh mit seinen Nebelschleiern den deutlich sichtbaren Markierungszeichen eine trübe Färbung. Wo solche Leuchtfeuer den Angreifern winkten, besaß Herminghausen's Plan keine Aussicht auf Erfolg. Nackt, bloßgestellt und hilflos lag Wuppertal da.

Der Zeitverlust bei der ersten Markierung, verbunden mit der Pünktlichkeit des Gros, löste eine fast sofortige Konzentration von Spreng- und Brandbomben rund um die Zielleuchten aus. Zwar waren die »Oboe«-Mosquito unpünktlich gewesen und hatten sich nicht genau an den Plan gehalten, doch machten sie ihre beiden Fehler durch Genauigkeit jetzt wieder gut. Alle ihre Zielmarkierungen lagen nicht weiter als 600 m vom eigentlichen Zielpunkt entfernt, d.h. beidseits des eigentlichen Wohnviertels des Stadtteils Barmen, und hier lud nun auch ein Bombenschütze nach dem anderen seine Ladung ab.

Zwei Minuten nach dem Abwurf der ersten Markierungen, um 00.49 Uhr, trafen die nächsten *Pfadfinder* ein und setzten, nach wie vor von keinerlei Abwehr behindert, ihr grünen Erkennungsleuchten direkt neben die roten. Dieser Vorgang wiederholte sich eine Minute später durch zwei weitere Maschinen und ging im gleichen Rhythmus alle zwei Minuten weiter. Als schließlich um 00.54 Uhr die ersten roten Zielmarkierungen noch einmal aufflackerten und dann ausgingen, bestand um sie herum ein dichter und zusammenhängender Kranz aus grünen Leuchtzeichen. Darüberhinaus hatten die zu Hunderten abgeworfenen Brandbomben ebenfalls ihre Schuldigkeit getan und beleuchteten noch zusätzlich den Schauplatz.

Dieser eindeutig auszumachende Flächenbrand wurde denn auch der Brennpunkt des Angriffs und machte alle deutschen Versuche zunichte, ihn auf eine in der Nähe gelegene Scheinanlage abzulenken. Verspätet gab Herminghausen seinen Männern die Feuererlaubnis, obzwar er wußte, daß dadurch die Ereignisse nicht mehr beeinflußt werden konnten. Die Bomber-Besatzungen berichteten später, daß das Flakfeuer über Wuppertal »ungenau« und »unwirksam« gewesen sei. Das kann kaum überraschen, da die leichten 2 cm-Granaten kaum die Höhe der *Stirling*-Bomber erreichten, die an der Untergrenze des Bomberstroms in 4000 m Höhe flogen.

Die Pause, innerhalb derer keine »Oboe«-Markierung stattfand, dauerte bis 01.05 Uhr, d.h. 18 Minuten seit Entzündung der ersten roten Zielleuchten und 11 Minuten seit ihrem Erlöschen. In einem weiteren Fall von schlechter Koordination flogen zwei *Pfadfinder-Mosquito* das Ziel zur gleichen Zeit an und setzten ihre Leuchtbomben-Salven praktisch gemeinsam ab. Auch sie lagen nahe am Zielpunkt und wurden ebenfalls binnen weniger Minuten von grünen Markierungen abgesichert. Das war aber auch erforderlich, da jetzt für die nächsten 20 Minuten mit keinen weiteren »Oboe«-gesteuerten Leuchtzeichen mehr gerechnet werden konnte. Inzwischen flogen die *Lancaster-, Halifax-, Stirling- und Wellington*-Verbände des Gros ihren Angriff auf Wuppertal und im Durchschnitt ließen pro Minute jeweils 10 Maschinen ihre tödliche Last fallen.

Die grünen Zielmarkierungen mußten bis 01.29 Uhr ganz allein für die Anflugorientierung sorgen, erst danach trafen wieder Rotfeuer-Markierer ein und lenkten die letzte Angriffswelle.

Nachdem die schweren Bomber ihre Arbeit getan hatten, behielten sie den Angriffskurs noch für weitere 1,5 Minuten bei, um das Ziel wirklich hinter sich zu lassen, und schwenkten dann fast genau in südlicher Richtung ein, damit sie außerhalb des Luftverteidigungsraums von Ruhr, Köln und Bonn blieben. Erst nachdem man Bonn in gehörigem Sicherheitsabstand umrundet hatte, ging es mit Kurs Nordwest in Richtung Heimat. Doch kaum hatte man die Flak-Zone hinter sich gelassen, galt es erneut, die *Himmelbett*-Stationen zu passieren, wobei durch die dazugehörigen Nachtjäger noch einmal Verluste eintraten.

Hinter den Angreifern blieb eine Stadt zurück, in der nunmehr der Kampf ums Überleben begonnen hatte. Durch die große Zahl von Sprengbomben, die man zusammen mit den Brandbomben abgeworfen hatte, war es für die Luftschutzwarte ungemein schwierig gewesen, bereits die Anfangsfeuer zu ersticken. Die Flammen konnten sich demzufolge an vielen Stellen ausbrei-

ten und schließlich ganze Häuserblocks in brennende Fackeln verwandeln. Die ungeheure Hitze verursachte einen aufsteigenden Luftstrom, in dessen Folge die Flammen aufschossen und die Mauern einstürzten. Außerdem setzte dieser Feuersturm durch Funkenflug und brennende Trümmer noch andere Stadtteile in Brand, die ursprünglich gar nicht getroffen waren. Wuppertal verfügte über 150 Berufsfeuerwehrleute und etwa 1000 freiwillige Helfer.

Diese kümmerliche Streitmacht stand den Ereignissen bald machtlos gegenüber. Doch die Hilfe sollte trotzdem nicht lange auf sich warten lassen. Schon wenige Minuten nach dem Fallen der ersten Brandbomben eilten Feuerwehren und Hilfsorganisationen aus allen Himmelsrichtungen herbei. Die Helfer wußten nur zu gut, wie wichtig es war, die Überlebenden der brennenden Stadtteile unverzüglich nach Angriffsende aus der vermeintlichen Sicherheit ihrer Luftschutzbunker zu befreien, da die Flammen nur zu schnell den dort vorhandenen Sauerstoff verbrauchten und die Insassen an dem eindringenden Kohlenoxyd still und schmerzlos eingehen würden. Einer Feuerwehrverstärkung aus Bochum gelang es schon kurz nach 03.15 Uhr, sich bis in das schwer mitgenommene Gebiet um das Rathaus vorzukämpfen. Sie richteten ihre Schläuche auf die beiderseitigen Häuserfronten und schufen auf diese Weise einen Fluchtweg, auf dem sich mehr als 2000 Menschen in Sicherheit bringen konnten. Andere Feuerwehrleute rückten gleichzeitig den vielen anderen Brandherden zu Leibe, doch wurde ihre Arbeit durch die von den Trümmern blockierten Straßen und zerstörten Wasserleitungen außerordentlich erschwert. Hinzu kam ferner, daß der Wasserstand der Wupper infolge der vorausgegangenen trockenen Monate sehr niedrig war, und man sich anfänglich der außerhalb der Stadt gelegenen Notreservoire bedienen mußte. Nachdem diese erschöpft waren, gab man dennoch nicht auf. Die Schläuche wurden aneinandergeschlossen und das Wasser bis aus einer Entfernung von 6,5 km herangeführt. Nur durch derartige Methoden war es schließlich möglich, nach fast 8 Stunden die Feuer unter Kontrolle zu bringen.

Das Bomber Command hatte gegen Wuppertal einen Angriff geflogen, der sich von den seitherigen klar unterschied. Wie die Foto-Auswertung später ergab, lagen die Bomben von fast 500 Kampfflugzeugen in einem Umkreis von 5 km um den Zielpunkt. Diese bisher beispiellose Bombenkonzentration hatte das Stadtgebiet von Barmen getroffen. Elberfeld – im Südwesten – war infolge des fast gänzlich ausgebliebenen »Rückkriech-Effekts« nahezu verschont geblieben. Die Sprengbomben und Feuer zerstörten über drei Viertel von Barmen, und weitere Verheerungen wurden in einem Gebiet von 280 Hektar angerichtet, das ist mehr, als London während des gesamten Krieges erleiden mußte.

Der Bahnhof, zwei Kraftwerke, zwei Gaswerke und ein Wasserwerk sowie 5 von den 6 großen Fabriken wurden schwer beschädigt. Die Verluste an Menschen waren nicht minder groß. 3350 Menschen wurden getötet (verglichen mit 380 während des deutschen Angriffs auf Coventry und 474 durch den »Tausend-Bomber-Angriff« auf Köln), weitere 2000 verletzt und über 100 000 obdachlos.

Von den angreifenden Bombern kehrten 33 nicht zurück, zwei weitere wurden bei der Landung zerstört. Dies waren etwa 5% der beteiligten Maschinen, was den damaligen Durchschnittswerten bei Angriffen auf das Ruhrgebiet entsprach.

Nach Auswertung der Gefechtsberichte durch britische Nachrichtenoffiziere ergab sich, daß mindestens 22 Bomber Opfer der Nachtjäger geworden waren. Diese Zahl deckt sich interessanterweise genau mit den deutschen Angaben. Sieben Verluste entfielen auf Bodenabwehr und die restlichen vier auf »unbekannte Gründe«. 60 Bomber kehrten mit schweren Schäden durch Flakfeuer und zwei mit Treffern durch Nachtjäger zurück. Die kompakte Flugformation hatte auf alle Fälle wesentlich dazu beigetragen, daß die Verluste in erträglichen Grenzen blieben. Ein zusätzlicher Preis mußte jedoch noch entrichtet werden: 6 der heimkehrenden Bomber wiesen Schäden durch von oben gekommene Brandbomben auf.

Gemessen an früheren Unternehmungen ähnlicher Art, war der Angriff äußerst erfolgreich gewesen. Trotzdem war die ungewöhnliche Konzentration von Spreng- und Brandbomben nur dem Umstand zu verdanken, daß praktisch keine Flakabwehr existierte. Beim Bomber Command war sich jeder klar, daß nur die Nachtjäger die eigentlichen »Killer« waren. Die Flak hingegen, war

beim Fliegen in großer Höhe zwar ungemütlich und verursachte gelegentlich auch Schäden, doch durch sie ging eine Maschine eigentlich selten verloren. Anders war es jedoch, wenn der massierte Einsatz von Scheinwerferbatterien noch dazu kam. Der Blendeffekt erwies sich dann als derartig störend, daß gezielte Abwürfe ernsthaft in Frage gestellt wurden. Das Fehlen schwerer Flakbatterien war Wuppertal zum Verhängnis geworden und unterstrich auch zugleich die Bedeutung dieser Abwehrwaffe. Konnte man in Zukunft nicht mehr mit ihr rechnen, dann würde das Bomber Command derartige Schläge auch anderwärtig austeilen können.

Die *Padfinder*-Einrichtung hatte sich ebenfalls bewährt und gezeigt, daß Ziele innerhalb der »Oboe«-Reichweite mit beträchtlicher Genauigkeit für die nachfolgenden Bomber bezeichnet werden konnten. Indessen, das Bomber Command beschränkte sich im Frühjahr 1943 nicht nur auf Angriffe in diesem Teil Deutschlands und mußte sich bei weiteren Anflügen auch auf das weniger verläßliche H2S-Gerät stützen. So wurden zwar Stuttgart, Mannheim und Frankfurt, Kiel, Rostock und Stettin, Berlin, Pilsen, Nürnberg und München heimgesucht, doch in keinem Falle auch nur ein annähernd gleicher Erfolg erzielt, wie im Tal der Wupper.

Die Bomber-Besatzungen sahen sich dabei auch noch mit anderen Problemen konfrontiert, nicht nur mit der ungenauen Zielmarkierung. Die längeren Flüge über Feindgebiet machten auch das Einhalten von Kurs und Zeitplan viel schwieriger. Bei dem Angriff auf Stuttgart, am 11. März, zum Beispiel, wurde die erste Zielmarkierung zwar ordnungsgemäß durchgeführt, doch war sie schon ausgebrannt und verlöscht, als das Gros schließlich eintraf. Ferner war bei den entfernter liegenden Objekten die Wettervorhersage nicht so einfach. Beim Anflug auf Frankfurt, am 10. April, schob sich unversehens eine dicke Wolke zwischen die Zielleuchten und die Bomber und machte den Abwurf unwirksam.

Ein RAF-Nachtangriff in jenem Frühling bedarf jedoch noch der Erwähnung: der gegen die deutschen Staudämme. Zwar sind die Merkmale der von Barnes Wallis entworfenen Spezialbombe schon anderweitig beschrieben worden, doch verdienen sie es, hier noch einmal aufgeführt zu werden. Die Waffe lief unter der

Tarnbezeichnung »Upkeep« und besaß die Form eines Benzinfasses. Sie war 1,50 m lang, hatte einen Durchmesser von 1,25 m und wog 419 kg, wobei rund 300 kg auf die hochexplosive RDX-Ladung entfielen. Diese Bombe war unter dem Rumpf einer beträchtlich umgebauten *Lancaster* breitseits montiert. Dort hing sie zwischen zwei V-förmigen Armen, die gleichzeitig als Anlenkzapfen dienten, in denen sie sich um die eigene Achse drehen konnte. Ein kleiner Hydraulikmotor versetzte die Bombe über einen einfachen Keilriemen in die Abwurfumdrehungszahl von 500 U/min. Sobald der Bombenschütze den Auslöseknopf betätigte, sprangen die oben schwenkbar gelagerten V-förmigen Stützarme unten auseinander und gaben die Waffe frei. Sobald diese mit großer Vortriebsgeschwindigkeit auf dem Wasser aufgeschlagen war, sprang sie auf dessen Oberfläche bis zur Staumauer. Nach dem Aufprall wurde sie zurückgeschleudert und infolge ihrer Rotation von neuem in Kontakt mit der Wand gebracht und rollte sich hier in die Tiefe, bis der Wasserdruck bei 10 m den Wasserdruck-Zünder auslöste. Nur in dieser Position besaß die Spezialbombe eine echte Chance, das massive Mauerwerk zu zerstören.

Der von der 617. Staffel in der Nacht vom 16. Mai 1943 geflogene Einsatz gegen die deutschen Staudämme, war der akkurateste der bisherigen Kriegsgeschichte.
Unter der *Lancaster* hängt eine »Upkeep« in ihrer Spezialhalterung. Man erkennt deutlich den Keilriemenantrieb, mit dem die Waffe auf ihre Abwurf-Rotationsgeschwindigkeit von 500 U/min gebracht wird.
/Crown copyright.

Um »Upkeep« mit der erforderlichen Genauigkeit aufzusetzen, war eine fliegerische Präzision erforderlich, wie sie weder während des Krieges noch nachher je wieder in Erscheinung trat. Die Besatzung mußte sie bei einer Geschwindigkeit von genau 352 km/h und einer Höhe von exakt 18,30 m über dem Wasserspiegel auslösen. Dies hatte wiederum genau 387 m vom Staudamm entfernt zu geschehen, bei einer Toleranz von höchstens plus/minus 23 Metern. Wobei zu bedenken ist, daß ein Flugzeug bei 352 km/h nur etwa vier Sekunden für diese Strecke benötigt. Schließlich und endlich mußte die Maschine beim Abwurf auch noch genau horizontal fliegen, da die Bombe sonst in einem Winkel die Wasseroberfläche berühren und nach einer Seite weggedreht hätte.
Um den Besatzungen die erforderlichen Voraussetzungen für einen derartigen Präzisionsabwurf zu

54

schaffen, besaßen ihre Flugzeuge zwar einfache aber dennoch äußerst wirksame Instrumente für die Höhen- und Entfernungsmessung. Für das Messen der Höhe war jedes Flugzeug sowohl vorne als auch hinten mit einem Suchscheinwerfer ausgestattet, deren Strahlen so eingestellt waren, daß sich die Lichtkegel bei 18.30 m Höhe schnitten und auf dem Wasser eine »Acht« bildeten. Zur Festlegung der Entfernung gelangte ein Visier »Marke Eigenbau« zur Verwendung. Es bestand aus einem dreieckigen Stück Sperrholz, an dessen einer Ecke ein Guckloch und an den beiden anderen je ein Nagel angebracht war. Der Bombenschütze schielte durch das Guckloch und löste die Bombe aus, sobald sich die Nägel mit den Dammaufbauten deckten. Die Entfernung betrug dann genau 387 m.

Praktische Versuche mit dieser lächerlich einfachen Methode ergaben Abwurfgenauigkeiten von rund 4 m. Um die notwendige Präzision zu erreichen, bedurfte es aber auch noch einer hervorragenden Zusammenarbeit innerhalb der Besatzung. Der Beobachter mußte die Lichtkegel auf der Wasseroberfläche im Auge haben und den Piloten in die richtige Höhe dirigieren. Dieser wiederum flog direkt den Staudamm an, wobei er dafür zu sorgen hatte, daß die Tragflächen im Augenblick des Auslösens genau horizontal waren. Der Bombenschütze schließlich, visierte die entgegenkommenden kleinen Türme auf der Dammkrone durch sein Spezial-Zielgerät an und warf im entscheidenden Augenblick die Bombe. Eine eingeübte Besatzung konnte auf diese Weise ihre Ladung mit der gleichen Genauigkeit plazieren, wie ein Sprengkommando.

Das Bomber Command hatte für den Angriff auf die Talsperren eigens eine Spezialeinheit aufgestellt, die 617. Staffel. Ihr ausgezeichneter Führer, Wing Commander Guy Gibson, erhielt die Erlaubnis, sich seine Besatzungen selber aussuchen zu dürfen.

Die Kandidaten mußten jeweils zwei Bomber-Angriffsserien ganz oder zumindest beinahe hinter sich gebracht haben. Da es zu diesem Zeitpunkt selten war, daß ein Mann 60 Einsätze überlebt hatte, aus denen zwei solcher Einsatzserien bestanden, ist es klar, daß Gibson auf diese Weise die Besten, Erfahrensten und auch Glücklichsten des Bomber Command erhielt. Sobald die 617. Staffel vollzählig war, begann unter großer Geheimhaltung eine intensive Ausbildung.

Nachdem diese abgeschlossen war und der Umbau der Maschinen stattgefunden hatte, wurden noch zwei Voraussetzungen benötigt, bevor der Angriff steigen konnte: um den höchstmöglichen Verdämmungseffekt zu erzielen, mußten die Stauseen randvoll sein, und die Besatzungen benötigten klaren Himmel und Vollmond. Am 16. Mai standen alle Zeichen günstig, und so wurde für diese Nacht der Angriff unter dem Decknamen »Operation Chastise« (Operation Züchtigung) befohlen. Neunzehn *Lancaster* starteten in drei separaten Wellen von ihrem Einsatzhafen Scampton. Die ersten 9 Maschinen hatten den Auftrag, die Möhnetalsperre anzugreifen. War diese gesprengt und noch Bomben vorhanden, sollten erst die Edertalsperre und danach die Sorpe-Staumauer drankommen. Die aus 5 Flugzeugen bestehende 2. Welle hatte den Sorpe-Damm zum Ziel. Die ebenfalls aus 5 Kampfflugzeugen zusammengesetzte 3. Welle schließlich diente als fliegende Reserve und sollte entweder im Bedarfsfall die beiden anderen Wellen verstärken oder aber als Ausweichziele noch die Lister- und Ennepe-Talsperren bekämpfen.

Die erste Welle unter Gibson verlor ein Flugzeug bereits im Anflug, aber die übrigen führten ihren Auftrag aus und zerstörten kurz nach Mitternacht die Möhnetalsperre. Gibson flog sodann mit den drei verbleibenden Bombenträgern zur Edertalsperre, und kaum eine halbe Stunde später zertrümmerte er auch diese.

So groß wie das Glück der ersten Welle war jedoch das Pech der zweiten und dritten. Von den auf den Sorpe-Damm angesetzten Maschinen wurden zwei unterwegs abgeschossen und zwei mußten infolge aufgetretener Schäden umkehren.

Mithin erreichte nur ein Bomber dieser Welle das befohlene Ziel. Der Sorpe-Damm bestand aus einem Beton-Kern mit fester Erdauflage und verfügte aus diesem Grunde über einen etwas größeren Widerstand als die Dämme der Möhne- und Edertalsperren. Aus diesem Grunde war er auch kein besonders geeignetes Ziel für die Spezialbombe. Da sein Wasser aber sehr wichtig war, mußte er ebenfalls angegriffen werden. Als Flight Lieutenant McCarthy's *Lancaster* ganz alleine hier eintraf, stieg ein langsam dicker werdender Nebel von dem Stausee auf. Trotzdem führte er den Angriff durch und erzielte einen Treffer, der die Mauerkrone teilweise abräumte.

Diese deutsche Aufnahme des Möhne-Damms zeigt, wie einen Tag nach dem Angriff das Wasser noch immer ausläuft.
Die Torpedonetze im Vordergrund sollten dem Schutz der Mauer dienen, wurden aber vom Druck der Wassermassen durch die Bresche gerissen./ Bundesarchiv.

Die Flut richtete ausgedehnte Schäden an, besonders an den in den Tälern verlaufenden Eisenbahnlinien./ Walter via Krüger

Drei Maschinen der Reservegruppe erhielten daraufhin den Befehl, diesen Anfangserfolg auszuweiten, aber eine von ihnen wurde abgeschossen, bevor sie das Objekt erreichte.

Als Flight Sergeant Brown das Einsatzgebiet erreichte, hatte sich der Nebel sichtlich verstärkt. Unerschrocken und mit kühlem Kopf machte er tief über dem Wasser 10 Anflüge hintereinander, bis schließlich alles stimmte: Sergeant Johnson – in der Flugzeugnase auf dem Bauch liegend – ließ die Bombe fallen. Diese hüpfte über die Wasseroberfläche und traf den Damm. Trotzdem brach dieser nicht zusammen, obwohl er schon beschädigt war. Als das 3. Reserveflugzeug am Sorpe-Damm eintraf, hatte sich bereits eine so dichte Nebeldecke gebildet, daß weitere Angriffe nicht mehr in Betracht kamen.

Die beiden noch einsatzfähigen Maschinen der Reserve-Welle erhielten daraufhin Befehl, die vorgesehenen Ausweichziele anzugreifen, den Ennepe- und den Lister-Damm. Während der Abwurf auf den ersteren keine sichtbaren Spuren hinterließ, wurde beim Anflug auf den letzteren der Bomber entweder abgeschossen oder ging sonstwie zu Bruch.

Die 617. Staffel hatte also mit einer hervorragenden Waffentat die Staudämme der Möhne- und Edertalsperre zerstört und den Sorpe-Damm beträchtlich beschädigt.

Eine weitere Verwendung von »Wallis' hüpfender Bombe« gegen andere Ziele dieser Art, war allerdings nicht mehr gegeben, da die Deutschen innerhalb von Stunden einen starken Flak-Gürtel um alle gefährdeten Objekte zogen. Auch bezüglich der Waffe, die all diese Zerstörungen angerichtet hatte, waren sie nicht länger im Zweifel. Eine gegen den Möhne-Damm gezielte Bombe war im Winkel auf das Wasser aufgeschlagen, abgelenkt und gegen das sanft ansteigende Ufer gedreht worden. Hier kam sie zur Ruhe, ohne daß in dem flachen Wasser die auf 10 m eingestellte Zündung ansprach und auch der Sicherheits-Zeitzünder ging später nicht los. Nachdem das Stauwasser aus der zerrissenen Mauer abgelaufen war, lag sie unversehrt im Trockenen. Da einige der deutschen Waffenexperten, die den Sprengkörper später untersuchten, sich bereits mit den theoretischen Berechnungen für eine ähnliche Springbombe beschäftigt hatten, die gegen gepanzerte Schiffe Verwendung finden sollte, war ihnen die Wirkungsweise der Wallis-Bombe von Anfang an völlig klar. Die wichtigste Geheimwaffe des Bomber Command hatte aufgehört ein Geheimnis zu sein.

Von den 19 Flugzeugen und 133 Mann, die zum Angriff auf die Dämme gestartet waren, kehrten 9 Bomber und 56 Besatzungsangehörige nicht zurück. 5 *Lancaster* waren bereits beim Anflug abgestürzt oder abgeschossen worden. Zwei wurden während des Angriffs

Dieses sehr interessante Foto wurde nahe der Möhnetalsperre kurz nach dem britischen Angriff gemacht. Es zeigt eine der Rollbomben, die nicht explodiert war und nach Auslaufen des Wassers gefunden wurde./Krueger

vernichtet: eine durch Flak, und bei der anderen löste die Bombe nicht rechtzeitig aus. Sie fiel auf die Brustwehr des Eder-Damms und explodierte, als das Flugzeug gerade darüber weg flog. Die 9. *Lancaster* wurde auf dem Rückflug abgeschossen. Außerdem hatten 2 Bomber schon kurz nach dem Start aus technischen Gründen aufgeben und umkehren müssen.

Für dieses Unternehmen sowie für die wiederholte Begleitung von Bombenangriffen, bei denen er das Abwehrfeuer auf sich gezogen hatte, erhielt Wing Commander Guy Gibson das Victoria Kreuz. Weitere 33 Mann seiner Staffel wurden für ihre Verdienste bei dem Angriff ebenfalls ausgezeichnet.

Die wirbelnden Wassermassen des Möhne-Stausees verursachten schwere Überschwemmungen in den Tälern von Möhne und Ruhr. Etwa 1200 Menschen wurden getötet, die Hälfte davon waren Ostarbeiterinnen aus einem Arbeitslager bei Neheim.

Rund 100 Häuser und 6 kleine E-Werke wurden fortgespült und eine wichtige Eisenbahnlinie für längere Zeit

außer Betrieb gesetzt. Einhundert Kilometer entfernt
davon richtete die Flut der geborstenen Edertalsperre
ähnliche Schäden an und überschwemmte Bettenhausen,
einen Vorort von Kassel. Doch wurde in keinem
Falle ein längerer Produktionsausfall erzielt.

Der Sorpe-Damm hatte den Einsatz wie durch ein
Wunder überstanden. Acht Flugzeuge waren auf ihn
angesetzt worden, eine Zahl, die ausgereicht hatte, die
beiden anderen Dämme zu zerstören. Hätte man auch
ihn gleich dem Möhne-Damm erwischt, wären die
Deutschen in erhebliche Schwierigkeiten geraten, denn
die beiden Stauseen speicherten einen großen Teil des
für die dortige Industrie benötigten Wassers. »Ohne
diese Wasserversorgung«, äußerte sich später Reichsminister
Albert Speer,« hätte die Produktion des Ruhrgebiets
den denkbar schwersten Schlag erlitten«. In diesem
Falle war der Sorpe-Damm in der Lage, die Wasserversorgung
bis zum Eintritt der herbstlichen Regenperiode
sicherzustellen, in welcher Zeit auch die beiden
anderen Dämme wieder instandgesetzt werden konnten.

Trotz dieser herausragenden Leistung auf dem Gebiet
nächtlicher Präzisions-Angriffe, hatte der Angriff auf

die Dämme dennoch zu keinem Zusammenbruch der
Produktion im Ruhrgebiet geführt. Als einziger greifbarer
Erfolg konnte verzeichnet werden, daß Arbeitskräfte
von der französischen Kanalküste von Hitler's
Lieblingsprojekt, dem »Atlantik-Wall«, abgezogen werden
mußten.

Mehr als 20 000 Arbeiter wurden innerhalb weniger
Tage umdirigiert und zur Reparatur der Dämme herangezogen.
Doch vor deren Fertigstellung sollten die
RAF und USAAF mit ihren schweren Bombern dafür
sorgen, daß weitere Instandsetzungsarbeiten die Rückkehr
dieser Leute nach Frankreich verhinderten.

Nach den ungemein wirkungsvollen Luftangriffen auf
das Ruhrgebiet und dem kühnen Schlag gegen die
Dämme, begann der Sommer 1943 in denkbar optimistischer
Stimmung für das Bomber Command. Für diejenigen,
die an den geheimsten Planungen mitarbeiteten,
kam ferner hinzu, daß sie durchaus über Gründe
verfügten, um an das Anhalten dieser Glückssträhne
auch für die Zukunft zu glauben. *Mandrel* und *Tinsel,*

Monica und Boozer trugen zwar erheblich zum Schutz der Nachtbomber bei, doch konnten sie den lauernden Nachtjägern natürlich keinen Schaden zufügen. Man hatte deshalb schon seit geraumer Zeit die Idee verfolgt, den Bomberströmen eigene Nachtjäger mitzugeben. Das Konzept war jedoch zunächst am Identifizierungs-Problem gescheitert: Wie sollten die Besatzungen inmitten all der freundlichen Bomber den Feind ausmachen? Diese Frage war jetzt durch das *Telecommunications Research Establishment* gelöst worden. Die Antwort hieß *Serrate* und war ein handlicher kleiner Empfänger, mit dessen Hilfe die *Lichtenstein*-Radarsignale der deutschen Nachtjäger den britischen Besatzungen so dargestellt werden konnten, daß sie zur Anflugorientierung dienten.

Die *Beaufighter* der 141. Staffel des Fighter Command wurden im Spätfrühling 1943 so umgebaut, daß sie außer ihrem gewöhnlichen Abfang-Radar noch ein *Serrate*-Gerät mitführen und von nun an zum Begleitschutz eingesetzt werden konnten. *Serrate* besaß noch den weiteren Vorteil, daß es der Besatzung einen von hinten aufschließenden Jäger anzeigte. Es wurde für die *Beaufighter* daher zur Standard-Taktik, den »Wolf im Schafspelz« zu spielen, indem sie sich dem Verfolger gegenüber zunächst wie ein Bomber benahmen, bevor sie unvermutet abdrehten und selber angriffen. Wie diese Taktik in der Praxis aussah, wurde vom Führer der 141. Staffel, Wing Commander Bob Braham, bei einem der ersten *Serrate*-Einsätze am frühen Morgen des 16. Juni gut demonstriert. Hier ist Braham's Bericht: »... Als wir um 02.10 Uhr über Stavoren waren, sah mein Beobachter ein von hinten aufkommendes Feindflugzeug, das uns von links angreifen wollte. Ich führte eine harte Linkswendung aus, um hinter ihn zu gelangen, doch der Gegner kurvte ebenfalls nach links.

In dem nun folgenden Kurvenkampf gelang es mir schließlich, ihn auf 360 m von der linken Seite zu erwischen. Ich eröffnete das Feuer mit Kanone und MG's. Der Feuerstoß dauerte 5 Sekunden, endete 20° achteraus und brachte mich auf 180 m heran. Hierbei wurde der Rumpf des gegnerischen Flugzeugs vom Leitwerk bis zum Cockpit getroffen und der linke Motor in Brand geschossen. Als ich Gas wegnahm zu einem neuen Anflug, stürzte der Gegner senkrecht ab und schlug 13 km nördlich Stavoren in Flammen auf. Der Kampf fand in 3000 m Höhe über den Wolken und bei klarem Mondlicht statt. Wir sahen kein Abwehrfeuer.«

Aber noch andere unangenehme Überraschungen warteten auf die Deutschen. Der Luftangriff auf Wuppertal hatte klar erwiesen, daß bei fehlender Flakabwehr und guter Zielmarkierung die besten Voraussetzungen für einen verheerenden Bombenabwurf gegeben waren. Doch, wenn im Zielgebiet schwere Flak u. Scheinwerfer konzentriert waren, wie konnten sie ausgeschaltet werden? Der wirkungsvolle Einsatz dieser Waffensysteme gegenüber einem hoch fliegenden Gegner, hing indessen allein vom Leitradar *Würzburg* ab. Und die technische Antwort auf dieses Radargerät war einfach genug: Düppel-Streifen aus Aluminium-Folie. Diese unter der Tarnbezeichnung »*Window*« bekannten Streifen maßen 30 cm in der Länge, halbe Wellenlänge der Würzburg-Geräte und 1,5 cm in der Breite. Ein einziges Bündel enthielt zweitausend derartiger Streifen, wurde von einem Gummiband zusammengehalten und wog 765 Gramm. Es öffnete sich beim Abwurf und löste sich in eine große silbern glitzernde Wolke auf, welche auf dem Radarschirm wie ein großes Flugzeug ansprach. Warf nun jedes Flugzeug einer Angriffswelle pro Minute ein solches Bündel ab, wurden derartig viele Echos ausgelöst, daß jede Radarortung versagte.

Schon 1942 hatten sowohl britische als auch deutsche Wissenschaftler den Einsatz von Metallstreifen gegen Radar untersucht, und zwar völlig unabhängig voneinander und unter großer Geheimhaltung. Die Schlußfolgerung war in beiden Ländern die gleiche: die umfangreiche Verwendung von Metallfolien machte Meßradar unwirksam. Zunächst hatte sich keine der beiden Seiten stark genug gefühlt, um die mit Sicherheit zu erwartenden Vergeltungsschläge in Kauf nehmen zu können. Doch im Sommer 1943 fühlte sich das Bomber Command hinreichend stark und überlegen, während anderseits die deutsche Bomberwaffe zu ziemlicher Bedeutungslosigkeit verkleckert worden war. Außerdem hatten die alliierten Radar-Experten an der Konstruktion von Geräten gearbeitet, die solchen Abwehrmaßnahmen gegenüber weniger empfindlich waren, während sich in dieser Beziehung in Deutschland nichts verändert hatte.

Die Metallstreifen mußten etwa auf die halbe Länge geschnitten werden, wie die Wellenlänge des gegneri-

Waffenwarte des Flugplatzes Bardney beladen eine *Lancaster* der 9. Staffel mit einem Kanister 4-Pfund-Brandbomben, kurz vor dem Start zu einem der schweren Angriffe auf Hamburg, Ende Juli 1943.
/Harrison, via Garbett/Goulding.

schen Radar, und ein Streifen einer gewissen Länge wirkte nur auf ein ziemlich schmales Funkfrequenzband.*

Zum Glück für das Bomber Command und zum Unglück für die deutsche Luftwaffe, arbeitete das Flak-Leitradar *Würzburg* auf genau der gleichen Wellenlänge wie das Nachtjäger-Leitradar *Würzburg Riese* und auch ganz in der Frequenznähe des Nachtjäger-Radar *Lichtenstein*. Diesem Umstand war es zu verdanken, daß die Düppel-Streifen auf die drei wichtigsten deutschen Abwehr-Radargeräte gleichzeitig ansprachen. Obwohl diese Schwäche verschiedenen hohen Luftwaffen-Offizieren bekannt war, wurde dennoch nichts dagegen unternommen. Es war eine der großen Unterlassungssünden, auf die dann auch bald die Strafe folgte.

Am 15. Juli 1943 gab Churchill im Verlauf einer Sitzung des Kriegskabinetts die Verwendung von *Window* über Feindgebiet frei. Zehn Nächte später, am 24.7., ließen 746 Bomber beim Angriff auf Hamburg diese Streifen bereits zu Millionen herunterrieseln. Wie vor-

* Funkfrequenz und Wellenlänge stehen in direktem Verhältnis zueinander.

ausgesagt, war die Wirkung verheerend. Da die Metallfolie-Wolken etwa 15 Minuten wirksam blieben, bevor sie sich auflösten, standen die deutschen Radar-Bedienungen unter dem schrecklichen Eindruck, daß über »elftausend« Flugzeuge angriffen. Die Nachtjäger kreisten indessen in den Einflugschneisen und warteten geduldig auf Befehle von ihren *Himmelbett*-Stationen. Aber es kamen keine. Stattdessen herrschte bald ein vollkommenes Chaos, und widersprüchliche Anweisungen und Rufe durchzuckten den Nachthimmel: »Versuchen Sie es ohne Bodenkontrolle«; »Es ist unmöglich, zuviele Feindmaschinen«; »Der Gegner scheint ständig Junge zu kriegen«; »Ich gehe auf freie Jagd.«

Diese Szenen wiederholten sich aber auch in den Jagdflugzeugen selber, sobald ihre Radargeräte Kontakt mit den treibenden Alufolie-Wolken bekamen. Ein damals eingesetzter deutscher Nachtjäger berichtete später:

»Auf 5000 m meldete mein Funker den ersten Gegner auf seinem *Lichtenstein*. Ich war glücklich. Ich ging auf den angegebenen Kurs in Richtung Ruhrgebiet, denn auf diesem Wege sollte ich dem Bomberstrom entgegenfliegen.

Facius meldete dann drei oder vier Ziele auf seinem Bildschirm. Ich hoffte, daß meine Munition für so viele Gegner ausreichen würde!

Dann rief Facius: »Tommy fliegt mit großer Geschwindigkeit auf uns zu. Entfernung verringert sich ... 2000 m... 1500 ... 1000 ... 500 ...« Ich war sprachlos. Facius hatte bereits ein neues Ziel. »Vielleicht war es ein deutscher Nachtjäger auf Gegenkurs,« sagte ich mir und wandte mich dem nächsten Bomber zu. Aber bald darauf rief Facius wieder: »Ein Bomber kommt mit Affenzahn auf uns zu. 2000 ... 1000 ... 500 ... er ist weg!«

»Facius, Sie spinnen,« pflaumte ich ihn an. Aber das Scherzen sollte mir bald vergehen, denn diese verrückten Angaben wiederholten sich immer wieder«.[*]

Als die ersten Bomberwellen über dem eigentlichen Stadtgebiet von Hamburg eintrafen, herrschte eine unwirkliche Atmosphäre. Diese Stadt wurde von 54 schweren Flak- und 22 Scheinwerfer-Batterien geschützt. Hamburg gehörte zu den am wirksamsten verteidigten Städten in Deutschland. In der Vergangenheit bei den vorangegangenen Luftangriffen hatte der radargelenkte Scheinwerferleitstrahl kerzengerade nach oben gezeigt, bevor er sich plötzlich zur Seite neigte und auf einem unglücklichen Bomber hängen blieb. Daraufhin gingen dann 4 oder 5 andere Scheinwerfer an und langten mit Strahlenfingern nach ihrer Beute.

Aber in dieser Nacht war es anders. Alle Suchscheinwerfer schienen eingeschaltet zu sein, schwangen mal in die, mal in jene Richtung, tasteten blind nach dem Gegner. Sobald Strahlen sich kreuzten, kamen andere rasch hinzu, und 30 bis 40 bildeten dann einen riesigen Lichtkegel – auf einer Wand von Düppel-Streifen.

Der Flak erging es nicht anders als den Scheinwerfern. Bei früheren Angriffen auf derartig schwer verteidigte Ziele hatten die Bomber-Besatzungen damit rechnen müssen, von Zeit zu Zeit von einer schweren Salve eingegabelt zu werden. Doch diesmal mußten die Kanoniere ohne Feuerleitgerät schießen und jagten eine

Einfach zu handhaben, doch verheerend in der Wirkung: die kleine Tochter des Verfassers mit einem *Window*-Streifen. Es handelt sich um den gleichen Typ, der die deutsche Luftverteidigung um Hamburg außer Gefecht setzte.

Salve nach der anderen ungezielt in den Himmel. Wenn das scharfe Bellen der Kanonen zwar auch nichts anrichtete, so wiegte es die Menschen in den Kellern doch zumindest in dem falschen Glauben, daß es den feindlichen Eindringlingen genau so dreckig ging wie ihnen selber.

Hamburg war jetzt nahezu wehrlos. Aber bevor es richtig getroffen werden konnte, mußten die *Pfadfinder* es noch genau markieren und diese Zielbezeichnungen auch unterhalten. Dabei mußten sie sich auf das nicht sehr genaue H2S-Gerät verlassen, lag die Stadt doch weit außerhalb der »Oboe«-Reichweite. Doch seit dem Wedel-Fiasko hatte das Bomber Command gelernt, sich auf die beschränkten Möglichkeiten dieses Geräts einzustellen. Ferner war die breite Elbe – ob Sandbänke oder nicht – ein besonders geeignetes Radar-Objekt, um so mehr, als es direkt auf Hamburg wies. Diesmal nahmen 74 Bomber mit Radar-Ausstattung an dem Angriff teil, deren Bedienung ebenfalls vereinfacht wor-

[*] Wilhelm Johnen: »Duell unter den Sternen«, Barenfeld, Düsseldorf 1956

den war. Die *Pfadfinder* hatten strikte Anweisung, ihre Markierungen nur bei völlig einwandfreiem Funktionieren der Radaranlage abzuwerfen. Der Plan sah vor, daß 20 »H2S«-Flugzeuge den Angriff eröffnen sollten, indem sie anhand ihrer Radarmessungen gelbe Zielhinweise und Leuchtpfade setzten. Ihnen folgten 8 Sichtmarkierer, welche beim Scheine der Leuchtkugeln die einzelnen Objekte ausmachen und mit roten Zielleuchten bezeichnen sollten. Die restlichen 53 Nachfolge-*Pfadfinder* schließlich, die auf den ganzen Bomberstrom verteilt waren, sollten ihre grünen Markierungen möglichst auf die roten setzen, d.h. über die Mitte der bereits am Boden brennenden grünen hinaus (als Maßnahme gegen den »Rückkriech-Effekt«) oder – falls dies nicht möglich war – mitten auf die gelben. Die Bomber des Gros hatten Befehl, auf die roten Zeichen zu werfen, sofern diese sichtbar waren, sonst auf die Mitte der grünen. Die gelben sollten sie ignorieren.

Während der ersten 15 Minuten des Angriffs fiel eine grüne Markierung nach der anderen genau in das Gebiet um den Zielpunkt, doch dann setzte das »Zurückkriechen« ein. Dieses hielt den ganzen Angriff über an, so daß sich schließlich ein 11 km langer Brandbomben-Teppich vom Zielpunkt nach rückwärts erstreckte.

Das Bomber Command verlor in dieser Nacht 12 Maschinen, davon vermutlich die eine Hälfte durch Flak und die andere durch Nachtjäger. Die meisten dieser Flugzeuge waren vor dem Absturz von Scheinwerferkegeln erfaßt worden, was wiederum zeigt, wie wirksam Düppelstreifen gegen die verschiedenen Radargeräte waren. Dieser Verlust von 1,5% der beteiligten Flugzeuge, gegenüber den 6% früherer Angriffe auf Hamburg, stellte einen bemerkenswerten Unterschied dar. Von den zurückkehrenden Maschinen wiesen 20 Flakschäden und 2 Treffer durch Nachtjäger auf. Ein *Pfadfinder* wurde durch eine Zielleuchte beschädigt, die – wahrscheinlich nach einem Flaktreffer – direkt nach dem Ausklinken explodiert war. Zwei weitere Flugzeuge erlitten Schäden durch herabfallende Brandbomben.

»Window« war zweifelsohne ein ganz großer Erfolg. Wären die bislang gewohnten 6% Verluste eingetreten, hätte der angreifende Verband über 50 Bomber eingebüßt; so aber darf man folgern, daß über 30 Flugzeuge von den in dieser Nacht abgeworfenen 40 t Düppelstrei-

fen gerettet wurden – 92 Millionen Streifen aus Alu-Folie.

Hamburg war schwerer getroffen als je zuvor, obwohl die Markierung und Bombenkonzentration nicht so gut war, wie jetzt üblicherweise im Ruhrgebiet. Aber durch die vorangegangenen trockenen Monate und auch noch aus anderen Gründen, war die Stadt den Brandbomben gegenüber äußerst verwundbar, welche in Strömen auf sie herabregneten. Der Polizeipräsident berichtete später:

»Die in vielen Häusern gespeicherten Kohlen- und Koksvorräte fingen Feuer und konnten erst Wochen

Der Angriff auf Hamburg löste in der Innenstadt Brände aus, welche tagelang wüteten./IWM

Wo in Hamburg der Feuersturm gewütet hatte, war die Zerstörung nahezu vollkommen.

später gelöscht werden. Wichtige Dienststellen wurden schwer beschädigt und das Telefonnetz schon frühzeitig unterbunden. Die Docks und Industrieanlagen erhielten schwere Treffer. Noch am nächsten Mittag lag eine riesige zusammenhängende Rauchwolke über der Stadt, welche die Sonne trotz des klaren Himmels nicht zu durchdringen vermochte ... Trotz des Einsatzes aller verfügbarer Kräfte war es unmöglich zu verhindern, daß immer wieder große Feuer aufflammten.«

Doch die Leiden Hamburgs hatten erst begonnen.

Während seine Verteidigungseinrichtungen unter dem Schock von »Window« noch taumelten, die Straßen durch Trümmer versperrt, das Telefonsystem in Stücke gehackt und die Wasserversorgung überall unterbrochen war, startete Sir Arthur Harris zwei Nächte später, am 27., einen erneuten Angriff.

Während des zweiten Luftangriffs überquerten mehr als 700 Bomber die Stadt Hamburg von Nordosten nach Südwesten. Diesmal war kaum noch etwas da, was den Flammen hätte Einhalt gebieten können, und binnen kurzem glich das Wohngebiet im Nordosten einem Flammenmeer. Das Schicksal, dem Wuppertal nur um Haaresbreite entronnen war, traf jetzt Hamburg: der Feuersturm. Dieser ist im Prinzip eine vergleichsweise einfache Erscheinung der angewandten Physik. Eine Gruppe brennender Häuser erhitzt die darüberliegende Luft, diese steigt nach oben und wird von unten durch kalte ersetzt.

Die neue Luft entfacht die Flammen weiter, bis sie selber auch heiß wird und hochsteigt, worauf dieser Kreislauf sich erneuert und die Lohe immer mehr aufgeheizt wird.

Genau das passierte in Hamburg. Die sich fortpflanzende ungeheure Hitze erzeugte Windgeschwindigkeiten bis zu 240 km/h – doppelt so schnell wie ein Hurrikan – und Temperaturen über 1000° Celsius. Dazu wieder der Polizeipräsident:

»Da der Sog in den bebauten Gebieten nicht den kürzesten Weg einschlagen konnte, brauste die aufgeheizte

64

Luft mit ungeheurer Kraft durch die Straßen und riß nicht nur Funken sondern auch brennende Trümmer und Dachbalken mit sich. Auf diese Weise verbreitete sich das Feuer immer weiter und entwickelte sich in kurzer Zeit zu einem noch nicht dagewesenen Feuersturm, demgegenüber jeglicher menschlicher Widerstand zwecklos war.«

Das Feuer entstand so schnell, daß die Flucht aus den Feuersturm-Gebieten nahezu unmöglich war. Viele Menschen starben durch Kohlenoxydvergiftung still in ihren Luftschutzkellern, während andere, die diesem Schicksal zu entrinnen trachteten, nach draußen eilten und vom Luftstrom gepackt und in die Flammen geschleudert wurden. Mit über 40 000 Toten überstiegen die Verluste jener Nacht alles bei einem Luftangriff bisher Dagewesene.

Zwei Nächte später und noch einmal am 2. August wurde Hamburg erneut von schweren Bomberverbänden heimgesucht. Auch wenn der angeschlagenen Stadt hierbei weitere Wunden zugefügt wurden, waren die Menschenverluste dennoch verhältnismäßig gering, da über eine Million Einwohner inzwischen geflüchtet und nur noch die Löschkommandos und Fliegerabwehr zurückgeblieben waren.

Im gesamten Verlauf der Schlacht um Hamburg, hatte der Einsatz der Düppelstreifen die deutschen Jägerleit- und Flakricht-Radargeräte mit Erfolg neutralisiert. Hierbei waren Verluste durch die ersteren gesenkt und die Abwehrwirkung durch die letztern vermindert worden. An den ersten sechs Angriffen, bei denen die Folie Verwendung fand – außer den vier gegen Hamburg noch zwei gegen die Ruhr – nahmen mehr als 4000 Maschinen des Bomber Command teil. Von diesen kehrten lediglich 124, d.h. etwas über 3%, nicht zurück.

Gegen Ende dieser Bombardierungsserie hatten die Verteidiger sich zwar von ihrem anfänglichen Schock erholt. Wenngleich auch die britischen Verluste wieder ein bißchen anstiegen, blieben sie doch klar unterhalb der Marke vor Einführung dieser Maßnahmen. Der Befehlshaber der Nachrichtentruppen der Luftwaffe, Generalmajor Wolfgang Martini, sagte später über den ersten Einsatz von »Window«: »Der technische Erfolg dieses Einsatzes muß als vollkommen bezeichnet werden.«

Bevor wir uns den deutschen Gegenmaßnahmen nach der Katastrophe von Hamburg zuwenden, muß aber noch der anderen Bedrohung der deutschen Industrie gedacht werden, die im Verlauf des Frühlings und Sommeranfangs 1943 Gestalt annahm: der 8. Luftflotte der Vereinigten Staaten.

Die Amerikaner hatten am 27. Januar 1943 mit 64 B17 und B24 ihren ersten Angriff gegen Deutschland geflogen und diesen gegen Wilhelmshaven gerichtet. Obwohl eine dünne Wolkendecke sowie ein künstlicher Nebelschleier über dem Zielgebiet lagen, kam es doch zu gezielten Abwürfen durch 58 Flugzeuge. Die deutschen Jagdverbände in diesem Raum, Anfänger im Kampf mit den robusten amerikanischen Bombern, verloren 7 Maschinen, bei drei eigenen Erfolgen.

Nahezu ein weiterer Monat verging mit Angriffen auf Ziele in Frankreich und Belgien, bevor sich wieder ein amerikanischer Großverband Deutschland zuwandte. Als dies am 26. Februar geschah, lag Bremen, das Hauptziel, in Wolken versteckt. So flog man denn nach Wilhelmshaven, dem Ausweichziel, wo klare Sicht herrschte, und griff den Hafen an.

Die noch immer vorsichtigen deutschen Jäger schossen bei dieser Gelegenheit 6 Bomber ab und die Flak einen siebenten. Bis zum nächsten Großangriff auf deutsches Gebiet sollte ein weiterer Monat vergehen. Er fand am 18. März durch 97 B17 und B24 statt. Bei diesem ihrem bisher erfolgreichsten Luftangriff belegten die Amerikaner die U-Boot-Werft Vegesack konzentrisch mit Bomben, wobei nur zwei Maschinen verloren gingen. Für die Besatzungen der Tagbomber war dies ein ermutigendes Ergebnis – hatten sie sich doch mit über 50 feindlichen Jägern herumschlagen müssen – sowie auch eine Rechtfertigung ihrer Abwehrtheorie durch Kreuzfeuer.

Bisher hatten die Amerikaner ihre Luftangriffe gegen Deutschland immer nur in Gruppen-Verbänden zu je 18 Maschinen geflogen, die sich in Blöcken staffelten und in Abständen von 2 km einander folgten. Trotz des Erfolges über Vegesack war ihnen jetzt aber klargeworden, daß mit den deutschen Jägern in Zukunft mehr zu rechnen sein würde.

Um dagegen gewappnet zu sein, entschieden sich die amerikanischen Planer, ihre Abwehrkraft noch mehr zu konzentrieren, indem sie künftig im Geschwaderver-

Anfang 1943 begann die USAAF mit ihren Tagesangriffen gegen Ziele in Deutschland. B24 *Liberator* rollen vor einem Einsatz an ihre Startplätze in Shipdham./USAF.

band zu drei Gruppen mit je 18 Maschinen flogen. Anstatt hinterherzuhinken, sollten die beiden übrigen Gruppen des Geschwaders jetzt über bzw. unter der Führungsgruppe ihren Platz haben. Das Ergebnis war ein riesiger Verband aus 54 Flugzeugen, der am Himmel einen Raum von 550 m Länge, über 1600 m Breite und 800 m Tiefe einnahm. Diese Kampfgeschwader folgten einander in Abständen von 10 km.

Die Formation wurde zum ersten Mal am 26. April ausprobiert, als 107 Bomber den Vegesack-Erfolg zu wiederholen versuchten, indem sie das benachbarte Focke Wulf-Montagewerk angriffen. Die Versammlung der Verbände über East Anglia hatte sich jedoch unter den wachsamen Augen der deutschen Frühwarnradar-Kette vollzogen, und schon lange bevor die Spitze die Friesischen Inseln erreichte, hatten die Deutschen damit begonnen, ihre Kräfte zum Empfang der Eindringlinge zu

66

mobilisieren. Da aber die deutschen Jäger-Leitstellen ihre nur kurzflugtauglichen Maschinen nicht versammeln wollten, bevor der Anflug des Gegners auch eindeutig erkannt war und die Gruppierung zur Abwehr dann auch noch einige Zeit dauerte, begegnete man sich erst fast über dem Ziel. Zwei nahezu vollzählige Gruppen des JG 1 warfen sich dem führenden Bomber-Geschwader entgegen, welches sich für den Bombenanflug in drei hintereinanderfliegenden Blöcken formiert hatte. Ohne auf die krepierenden Salven der Bremer Flak zu achten, kippte eine Jägerwelle nach der anderen auf den Bomberstrom ab.

Diese ungestümen Jägerattacken ließen erst nach, nachdem die Bomber schon längst wieder über See und auf dem Heimweg waren. Die Amerikaner hatten in diesen heftigen Kämpfen ihre bisher schwersten Verluste erlitten: 15 Bomber wurden durch Jagdflugzeuge und einer durch Flak abgeschossen und 48 wurden beschädigt. Fünf deutsche Maschinen gingen durch das amerikanische Abwehrfeuer verloren, und 5 weitere wurden beschädigt.

Trotz dieser Verluste war der Wert oder Unwert der neuen Kampfgeschwader-Formation noch nicht bewiesen. Der aus 54 Flugzeugen bestehende Verband war im Einsatz unbeholfen und nur schwer zusammenzuhalten. Das war auch der Grund, weshalb das Vorhut-Geschwader bei Erreichen des Ziels schon ziemlich auseinandergefallen war und alle abgeschossenen 16 Maschinen von ihm stammten. Das zweite Geschwader hingegen, verlor den Zusammenhalt nicht und hatte auch keine Verluste.

Der deutsche Abwehrerfolg war indessen kein Zufall, denn die Luftwaffe hatte inzwischen weitreichende Maßnahmen ergriffen, um gegenüber derartigen Bedrohungen gerüstet zu sein. Die deutsche Jagdwaffe befand sich in einem Zustand ständiger Erweiterung, und erfahrene Gruppen wurden aus dem Mittelmeerraum, Rußland und Norwegen nach dem Westen verlegt.

Während der ersten 6 Monate des Jahres 1943 stieg die Zahl der einsitzigen Jäger für die Reichsverteidigung von etwa 600 auf 800. Auch hatte die deutsche Luftwaffe mit dem Einsatz zweimotoriger Nachtjäger gegen die Amerikaner begonnen. Diese größeren Flugzeuge waren noch aktionsfähig, wenn ihre einmotorigen Kameraden schon längst wieder zum Landen. Auf-

munitionieren und Nachtanken gezwungen waren. Außerdem konnten sie in großer Entfernung von ihren Basen operieren und dadurch die Verteidigungstiefe wesentlich erweitern. Doch diese Vorteile wurden nicht billig erkauft. Gute Nachtjäger-Besatzungen benötigten eine lange Ausbildung und große Erfahrung und waren nur sehr schwer zu ersetzen.

Für gewöhnlich stöberten sie ihre Beute alleinfliegend auf, gingen dicht heran und eröffneten dann erst das Feuer. Doch die gleiche Methode erwies sich den Amerikanern gegenüber bei Tage als recht gefährlich, waren die Bomber doch genau so schwer bewaffnet wie die Nachtjäger.

Zu den Ersten, die auf diese Weise fielen, gehörte das Nachtjäger-As Hauptmann Ludwig Becker mit 46 Abschüssen, der auch den ersten Erfolg durch Radarlenkung vom Boden für sich buchen konnte. Er stürzte am 26. Februar während des Bombenangriffs auf Wilhelmshaven tödlich ab.

Um die größere Zahl von Jägern auch voll ausnutzen zu können, nahm die deutsche Luftwaffe in bezug auf die

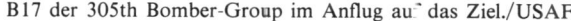

B17 der 305th Bomber-Group im Anflug auf das Ziel./USAF

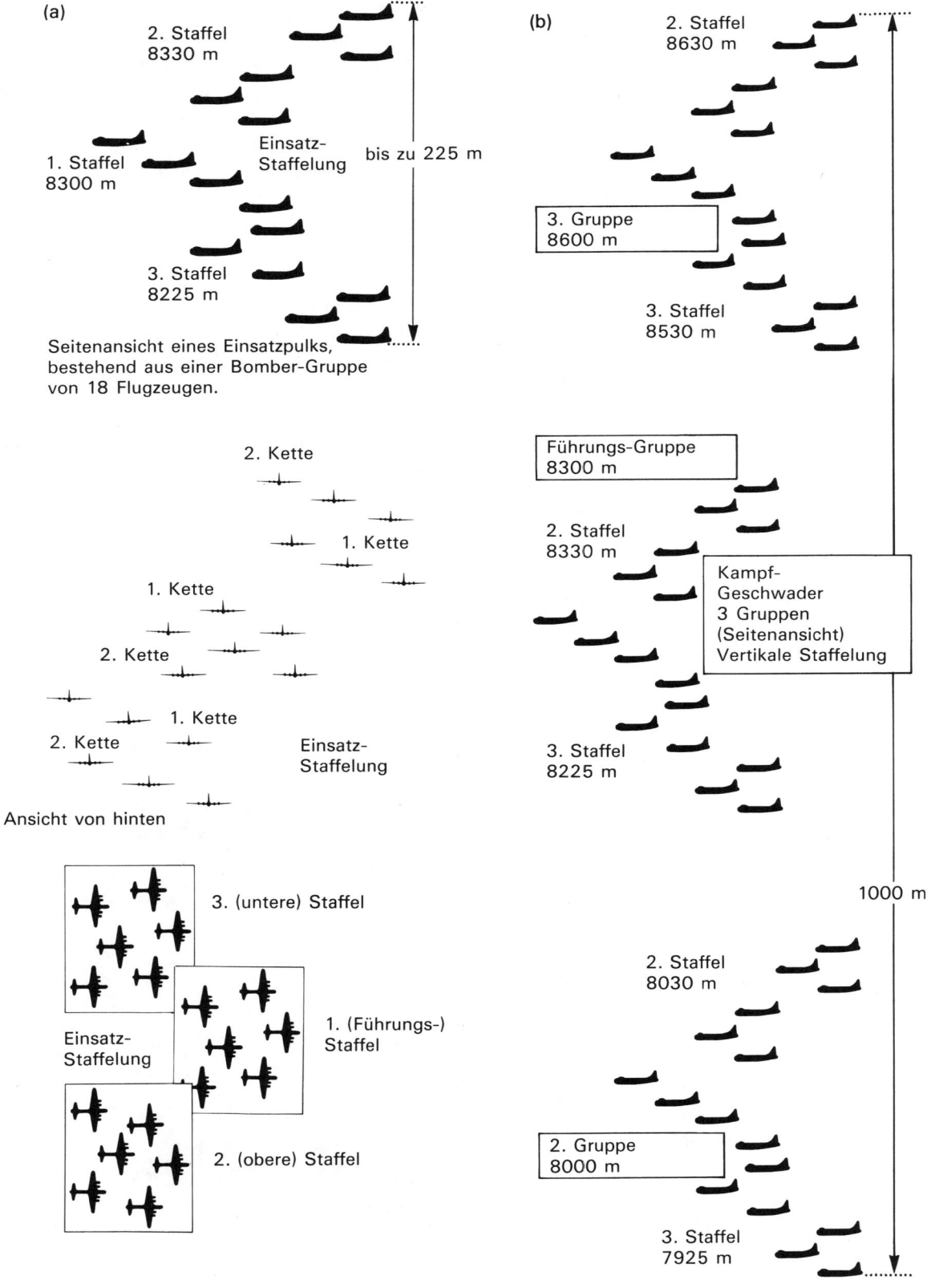

(a)

2. Staffel
8330 m

1. Staffel
8300 m

Einsatz-
Staffelung

bis zu 225 m

3. Staffel
8225 m

Seitenansicht eines Einsatzpulks,
bestehend aus einer Bomber-Gruppe
von 18 Flugzeugen.

2. Kette

1. Kette

1. Kette

2. Kette

1. Kette

2. Kette

Einsatz-
Staffelung

Ansicht von hinten

3. (untere) Staffel

1. (Führungs-)
Staffel

Einsatz-
Staffelung

2. (obere) Staffel

(b)

2. Staffel
8630 m

3. Gruppe
8600 m

3. Staffel
8530 m

Führungs-Gruppe
8300 m

2. Staffel
8330 m

Kampf-
Geschwader
3 Gruppen
(Seitenansicht)
Vertikale Staffelung

3. Staffel
8225 m

1000 m

2. Staffel
8030 m

2. Gruppe
8000 m

3. Staffel
7925 m

68

Jägerleit- und Unterstützungsorganisation auf deutschem Boden grundlegende Änderungen vor. Bisher hatten sich immer einzelne Gruppen von 15–20 Maschinen auf Abfanghöhe begeben, sobald die örtliche Warnung den Anflug feindlicher Verbände meldete und diese in Einzelkämpfe verwickelte. Jetzt aber begannen die verschiedenen Jagdflieger-Divisionen die Einsätze in ihren Räumen zu koordinieren, indem sie Verbände von 50 und mehr Jägern zusammenfaßten und diese dann geschlossen auf die Bomber ansetzten. Um ferner den einmotorigen Jägern mit ihrer geringen Reichweite zu ermöglichen, auch einmal zwei oder mehr Einsätze gegen einen einfliegenden Gegner durchzuführen, bevorratete die Luftwaffe eine bestimmte Anzahl von Flugplätzen in Deutschland und dem besetzten Europa mit Treibstoff und Munition und richtete auch die erforderlichen Bodenorganisation ein, damit dort einfallende Gruppen in einer Stärke bis zu 30 Maschinen wieder einsatzbereit gemacht werden konnten.

Im Frühjahr 1943 begann auch das Jagdgeschwader 1 Versuche mit einer Luft-Luft-Bombe durchzuführen, wobei von einer Bf 109 eine 250 kg-Bombe mit Zeitzün-

Kampfgeschwader-Formation. Während der Gesamtdauer ihrer strategischen Offensive, änderten die Amerikaner immer wieder die Verbandstaktik, um sich den neuen Verhältnissen anzupassen. Diese schematische Darstellung zeigt die Gruppierung des 54. Geschwaders bei den ohne Begleitschutz durchgeführten Kampfeinsätzen gegen Deutschland im März und April 1943.
Zwar gewährt sie den Bombern beträchtliche gegenseitige Feuerunterstützung, doch geht diese auf Kosten der Beweglichkeit.
Drei Gruppen-Verbände (a) bildeten eine Kampfgeschwaderformation (b). Die Gruppen des Geschwaders flogen in aufgefächerter V-Form, ähnlich wie die Staffeln. Der gesamte Verband nahm in der Luft einen Raum von 550 m Länge, über 1600 m Breite und 800 m Tiefe ein. Kurz vor Erreichen des Ziels setzten sich die Gruppen des Geschwaders in Reihe hintereinander, um einen konzentrierten Bombenabwurf durchführen zu können.

unten:
Die einzelnen Geschwader-Blöcke folgten einander im Abstand von 10 km.

der abgeworfen wurde. Diese sollte den amerikanischen Bomber entweder unmittelbar zerstören oder ihn doch zumindest so beschädigen, daß er aus dem schützenden Verband ausscheren und ein leichtes Opfer der Jäger werden mußte. Es gelang zwar, mit diesem Verfahren ein oder zwei Bomber zum Absturz zu bringen oder zu beschädigen, doch setzte es sich nicht durch, da der genau gezielte Wurf auf ein in Bewegung befindliches und äußerst wendiges Objekt sich ganz einfach nicht verwirklichen ließ. Trotzdem war der Gedanke, die Feindverbände mit Hilfe von großen Sprengsätzen auseinanderzujagen, durchaus vernünftig, weshalb er auch von den Waffenspezialisten der deutschen Luftwaffe weiterverfolgt wurde.

Ungeachtet der schnell improvisierten Verbesserung der Abwehr und trotz der dem Gegner bei Tage zugefügten Verluste, sahen sich die Deutschen dennoch mit immer größeren und ehrgeizigeren amerikanischen Luftangriffen konfrontiert.

Während des Doppelangriffs auf Bremen und Kiel am 13. Juni, warfen 146 Kampfflugzeuge ihre Bomben über dem Zielgebiet ab. 26 gingen verloren. Neun Tage später führten 183 Bomber den bisher tiefsten Einflug nach Deutschland durch, indem sie das Gummiwerk Hüls an der Ruhr heimsuchten. Es war dies der erste Großangriff bei Tage gegen dieses stark geschützte Gebiet. Der amerikanische Verband verlor zwar 16 Flugzeuge, doch die Bomben lagen genau und die Zerstörungen waren groß. In der letzten Juliwoche erfuhr der Bombenkrieg noch eine weitere Steigerung. Die 8. US Luftflotte flog gemeinsam mit ihren britischen Kameraden am 25. Juli einen Großangriff gegen Hamburg (das infolge eines Besuchs der RAF in der vorangegangenen

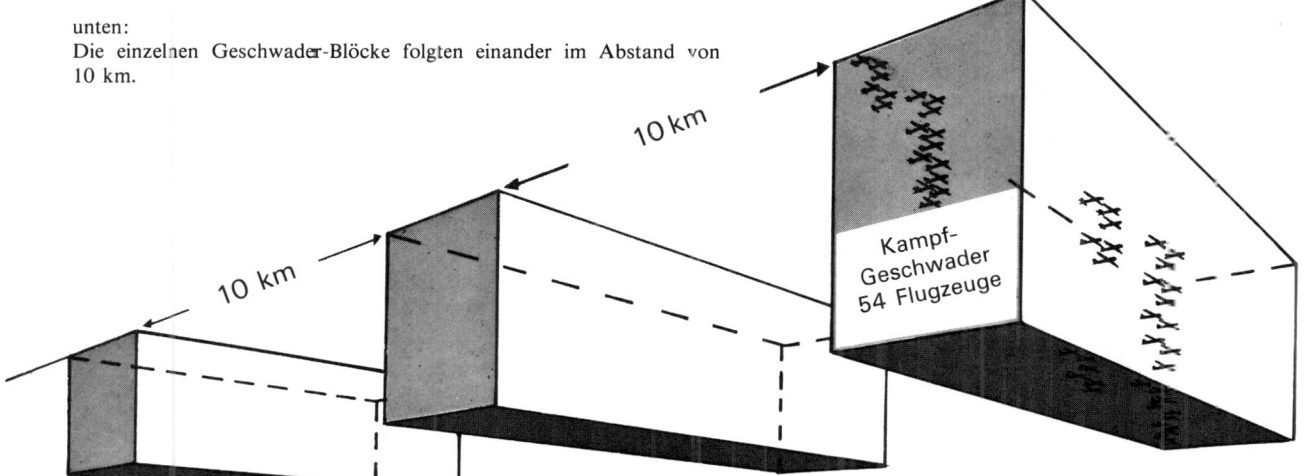

10 km

10 km

Kampf-
Geschwader
54 Flugzeuge

Nacht noch brannte) und gegen Kiel, am 26. Juli erneut gegen Hamburg und Hannover; gegen Kassel und Oschersleben am 28. Juli, gegen Kiel und Warnemünde am 29. Juli und schließlich gegen Kassel noch einmal am 30. Juli.

Alles in allem kosteten diese Angriffe die Amerikaner 87 abgeschossene Bomber, aber die angeflogenen Ziele litten nicht minder. Diese letzte Angriffsserie machte die Deutschen überdies mit einem weiteren, bisher noch nicht aufgetauchten Problem bekannt: mit Langstreckenjägern. Während des Einsatzes am 28. Juli wurden die zurückkehrenden Verbände beim Überfliegen der holländischen Grenze von über 100 amerikanischen P47 Jagdflugzeugen aufgenommen und heimbegleitet. Die amerikanischen Jäger waren mit abwerfbaren Außentanks von 450 l Fassungsvermögen ausgestattet. Um seine Verbände optimal einsetzen zu können, hatte Galland im Reich und den besetzten Gebieten bestimmte Flugplätze so eingerichtet, daß einfallende Jagdmaschinen unverzüglich gewartet und wieder zum Einsatz gebracht werden konnten.

Sie überraschten mehrere deutsche Jäger bei der Verfol-

oben: Generalmajor Adolf Galland – hier anfangs des Krieges neben Reichsmarschall Göring – war vom Anbeginn der amerikanischen Offensive bis 1944 für die Ausrüstung und Taktik der deutschen Tagjagdwaffe verantwortlich./Bundesarchiv.

oben rechts: Die Fw 190 war die zunächst am meisten gegen die Amerikaner eingesetzte Maschine. Diese hier gehörte zur 9. Staffel JG 2. /Bundesarchiv.

unten: Waffenwarte munitionieren eine Fw 190 auf, während eine zweite nach der Landung herangerollt kommt./Bundesarchiv.

unten rechts: einsatzbereite Piloten des JG 53 nehmen ein hastiges Mahl an ihren Messerschmitt-Jägern ein./ via Schliephake.

gung beschädigter Bomber und schossen in der anschließenden Kurbelei und bei nur einem eigenen Verlust neun feindliche Flugzeuge ab. Mochte diese Kampfhandlung an sich nicht bedeutsam sein, so stellte sie doch ein schlimmes Vorzeichen für die deutsche Jagdwaffe dar.

Die erste Augustwoche des Jahres 1943 sah die Führer der deutschen Luftwaffe betäubt durch die Schläge der vorangegangenen 10 Tage. Am schwersten wog hierbei der schlimme Verlust an Menschenleben sowie die Zerstörung, die Deutschlands zweitgrößte Stadt hatte ertragen müssen und die zu verhindern die Verteidiger außerstande gewesen waren. Görings Stellvertreter, Generalfeldmarschall Erhard Milch, sagte am 3. August in Berlin anläßlich einer Besprechung im Reichsluftfahrtministerium:

»Noch 5 oder 6 weitere Angriffe, wie die auf Hamburg, und das deutsche Volk ist weich, egal, welche Willenskraft es auch besitzen mag. Die Leute werden sagen: »Wir haben genug, wir können einfach nicht mehr ...« Die verstiegenen Vorstellungen von Nachtjägern für die Ostfront und Luftschutz für Sizilien kommen jetzt gar nicht mehr in Frage. Der Mann an der Front wird sich ein Loch buddeln und dort bleiben müssen, bis die Angreifer wieder weg sind. Was die Heimatfront jetzt zu ertragen hat, ist erschreckend.«

4: Die Verteidiger schlagen zurück

Die Lage an den auseinandergezogenen deutschen Fronten erfuhr in der ersten Augustwoche 1943 eine beträchtliche Verschlechterung. Alliierte Geleitzug-Sicherungsschiffe und -Flugzeuge fügten den U-Booten im Atlantik und im Golf von Biskaya eine vernichtende Niederlage zu. Auf Sizilien hatten alliierte Landungstruppen festen Fuß gefaßt, und die deutschen Truppen im Nordostteil der Insel leisteten nur noch schwachen Widerstand. In Rußland schließlich, war die gigantische Auseinandersetzung zwischen den beiderseitigen Panzerstreitkräften – die wichtigste Entscheidungsschlacht des 2. Weltkriegs, wie behauptet wird – für die Deutschen ebenfalls negativ ausgegangen.

In keiner dieser Krisensituationen war es der deutschen Luftwaffe gelungen, die gegnerischen Fliegerverbände abzuwehren. Dies lag hauptsächlich an der ständigen Zersplitterung der Jäger-Einheiten, die infolge der lauten und drängenden Forderungen der Heimatfront immer wieder entstand. Die strategische Bomber-Offensive der Alliierten begann allerorts einen mächtigen, wenn auch indirekten Druck auszuüben.

Wenn die Luftwaffe auch überall überfordert war, so stellte sie doch nach wie vor eine schlagkräftige Waffe dar und war noch keineswegs geschlagen. Noch immer vermochte sie gewaltige Schläge auszuteilen, sofern ihre Anstrengungen nur auf einen entscheidenden Punkt konzentriert wurden, wie jetzt bei der Verteidigung des Reichs selber. Und auch an der notwendigen Entschlossenheit mangelte es den Deutschen keineswegs. Generalmajor Adolf Galland, der Befehlshaber der Jagdflieger, äußerte sich dazu später:

»Weder vor- noch nachher habe ich in den verantwortlichen Kreisen eine derartige Entschlossenheit erlebt.

Es schien, als ob unter dem Eindruck der Hamburger Katastrophe jeder persönliche oder Gruppen-Ehrgeiz beiseite gestellt worden wäre. Es gab weder einen Streit zwischen dem Generalstab und der Rüstungsindustrie noch bestand irgendeine Rivalität zwischen Kampffliegern und Jägern. Nur der gemeinsame Wille herrschte vor, alles zu tun in der kritischen Stunde der Verteidigung des Reiches und nichts zu unterlassen, um ein zweites nationales Unglück von diesem Ausmaß zu verhindern.«

Das wichtigste Erfordernis für die Luftwaffe bestand jetzt darin, daß zunächst einmal eine improvisierte Abwehr gegen die verheerenden Nachtangriffe gefunden wurde, nachdem die Düppelstreifen aus Alu-Folie das *Himmelbett*-System praktisch ausgeschaltet hatten. Zum Glück für die Deutschen stand für den Nachtjägereinsatz schon seit mehreren Monaten eine Alternative zur Diskussion. Kammhuber's System der strikten Bodenkontrolle bei allen Abfang-Einsätzen, galt schon vor den Angriffen auf Hamburg nicht mehr als der Weisheit letzter Schluß. Es begrenzte nicht nur die Zahl der gegen die einfliegenden Bomberströme zum Einsatz kommenden Jäger sondern – wie der verheerende Luftangriff auf Wuppertal-Barmen gezeigt hatte – es stellte auch keinerlei direkten Schutz für die Ziele dar.

Major Hajo Herrmann, ein an die Luftwaffen-Kriegsakademie abkommandierter Kampfflieger mit großer Erfahrung, hatte sich bereits seit April dafür ausgesprochen, während der Nacht einsitzige Jäger zum Objektschutz einzusetzen. Die massierten Scheinwerfer, die Brände sowie auch die Markierungsleuchten der *Pfadfinder* würden die Silhouetten der Bomber deutlich machen und so einen Sichtangriff der Jäger gestatten. Kammhuber hatte diesen Gedanken jedoch verworfen,

73

Nach dem Debakel von Hamburg erfuhr die deutsche Nachtabwehr im Spätsommer und anfangs Herbst 1943 eine überraschende Wiedergeburt. Generalmajor Schmid (in Sommeruniform), Kammhuber's Nachfolger als Befehlshaber der Nachtjäger./Studiengruppe Luftwaffe.

Antenne einer Boden-Peilstation *Korfu,* mit der die Bewegungen einer »H2S«-*Pfadfinder*-Maschine des Bomber-Command überwacht werden konnten.

roch er ihm doch zu sehr nach der von ihm schon vor zwei Jahren abgelehnten *Hellen Nachtjagd*. Aber Herrmann gab sich damit nicht zufrieden. Zu Kammhuber's großem Ärger umging er diesen und wandte sich direkt an den Befehlshaber der Reichsluftverteidigung, Generaloberst Weise, von dem er die Erlaubnis erhielt, seine Idee zunächst in kleinem Umfang zu erproben.

Nach der Katastrophe von Hamburg hatte Herrmanns Plan größere Bedeutung gewonnen; da er nicht vom Präzisions-Anflug-Radar abhängig war, weder am Boden noch in der Luft, konnten ihm auch die gegnerischen Düppelstreifenabwürfe nichts anhaben. Unverzüglich erhielt Herrmann von Göring den Befehl, sich für den nächtlichen Objektschutz ein volles Geschwader einsitziger Jäger mit größter Beschleunigung einsatzfertig zu machen. *»Wilde Sau«* wurde hinfort zum Decknamen für diese neue Taktik. Das JG 300 wurde als in Eile aufgestelltes erstes *Wilde Sau*-Geschwader mit rund 60 Messerschmitt Bf 109 und Focke Wulf Fw 190 ausgerüstet. Herrmann hatte diese neue Taktik zwar immer nur als Ergänzung der bestehenden Nachtjäger-Methoden befürwortet, doch plötzlich fand er sich unversehens als Hauptträger der Bomberabwehr, zumindest so lange es keine bessere Lösung gab. Da die Radarlenkung vom Boden aus praktisch ausgefallen war, mußten die zweimotorigen Nachtjäger ihre Kampfweise völlig umstellen. Oberst i.G. Viktor von Lossberg, ein alter Kampfflieger, führte zu diesem Zweck die *Zahme Sau* als Kontrollsystem ein. War ein feindlicher Verband im Anflug gemeldet, hatten die zweimotorigen Nachtjäger zu starten und sich gemäß den Funkweisungen der Bodenstation von einem Funkfeuer zum anderen bis zu dem Bomberstrom zu begeben. Dann wurden sie vom Bodenleitoffizier schließlich in das Gebiet dirigiert, in dem die größte Ansammlung von Düppel-Streifen gemeldet worden war, und hier konnten sie nun Ausschau nach der Beute halten. Lossberg hoffte, auf diese Weise die Voraussetzungen für einen anhaltenden Luftkampf zum Ziel hin und zurück schaffen zu können. Und falls die zweimotorigen Jagdflugzeug-Besatzungen im Zielgebiet die Bomber beleuchtet oder als Silhouette vorfanden, gab es keinen Grund, weshalb sie daraufhin nicht auch die *Wilde Sau*-Methode anwenden sollten.

Tatsächlich wirkte sich die Einführung der *Wilde Sau*-

Das Heck einer beim Angriff auf Berlin in der Luft auseinandergebrochenen *Lancaster*, 31. August 1943 /IWM.

und *Zahme Sau*-Taktik in nahezu jeder Beziehung spürbar aus. Generaloberst Weise informierte seine Männer wie folgt:

»Die außergewöhnlichen Verteidigungsschwierigkeiten, die wir im Augenblick mit schweren Nachtangriffen haben, machen überall auch ungewöhnliche Maßnahmen erforderlich. Alle Besatzungen müssen sich vor Augen halten, daß der Erfolg nur durch äußerste Selbstaufopferung erzielt werden kann ...«

Am Objekt selbst sollten alle vorhandenen Mittel eingesetzt werden, um den Jägern beim Aufspüren ihrer Beute zu helfen. War zum Beispiel eine dünne Wolkendecke vorhanden, mußten die Scheinwerfer diese ganz gleichmäßig von unten anstrahlen, damit die Bomber den darüberstehenden Jägern als Silhouette erkennbar wurden. Gegen Maßnahmen dieser Art vermochten die Düppelstreifen keinen Schutz zu gewähren. Um für die Jäger das Risiko über den flakverteidigten Gebieten zu reduzieren, gab Weise den Kanonieren die Weisung, die Zünder so einzustellen, daß die Granaten unterhalb einer vorbestimmten Höhe krepierten; anfänglich 5000 m. Oberhalb dieser Grenze war freie Jagd.

Die neue Taktik machte für die alten Nachtjäger-

Besatzungen natürlich eine gewisse Umstellung erforderlich. Beim *Himmelbett*-System waren sie nie weiter als 80 km von ihren Einsatzplätzen entfernt gewesen, und alle Einsätze hatte man unter dem wachsamen Auge der Radar-Bodenstation geflogen. Auch die Orientierung war höchst einfach, solange man sich an die bekannten Funk-Feuer hielt. Doch das war nun alles anders. Die Nachtjäger-Besatzungen mußten bei der Verfolgung ihrer Beute jetzt den Weg kreuz und quer durch Deutschland selber finden und da landen, wo der leere Betriebstofftank die Piloten gerade herunterzwang.

Die neue Taktik verlangte auch nach einer neuen Form der Bodenkontrolle. Bei dem *Himmelbett*-System hatten die Divisionsstäbe der Jagdflieger lediglich als Informationszentrale für das Luftgefecht gedient, dessen Leitung jedoch in den Händen der Radar-Stationen lag.

Jetzt lief der Informationsfluß in umgekehrter Richtung, und die Radarstationen versahen die Jägerleitoffiziere bei den Divisionsstäben mit Informationen über Bewegung und Standort der Bomber. Diese ließen die Jäger aufsteigen und leiteten dann die verschiedenen Einheiten per Funk von einem Funkfeuer zum nächsten, bis sie schließlich auf Sprungentfernung an dem Bomberstrom heran waren. Jede Jagdflieger-Division

Nach dem Düppel-Erfolg beim Angriff auf Hamburg wurde die deutsche Nachtabwehr völlig umorganisiert. Einmotorige Bf 109 – siehe Bild – fingen im Rahmen des *Wilde Sau*-Systems die Angreifer nunmehr über dem Ziel ab.

Göring bei einer Besichtigung von *Wilde Sau*-Piloten. Rechts von ihm Major Hajo Herrmann, der Urheber der neuen Taktik./Herrmann

war für ein bestimmtes Gebiet zuständig, und alle in diesem Raum operierenden Nachtjäger unterstanden ihr automatisch. Die 1. Jagdfliegerdivision hatte ihren Gefechtsstand in Berlin und war für Ostdeutschland verantwortlich, die 2. überwachte von Stade aus den Norden, die 3. von Arnheim-Deelen aus den Nordosten, die 4. von Metz aus die westlichen Einflugschneisen und die 7. Jagdfliegerdivision schließlich deckte von ihrem Gefechtstand Schleissheim bei München die südlichen Anmarschwege.

Die deutschen Nachtjagdverbände verwendeten die *Zahme Sau*-Taktik erstmals am Abend des 17. August in großem Umfang, als 597 RAF-Bomber einen Angriff gegen die V-Waffen Versuchsanstalt Peenemünde an der Ostsee flogen. Eine klare Nacht und Vollmond boten sowohl für die britischen Bombenschützen als auch für die selbständigen deutschen Nachtjäger-Besatzungen die denkbar besten Voraussetzungen.

Doch das erste Opfer dieser Nacht stammte nicht von den Angreifern.

Fünf Messerschmitt Bf 110 der IV./NJG 1 wurden auf eine verdächtig aussehende Flugzeugansammlung angesetzt, die sich den Friesischen Inseln näherte. Die Fremden stellten sich als die *Serrate*-Beaufighter der 141. Staffel heraus, und die deutschen Besatzungen gingen programmgemäß in die Falle. In der sich nun entwickelnden Kurbelei schoß Wing Commander Braham zwei Messerschmitt Flugzeuge ab, und ein weiteres fiel einem seiner Kameraden zum Opfer.

Die Vorhut des Bomberstroms flog inzwischen über Dänemark und hatte Kurs auf das Ziel genommen. 55 einmotorige Jäger von Hajo Herrmann's *Wilde Sau* sowie 158 zweimotorige Jäger kletterten auf Abfanghöhe. Doch ein geschickt ausgeführter Ablenkungsangriff von 8 *Mosquito* des *Pfadfinder*-Verbandes, verleitete den Kommandeur der 1. Jagdfliegerdivision zu der Annahme, daß dies der Beginn der erwarteten britischen Luftangriffe auf Berlin sei. Auf seinen Befehl hin, eilten Jagdflugzeuge von allen Seiten auf die Reichshauptstadt zu, und schon bald quirlten dort über 200 durcheinander und warteten begierig auf den Feind. Durch das Dröhnen von soviel Flugzeugmotoren entstand bei verschiedenen Flak-Kommandeuren nunmehr der Eindruck, daß der erwartete Gegner schon über ihnen stünde und sie ließen das Feuer eröff-

Zur gleichen Zeit übernahmen die Zweimot-Nachtjäger die *Zahme Sau*-Taktik, die von Oberst Victor von Lossberg entwickelt wurde.
/von Lossberg

nen. Kurze Zeit darauf folgten auch die übrigen 89 schweren Batterien ihrem Beispiel. Hoch oben am Himmel aber, waren die Jäger damit beschäftigt, den in ungemütlicher Nähe krepierenden Flakgranaten auszuweichen und Erkennungssignale zu schießen. Dennoch wichen sie nicht und hielten weiter Ausschau nach den Bombern. Schließlich mußten sie ja irgendwo sein, wenn die Flak so verrückt schoß.

Aber erst als sie die Zielmarkierungen auf Peenemünde fallen sahen, 160 km nördlich, begriffen die Nachtjäger-Besatzungen, daß man sie an der Nase herumgeführt hatte. Jetzt aber hatte keiner der einmotorigen Jäger und von den zweimotorigen auch nur noch vereinzelte genügend Sprit übrig, um den Eindringlingen hinterher-

77

zujagen. Diese wenigen kümmerten sich nicht mehr um den Befehl, über Berlin zu bleiben, sondern fegten mit Vollgas dem aufglühenden Horizont entgegen.

Sie erreichten Peenemünde gerade rechtzeitig, um sich noch mit den beiden letzten Bomberwellen anlegen zu können, und hatten auch Erfolge.

Nachdem man in Berlin begriffen hatte, daß das feindliche Ziel woanders lag, war die »Schlacht« über der Stadt auch rasch beendet. Daß die Jagdwaffe hierbei keine schweren Verluste erlitt, ist nur dem Umstand zuzuschreiben, daß die Flak-»Decke« von 5000 m Höhe überall eingehalten wurde, waren doch insgesamt über 11 000 Granaten verschossen worden.

Inzwischen waren weitere Jäger von anderen Stützpunkten in Norddeutschland und Dänemark aufgestiegen, um den Bombern den Rückweg zu verlegen. Einer von ihnen war Oberleutnant Hans Meißner von der II./NJG 3, der eine Bf 110 flog.

Am Morgen des 18. August war er kurz nach 02.00 Uhr in das Gebiet der Radarstation *Ameise* dirigiert worden, im Südwesten von Dänemark. Er berichtete darüber:

»Leider war das R/T so stark gestört, das wir mit *Ameise* keinen Kontakt aufnehmen und keine Informationen bekommen konnten. Als wir die Apenrader Bucht erreichten, befanden wir uns auf 2500 m Höhe. Mein Radar-Beobachter konnte auf dem *Lichtenstein* mehrere Impulse ausmachen, die jedoch so schnell auswanderten, daß wir sie zunächst für Düppel-Streifen hielten. Als wir aber auch unter uns Kontakt hatten, drückte ich die Maschine an und nahm Geschwindigkeit auf.

Um 02.54 Uhr sah ich auf 2000 m die erste *Lancaster* direkt vor mir auf Westkurs. Ich schloß auf und eröffnete aus etwa 150 m das Feuer, und zwar von rechts unten, 50 m tiefer. Der 3. Motor fing zu brennen an. Als ich unter ihm abschwang, ging das Abwehrfeuer des Heckschützen links an mir vorbei. Während des Luftkampfs waren beide Flugzeuge zeitweilig im Lichtkegel unserer Suchscheinwerfer. Der *Lancaster*-Pilot versuchte in einem Sturzflug nach links zu entkommen, doch gelangte er dabei so in mein Visier, daß ich einen kurzen Feuerstoß auf ihn abgeben konnte. Er stürzte um 02.56 Uhr ab und schlug wenige hundert Meter von Strand entfernt auf.

Ich wandte mich jetzt wieder nach Osten, bekam von meinem Radar-Beobachter einen neuen Kontakt, ging etwas tiefer und machte kurz darauf eine direkt über mir auf Westkurs fliegende *Lancaster* aus.

Ich schoß aus ungefähr der gleichen Position wie vorher und nahm mir ebenfalls den 3. Motor vor. Sie ging in Sturzflug über und schlug um 03.01 Uhr am Rande der Apenrader Bucht auf.

Daraufhin flog ich in nördlicher Richtung und schon kurz darauf bekam mein Radar-Beobachter einen weiteren Kontakt. Ich konnte das Flugzeug schon auf 1200 m erkennen. Mein Angriff verlief wie die vorherigen von 150 m rechts rückwärts und 50 m tiefer. Als der Motor Nr. 3 Feuer fing, packte uns ein Suchscheinwerfer und trotz des Vollmonds wurden wir völlig geblendet.

Der *Lancaster*-Pilot zog seine Maschine hoch (vielleicht war er auch geblendet oder vielleicht wollte er seine Geschwindigkeit nur reduzieren, damit ich über ihn hinausschießen sollte bzw. die Besatzung aussteigen konnte). Das gegnerische Flugzeug füllte meinen Horizont jetzt völlig aus. Ich näherte mich bis auf 20 m und setzte mit ein paar Schuß Motor Nr. 2 und den Rumpf in Brand. Die Maschine brach auseinander und schlug um 03.11 Uhr 2 km westlich Ustrup auf.«

Da Öl von dem explodierenden Bomber die Kabinenhaube verschmiert hatte, mußte Meißner den Einsatz abbrechen.

Das Bomber Command verlor in dieser Nacht insgesamt 41 Flugzeuge. Dies war etwas weniger, als man erwartet hatte, denn angesichts der Wichtigkeit des Ziels war die Weisung erteilt worden, daß Treffgenauigkeit vor Sicherheit zu rangieren hätte. Der Angriff hatte bei Mondlicht stattgefunden und die Besatzungen waren dahingehend instruiert, daß die Flughöhe von 2500 m

Im Sommer 1943 führte die Luftwaffe eine beträchtlich verbesserte Bewaffnung für ihre Nachtjäger ein.
Oben: Die 30 mm MK 108-Kanone von Rheinmetall mit einer Sprenggranate. Diese war äußerst wirksam, besonders bei Leichtbauweise.
Mitte: Bei einem Test mit einer erbeuteten MK 108 hat hier ein einziger Treffer das Rumpfende einer *Blenheim* nahezu abgetrennt.
Unten: Das bei einem ähnlichen Schießversuch gemachte Bild der *Stirling* zeigt, daß die schweren Bomber widerstandsfähiger waren. Die Löcher in der Außenhaut betragen ca. 30 cm im Durchmesser, doch die inneren Beschädigungen waren beträchtlich. Im Durchschnitt genügten 3 Treffer mit der 30 mm Munition, um einen schweren britischen oder amerikanischen Bomber herunterzuholen.

Die RAF bemühte sich im Laufe des Jahres 1943 in zunehmendem Maße, ihre Bomber gegen die deutschen Nachtjäger zu schützen. Die Rückansicht einer *Lancaster* der 9. Staffel zeigt die Sendeantenne der Heckradar-Warnanlage *Monica*. Man beachte auch das Klarsichtfeld im Turmaufsatz gegen Überraschungsangriffe von hinten.

einzuhalten sei, anstelle der sonst doppelt so großen Angriffshöhe. Vergleicht man die Verluste mit der Zahl der in der Luft befindlichen Jäger, so waren sie dank des Ablenkungsangriffs in der Tat minimal.

Der erste größere deutsche Einsatz dieser Art, zeigte zugleich auch die Schwäche dieses Systems der freien Jagd. Man konnte die zur Abwehr eingesetzten Nachtjagdverbände mit einem Schwergewichtboxer vergleichen, dessen Augen verbunden und bei dem die Handschuhe mit Blei gefüttert waren, der auf einen gleichfalls blinden aber beweglichen Gegner losging. Traf der Schlag ganz oder auch nur halb, lag der andere flach. Doch war er auch nur halbwegs auf der Hut und hatte er kein Pech, vermochte er den meisten Schlägen auszuweichen. Wie wahr dies war, zeigte sich sechs Nächte später, als die gleiche Taktik, welche Peenemünde hätte schützen sollen, einen triumphalen Erfolg erzielte. Es bedurfte seitens des deutschen Oberkommandos keiner besonderen Hellseherei, um zu folgern, daß Sir Arthur Harris in Kürze alle Kräfte auf Berlin ansetzen würde. Nach Hamburg war dies ein logischer Schritt. Die Deutschen hatten sich demzufolge auf diesen Schlag vorbereitet und nach Untersuchung des Peenemünde-Fiaskos auch Schritte eingeleitet, um die Schwächen des neuen Systems auszuschalten.

In der Nacht des 23. August starteten 727 schwere Kampfflugzeuge des Bomber Command zum Angriff auf die deutsche Reichshauptstadt. 23.45 Uhr war die befohlene X-Zeit. Die Tarnung des eigentlichen Anflugziels war außerordentlich schwierig, ganz abgesehen von den Indizien, die den Deutschen ohnedies zur Verfügung standen.

Selbst die kürzeste Flugroute führte über mehr als 385 km feindliches Gebiet und dauerte mehr als eine Stunde. Schon über eine Stunde bevor die Bomber die Stadt erreichten, ließen die Funksprüche der Nachtjäger darauf schließen, daß Berlin das mögliche Ziel sein würde. Diese Möglichkeit wurde kurz nach 23.00 Uhr für die Jägerleitstellen zur Gewißheit. Sie ließen jetzt alle Maschinen nach Berlin dirigieren. Zwar herrschte kein helles Mondlicht, wie in der vorangegangenen Woche, doch der Himmel war klar. Der »bleigefütterte Handschuh« holte zum Schlage aus und der Bomberstrom flog in diese Bewegung genau hinein.

Bei dieser *Lancaster* der 101. Staffel sieht man oben auf dem Rumpf die zwei Antennen für den Bordstörsender *Cigar*. Die dritte Antenne erkennt man gerade noch unter dem Bug./Manners, via Garbett/Goulding.

Bodenkanzel einer *Halifax*. Beobachtung und Zielen erfolgte durch die unten hervorstehende Optik. Das genaue Anrichten bei Nacht erwies sich als schwierig. Die Kanzel sitzt an der gleichen Stelle wie der Abtaster beim »H2S«-Radar. Als dieses Gerät in größeren Mengen zur Verfügung stand, wurden die Boden-Kanonen ausgebaut.

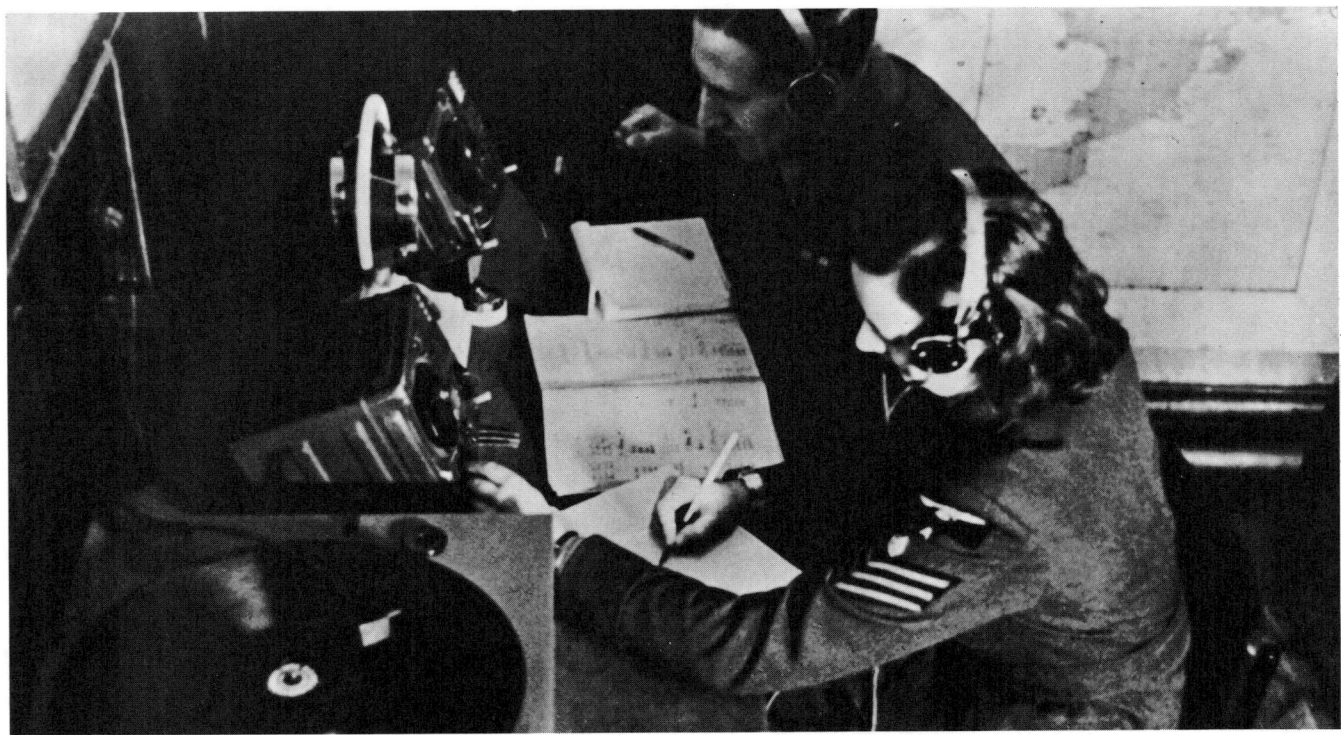

Als die Angreifer die deutsche Reichshauptstadt erreichten, wurde ihnen ein glühender Empfang zuteil. Rückkehrende Bomberbesatzungen meldeten Kontakt mit annähernd 80 Jägern und 31 tatsächlich erfolgte Jägerangriffe, von denen 15 direkt über dem Zielgebiet stattgefunden hatten. Diese letztere Tatsache war eine höchst fatale Neuerung für die Bomber-Besatzungen, hatten sie sich doch daran gewöhnt, mit derartigen Gefahren über Flak-Gebieten nicht rechnen zu müssen. In ihren Gefechtsberichten hieß es später, daß die Deutschen »massenweise« Jäger nach oben geschickt hätten und daß die Suchscheinwerfer »mehr zur Unterstützung der Nachtjäger als der Flak benutzt worden seien«. Vergegenwärtigt man sich die Änderungen, welche die deutsche Luftwaffe seit kurzem in ihrer Nachtflug-Taktik vorgenommen hatte, war mit derartigen Kommentaren zu rechnen gewesen.

Das Ergebnis des Luftangriffs brachte sowohl für Berlin als auch für das Bomber Command die bisher größten Verluste mit sich. Obwohl die Zahl der Toten nicht über 300 hinausging, erlitt die Reichshauptstadt doch schwere Schäden in den südwestlichen Vororten. Das Bomber Command hingegen verlor 56 Flugzeuge. Der »bleigefütterte Handschuh« hatte getroffen, auch wenn der Schwung im letzten Augenblick abgebremst wurde, da Nebelbildung auf den benachbarten Flugplätzen viele Jäger zum vorzeitigen Abbruch des Gefechts gezwungen hatte. Die Wunden der heimwärts humpelnden Bomber bewiesen die Richtigkeit der deutschen Taktik. Während sie diese bisher immer nur von der Flak davongetragen hatten, wiesen von den 31 beschädigten Maschinen jetzt 20 Einschüsse durch Jäger auf. Doch da die deutschen Nachtjäger ihre Beute nicht mehr wie früher mit Hilfe des Bodenleit-Radars ausfindig machen und ihr auf diese Weise den Gnadenstoß erteilen konnten, besaßen die beschädigten Bomber jetzt eine bessere Entkommenschance.

Nach dem Kampf bestätigte das deutsche Nachtjägerkommando den Abschuß von 48 Maschinen durch seine Besatzungen. Diese Zahl erscheint indessen zu niedrig gegriffen, da die Flak bei der befohlenen Detonierungsgrenze von 4600 m kaum 6 Flugzeuge abgeschossen haben dürfte. Bei den Nachtjägern ging der Löwenanteil von 44 Gegnern an die »alte Garde«, an die zweimotorigen Maschinen mit Radarausrüstung. Schon nach der ersten Bekanntschaft mit Düppelstreifen hatten die bereits erfahrenen Radar-Beobachter erkannt, daß es noch immer möglich war, feindliche Bomber auszumachen, sofern man sich mehr an die Spitze oder die Ränder des Bomberstroms hielt, wo die Wolken aus Metallfolie nicht so dicht waren. Diese Düppel-Wolken hingen nämlich mehr oder minder stationär in der Luft, wodurch der Jagdflieger sie auf seinem Radarschirm rasch auf sich zukommen sah. Die Bomber, andererseits, die etwa in der gleichen Geschwindigkeit und Richtung wie die Nachtjäger flogen, veränderten ihre Position nur in geringem Maße.

Sir Arthur Harris war nicht der Mann, der sich durch einen einzigen Rückschlag von seinem Ziel abbringen ließ. Um Berlin zu zerstören, das etwas größer als Hamburg war, mußte man eben mehrere Angriffe starten.

Wing Commander R. Braham, der Führer der 141. Staffel, dessen *Beaufighter* Erfolge gegenüber deutschen Nachtjägern über deren eigenem Gebiet aufweisen konnten./IWM

Dementsprechend schickte er acht Nächte darauf, am 31. August, einen weiteren großen Angriffsverband gegen die deutsche Hauptstadt los und desgleichen noch einmal am 3. September. Diese beiden Luftangriffe zeichneten zwar weitere Narben in das Gesicht der Stadt, waren aber angesichts der Verteidigungsbereitschaft recht kostspielig für die Angreifer. Alle drei Angriffe zusammengenommen, kosteten die Royal Air Force 123 Bomber nebst Besatzungen. Dies entsprach 7,5 % der beteiligten Maschinen und war zu viel, um auf die Dauer getragen werden zu können. Die Deutschen hatten sich von dem anfänglichen Düppel-Schock mit unerwarteter Schnelligkeit erholt.

Die Planungsabteilung des Bomber Command zog aus diesen drei kostspieligen Berlin-Einsätzen die Lehre, daß alles darauf ankam, den Gegner so lange wie möglich über das eigentliche Ziel im Dunkeln zu lassen. Künftig sollten die Angreifer Zickzack-Routen fliegen und Scheinangriffe ausführen, um die Jägerleitstellen irrezuführen. In dem weiteren Bemühen, die Initiative zurückzugewinnen, verstärkte das Bomber Command seine Gegenmaßnahmen auf dem Funkgebiet. Nachdem sich die neue deutsche Taktik zur Überwachung der Bewegung des Bomberstroms in vermehrter Weise auf die Funksprüche der Bodenstationen stützen mußte, konzentrierten sich die britischen Störsender jetzt auf diese. Das seither übliche Störsystem *Tinsel,* mit dem die Bomber mittels der eigenen Sendeanlage ihre Motorengeräusche ausstrahlen konnten, wurde zu *Special Tinsel* verbessert. Mit diesem System suchten die britischen Funk-Überwachungsstationen die Hochfrequenz-Wellenlängen, welche die Jägerleitstellen jede Nacht verwendeten und gaben diese an die Funker der Bomber durch, welche ihrerseits nun eine konzentierte Störung in Gang setzten. Allerdings konnte *Special Tinsel* nicht das VHF-Band abdecken, welches die Deutschen zur Befehlsweitergabe an die Nachtjäger ebenfalls verwendeten.

Um diesem Mangel abzuhelfen, wurden die *Lancaster* der 101. Staffel so umgebaut, daß sie das Hochleistungs-Bordstörgerät *Cigar* tragen konnten – oder ABC (airborne cigar), wie es allgemein genannt wurde. Zu seiner Bedienung befand sich eigens ein deutschsprechendes Besatzungsmitglied an Bord. Dieser Funker suchte solange auf seinem Wellenbereich, bis er die von den Deutschen benutzte Frequenz gefunden hatte und stellte dann seinen Störsender darauf ein. Jener strahlte einen heiseren Ton aus, nicht unähnlich einem Dudelsack. Die ABC-*Lancaster* flogen ab Oktober alle Nachteinsätze mit, wobei sie auf die gesamte Länge des Bomberstroms gleichmäßig verteilt waren.

Gemäß der neuen deutschen Taktik waren die Jäger bemüht, zum Abfangen erst dann aufzusteigen, wenn der Standort des Bomberstroms auch wirklich klar war. Das hatte unter anderem auch zur Folge, daß sich die meisten Luftkämpfe außerhalb der Reichweite der *Serrate-Beaufighter* der 141. Staffel abspielten. Im

Nicht alle Gefahren, die den Bombern drohten, kamen vom Gegner. Blick von oben auf eine *Lancaster* beim Angriff auf Berlin, am 16.12.1943. Feuerschein von unten, Zielleuchten und mitunter auch Suchscheinwerfer geben sie den lauernden Jägern der *Wilden Sau* als Silhouetten zu erkennen/IWM.

September und Oktober fanden *Serrate*-Einsätze nicht im gleichen Maße statt wie bisher, obwohl am 29. September ein bemerkenswerter Erfolg zu verzeichnen war. In dieser Nacht schoß Wing Commander Braham eine Bf 110 des NJG 1 ab, die von Hauptmann August Geiger geflogen wurde, der mit 53 Nachtsiegen einer der erfolgreichsten deutschen Piloten war. Geiger konnte aus seiner zerschossenen Maschine zwar mit dem Fallschirm aussteigen, ertrank aber in der Zuider See.

Nachdem sich gegen Ende August die Abwehr wieder stabilisiert hatte, bemühten sich die Deutschen, diesen Zustand durch Einführung neuer Ausrüstungen auch zu festigen. Die Taktik der Angriffe auf Sicht hatte sich in den hellen Sommernächten zwar bewährt, würde aber in den dunklen Winternächten nicht ausreichen. Sie war nur ein Notbehelf bis zur Entwicklung und Anwendung von Gegenmaßnahmen zur Neutralisierung von Düppel-Störungen. Die beiden ersten Geräte, *Naxos* und *Korfu*, waren schon vor der Düppel-Krise in Auftrag gegeben worden. Sie wurden an in Deutschland und in den besetzten Gebieten verstreute, ausgesuchte Bodenüberwachungsstationen ausgegeben und machten Kursangaben über Flugzeuge, die »H2S«-Signale sendeten – Peilzeichen, aus denen sich der Standort bestimmen ließ.

Die Fähigkeit, den jeweiligen Aufenthalt des »H2S«-Flugzeugs festlegen zu können, war eine wertvolle Errungenschaft, vor allem angesichts der neuen Jägertaktik.

Da der Einbau von »H2S«-Geräten praktisch nur auf die *Pfadfinder*-Flugzeuge beschränkt war und diese in großer Zahl an der Spitze des Bomberstroms flogen, konnten die Nachrichtenverbände der deutschen Luftwaffe auf diese Weise den gesamten Einflug überwachen. Hinzu kam ferner, daß die *Mosquito* bei ihren Scheinangriffen noch keine »H2S« verwendeten, wodurch die Funküberwachung jetzt nicht mehr so leicht irregeführt werden konnte.

In diese Zeit fällt auch der Einbau der sogenannten »Schräge Musik«-Bewaffnung bei vielen Nachtjägern: man montierte zwei 20 mm-Kanonen so im Flugzeugrumpf, daß sie in einem Winkel von 10–20° von der Senkrechten schräg nach oben schießen konnten, wobei der Pilot mit einem über seinem Kopf sitzenden Reflex-Visier zielte.

Diese neue Einrichtung ermöglichte dem Nachtjäger den Angriff von unten, wo der Bomber ein großes Ziel bot, fast blind war und sich am wenigsten verteidigen konnte. Die *Schräge Musik* gehörte während der 2. Hälfte des Jahres 1943 zu den deutschen Geheimwaffen; da die Kanonen keine Leuchtspurmunition verwendeten, vermochten sie die Bomber dutzendweise herunterzuholen, ohne daß deren Besatzungen wußten, wie ihnen geschah – bis es zu spät war.

Zwischen den Luftangriffen auf Berlin, am 3. September und der 3. Oktoberwoche 1943, flog das Bomber Command insgesamt 15 kampfstarke Einsätze gegen Deutschland. Besonders schwer heimgesucht wurden mit jeweils über 500 Bombern Hannover (dreimal), Mannheim und Kassel. Hierbei gingen bei 6500 Einzeleinsätzen 260 Bomber verloren, was einer durchschnittlichen Verlustrate von 4% pro Angriff entsprach, die jedoch ersetzt werden konnte. So einfach, wie viele nach dem Erfolg von Hamburg gemeint hat-

Eine *Halifax* der 158. Staffel, welche durch eine von oben gekommene Bombe glatt durchschlagen wurde. Der mittlere MG-Schütze erlitt außer geringen Schnittverletzungen nur einen Schock.

Diese *Halifax* wurde von einer anderen Maschine des Bomberstroms buchstäblich von hinten »bestiegen«. Man beachte die von den Luftschrauben herrührenden Löcher im Rumpf./IWM

ten, wurde es den Angreifern allerdings nicht gemacht, aber auch nicht so schwer, wie die Konfrontation über Berlin anzudeuten schien. Die verstärkte Funkstörung sowie die Scheinangriffe und Ausweichrouten hielten die Verluste in erträglichen Grenzen. Die deutschen Städte aber erlitten schwere Schläge in dieser Zeit. Die heftigsten Luftkämpfe über Deutschland, jene im August, September und Oktober, fanden aber nicht während der Nacht statt, fiel doch in jene Periode die erste Herausforderung der Bomber der 8. US-Luftflotte, sich durch Tagangriffe einen Weg durch die Abwehr und hin zu den tief in Deutschland gelegenen Zielen bahnen zu wollen.

Durch die ständige Aufstellung neuer Einheiten sowie durch die völlige Umgliederung des Jägerleitsystems, war im August 1943 der Stand der Reichsverteidigung bei Tage wesentlich verstärkt worden. Die hierfür vorhandene Zahl von einsatzbereiten einsitzigen Jägern be-

lief sich jetzt auf über 400. Hinzu kam ferner das Zerstörer Geschwader 26, welches aus 80 zweimotorigen Messerschmitt Bf 110 bestand, die besonders zur Bekämpfung der amerikanischen Tagbomber ausgerüstet waren.

Gleichzeitig hatte man durch Einführung zweier neuer Waffen die Feuerkraft der deutschen Jagdflugzeuge gewaltig erhöht. Bei der einen handelte es sich um eine von Rheinmetall entwickelte Mk 108-Kanone vom Kaliber 30 mm, welche 312 gr schwere Sprenggranaten mit einer Schußfolge von 600/min abfeuerte und von denen im Durchschnitt 3 Treffer genügten, um einen großen Bomber herunterzuholen. Bei der anderen betraf es den bereits in großer Stückzahl bei der deutschen Infanterie eingesetzten 210 mm Raketenwerfer. Die aus einer Röhre abgeschossene, flossenstabilisierte Rakete wog rund 112 kg und der 41 kg schwere Gefechtskopf wurde mittels eines Zeitzünders so eingestellt, daß er sich zwischen 550-1100 m nach Verlassen des Rohres zerlegte. Zahlreiche Jäger der Reichsverteidigung wurden mit diesen neuen Waffen ausgestattet: die Messerschmitt Bf 109 G hatte eine 30 mm-Kanone, zwei 13 mm MG und unter den Tragflächen entweder zwei 20 mm-Kanonen oder zwei 210 mm Raketenwerfer; die Focke Wulf Fw 190A trug verschiedentlich zwei 20 mm-Kanonen, zwei 13 mm MG und entweder zwei 30 mm-Kanonen oder zwei Raketenwerfer und die eigens umgebaute Messerschmitt Bf 110G schließlich flog ihre Einsätze gegen die amerikanischen Bomber mit vier 20 mm-Kanonen, zwei 30 mm-Kanonen und vier 210 mm-Raketenwerfern.

Um über den jeweiligen Standort der Feindverbände unterrichtet zu sein, entwickelte die Luftwaffe die sogenannte *Fühlungs-Halter-Technik,* in deren Rahmen sich besondere Staffeln von Bf 110, Me 410 oder Ju 88 den einfliegenden Bombern anzuhängen hatten. Die Besatzungen dieser Maschinen meldeten an ihre

Links: Schematische Darstellung der »*Schrägen Musik*«. Zwei Oerlikon MG/FF 20 mm sind im Nachtjäger Bf 110 so montiert, daß sie schräg nach oben feuern können. Da keine Leuchtspur verschossen wurde, konnten die deutschen Piloten das Vorhandensein dieser Waffe mehrere Monate geheimhalten. Es wurde erst enthüllt, nachdem man Anfang 1944 in England mehrere davongekommene Bomber untersucht hatte. Diese *Lancaster* z.B. (oben und unten rechts) hatte Glück, daß der zwischen den Motoren sitzende Betriebstofftank nicht getroffen wurde. Stahlstäbe zeigen den Winkel, in dem die Granaten von unten eingeschlagen sind.

/Grand-Dalton via Garbett/Goulding.

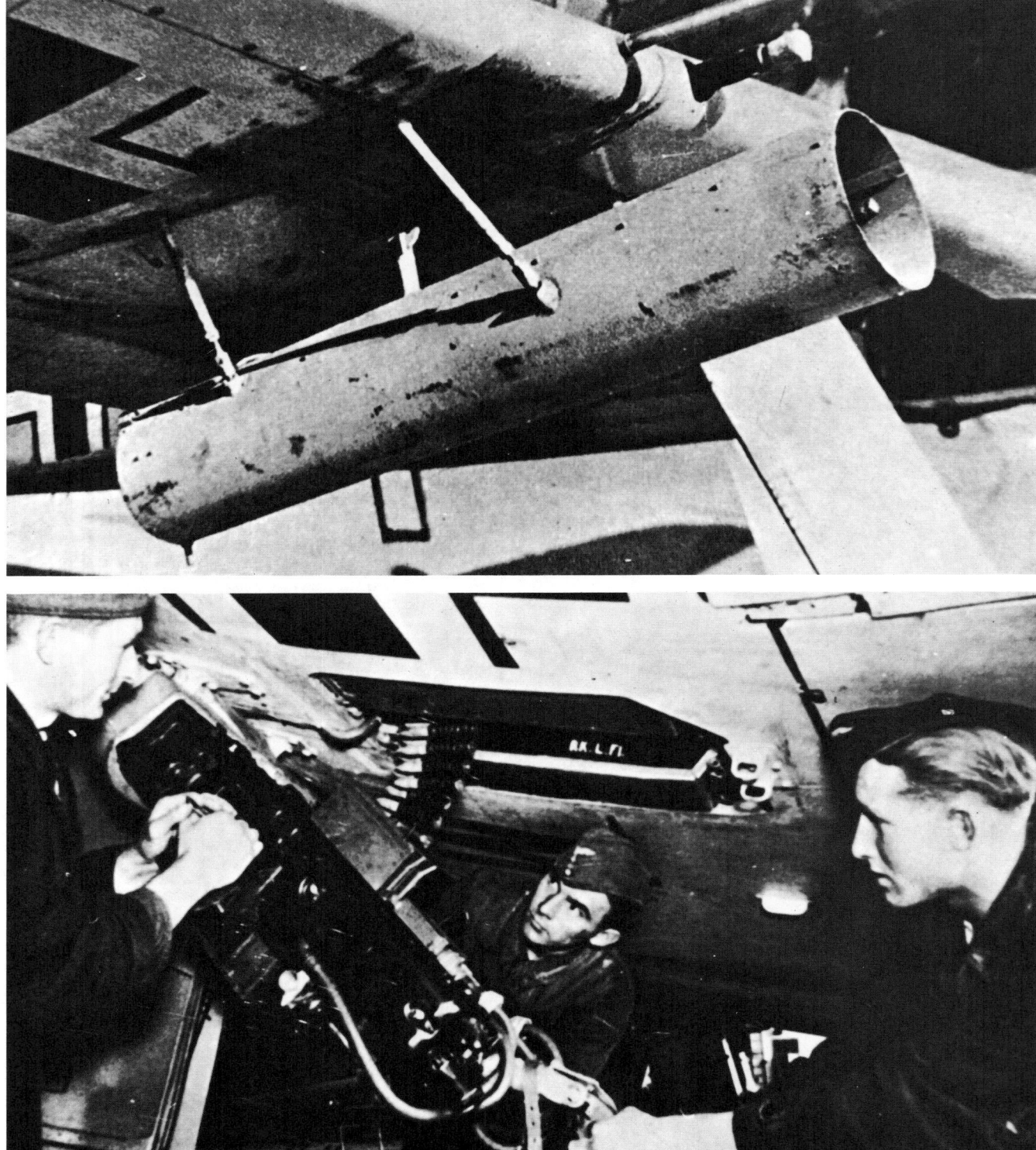

Um auch mit den widerstandsfähigen schweren amerikanischen Bombern fertigwerden zu können, verstärkte die Luftwaffe die Bewaffnung ihrer Tagjäger. Hier eine Nahaufnahme der Abschußvorrichtung für eine 210 mm Rakete an einer Fw 190./via Schliephake (oben).

Waffenwarte beim Auswechseln einer 30 mm Mk-108 Kanone, welche unter der Fläche eines eigens dafür umgebauten Zerstörerflugzeugs Fw 190 sitzt./ via Schliephake (unten).

Divisions-Gefechtsstände Einzelheiten über Zusammensetzung, Standort und Kurs der feindlichen Flugzeuge sowie Wetterbedingungen und Gefechtslage. Die Jägerangriffe selber leiteten sie jedoch nicht, wie verschiedentlich berichtet wurde.

Die andere wichtige Voraussetzung für eine wirksame Führung vom Boden aus war die Lokalisierung der deutschen Jäger, selbst wenn sie sich über den Wolken befanden. Hierzu stand das *Ypsilon-System* zur Verfügung, eine Modifizierung der herkömmlichen VHF-Funkausstattung der Jagdflugzeuge. Es sprach auf die Anfragen der diesbezüglichen Bodenstationen an, wodurch diese in der Lage waren, Entfernung und Kurs der Verbandsführer zu bestimmen.

Wie sich die Dinge in der Tagjäger-Verteidigung damals abspielten, erfährt man recht gut von dem Unteroffizier Hans Seyringer, der im Sommer 1943 als junger

Die am schwersten bewaffneten Abwehrjäger waren bis zum Kriegsende die aus der Bf 110 entwickelten Zerstörer. Die hier abgebildete Maschine des ZG 26 besaß die normale Bewaffnung von zwei eingebauten 20 mm- und zwei 30 mm-Kanonen sowie zwei zusätzliche 20 mm-Kanonen unter dem Rumpf und vier 210 mm-Raketenwerfer unter den äußeren Tragflächen./Bundesarchiv.

Pilot zu dieser Waffe kam. Seyringer verließ die Jagdfliegerschule mit nur 200 Flugstunden in seinem Bordbuch. Er kam zu der II./JG 27, einer erst kürzlich aus dem Mittelmeerraum zurückverlegten Einheit, die von dem äußerst erfolgreichen Major Werner Schroer geführt wurde. Seyringer's Bf 109 G besaß eine durch die Propellernabe schießende 30 mm-Kanone, zwei durch den Propellerkreis feuernde 13 mm-MG und zwei 20 mm-Kanonen unter den Tragflächen. Mit dieser schweren Bewaffnung und dem abwerfbaren Außentank, der bei Abfangeinsätzen normalerweise mitgeführt wurde, verlangte die Maschine eine äußerst behutsame Hand, besonders beim Start. Außerdem war sie für den Kurvenkampf mit anderen Jägern völlig ungeeignet. In der Gruppe waren auch einige Flugzeuge mit 210 mm-Raketenwerfern ausgerüstet, doch Seyringer flog nie eine von ihnen.

Trotz der Zusatztanks stellte der geringe Aktionsradius der Messerschmitt stets ein Problem dar. Man hatte daher die vier Staffeln der Gruppe auf der Ringstraße des Gras-Flugplatzes Wiesbaden so aufgeteilt, daß die Staffeln rottenweise, parallel nebeneinander und auch »in

Hier ist die Messerschmitt des Unteroffiziers Hans Seyringer von der II./JG 27, dessen Bericht über die Tageseinsätze auf den Seiten 125 und 128 nachzulesen ist./Seyringer.

gegenläufiger Richtung«, gleichzeitig starten konnten. Der Gruppenstart und die anschließende Formierung konnte auf diese Weise sehr rasch vollzogen werden. Natürlich lief das nicht ohne Zwischenfälle ab. Seyringer erinnert sich an ein haarsträubendes Erlebnis, bei dem sich aufgrund ungenügender Befestigung und infolge der Unebenheiten der Rollbahn die Raketen der entgegenkommenden Staffel versehentlich lösten. Sie sausten dicht an den Flugzeugen von Seyringers Staffel vorbei, wo zwar kein Schaden, doch ein beträchtlicher Schrecken entstand.

Für die ersten Einsätze wurde Seyringer einem erfahrenen Piloten zugeteilt. Dabei wurde eingeschärft, »wie ein treuer Hund« stets in dessen Nähe zu bleiben. Sobald man in Reichweite der Bomber gelangt war, entschied der Verbandsführer über die Art des Angriffs, wobei die jeweiligen Umstände und die Erfahrung der Piloten ausschlaggebende Faktoren waren.

Drei- oder viermal geschah dies direkt von vorne, doch fand Seyringer, daß der Zeitaufwand, den man benötigte, um in Schußposition zu kommen, in keinem Verhältnis zur Kürze des möglichen Feuerstoßes stand. Seine Gruppe griff die Bomber jedoch auch verschiedentlich von hinten an, und zwar in Schwarm-Formation, wobei die 4 Maschinen entweder in gleicher Höhe nebeneinander oder hintereinander flogen. Der Schwarm löste sich danach für gewöhnlich in zwei Rotten auf, die ihrerseits versuchten, noch einmal zu Schuß zu kommen. Piloten des JG 27 erörterten mehrfach auch die Möglichkeit, die amerikanischen Verbände von unten her anzugreifen, wo sie das größte Ziel boten, doch wurde die Idee fallengelassen, nachdem man sich klargemacht hatte, daß der Steigflug zuviel Geschwindigkeit kostete und der Jäger beim langsamen Abbrechen des Anflugs ein leichtes Ziel für den gegnerischen MG-Schützen sein würde.

Gewiß mag in anderen Einheiten anders gekämpft worden sein, als in der II./JG 27, aber insgesamt gesehen scheinen Seyringers Erfahrungen doch typisch für die damaligen deutschen Jagdflieger.

Die Verbesserungen der deutschen Luftabwehr waren bereits weit gediehen, als sich Mitte August 1943 die 8. US-Luftflotte stark und zuversichtlich genug fühlte, um ihren ersten tief nach Deutschland hineinreichenden Luftangriff zu fliegen.

90

Am ersten Jahrestag des Beginns der amerikanischen Bombereinsätze über Europa, am 17.8., starteten über 350 schwere Kampfflugzeuge zu einem zweigleisigen Unternehmen gegen die Messerschmittwerke in Regensburg und gegen Schweinfurt, das Zentrum der Kugellagerherstellung. Um das weiter südlich gelegene Objekt Regensburg zu erreichen, mußten dabei fast 500 km feindliches Territorium ohne Begleitschutz überquert werden.

Die erste Gefechtsberührung hatten die auf Regensburg angesetzten, in drei Kampfgeschwadern fliegenden 147 *Fortress*. Den sie begleitenden *Thunderbolt* war es bis zur Reichsgrenze zwar gelungen, die massierten deutschen Jägerangriffe abzuwehren, doch mußten sie dann aus Betriebstoffmangel umkehren.

Darauf hatte die Luftwaffe gewartet. Während der nächsten 90 Minuten kamen ein- und zweimotorige Jägerpulks von allen Seiten und dezimierten mit Kanonen und Raketen den Bomberverband. Die im letzten Kampfgeschwader am weitesten unten fliegenden B17 waren hierbei den heftigsten Attacken ausgesetzt und erlitten die schwersten Verluste. Co-Pilot in einer dieser Maschinen war Colonel Beirne Lay, dessen anschaulichen Gefechtsbericht wir hier zitieren:

»Zwölf Bf 109 schwangen in einer weit ausholenden Kehrtwendung ihre gelben Nasen herum und kamen dann zu zweit und zu viert von vorn auf uns zu. Und dann ging der Tanz los.

Ein silbern schimmernder Gegenstand segelte über unsere rechte Fläche hinweg: eine Tür vom Hauptausstieg. Sekunden später sauste ein dunkler Klumpen durch unseren Verband, haarscharf an den Propellern vorbei. Es war ein Mensch. Er hatte die Knie an die Brust gezogen und drehte sich wie ein Turmspringer beim dreifachen Salto. Ich sah nicht, daß sein Fallschirm aufging.

Eine B17 scherte langsam nach rechts aus dem Verband aus, verlor aber nicht an Höhe. Dann – im Bruchteil einer Sekunde – verschwand sie in einer leuchtenden Explosion. Übrig blieben nur vier kleine Feuerbälle, die Betriebstofftanks, die im Fall dann aber rasch verlöschten.

Unsere Maschine lief Gefahr, von herabstürzenden Trümmern getroffen zu werden. Notausstiege, Luken-

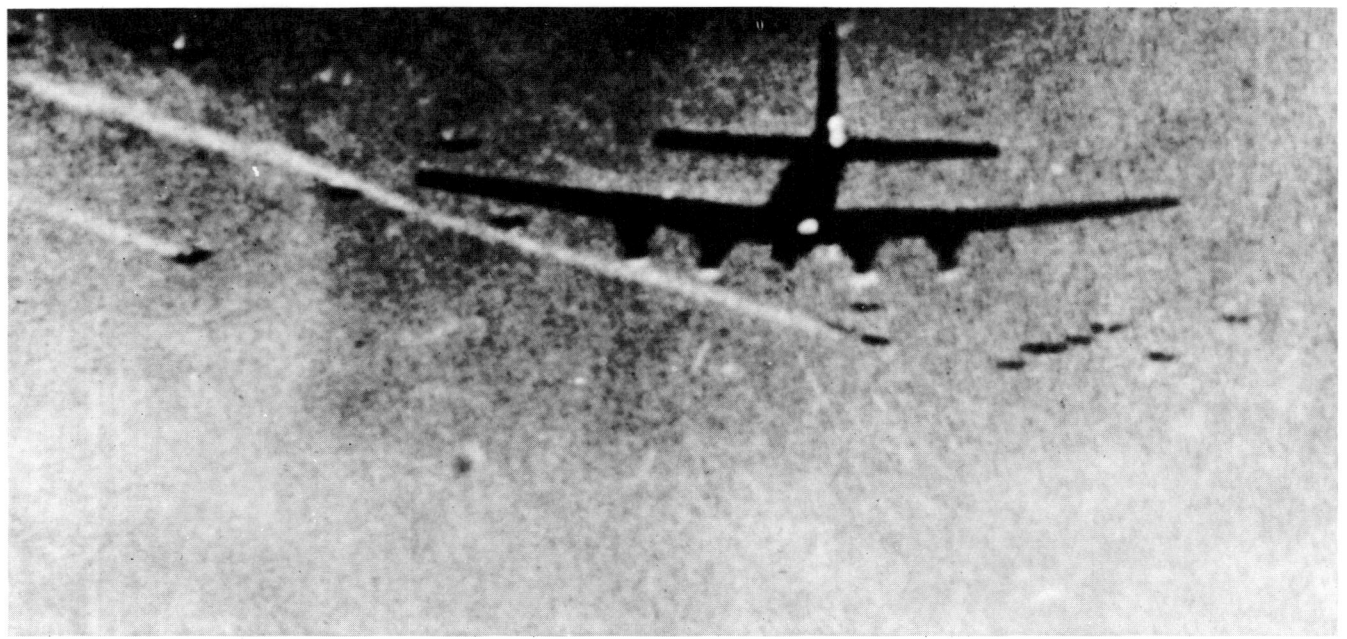

Eine B 17 aus der Sicht eines angreifenden deutschen Jägers. Man erkennt gut die Rauchspur zweier Raketen sowie das Mündungsfeuer aus der Heck- und Bodenkanzel des Bombers./Girbig (oben).

Eine *Fortress* der 100. Bombergruppe, welche nach dem fehlgeschlagenen Angriff auf Stuttgart, am 6. September 1943, bei Freiburg abgeschossen wurde./via Schliephake (unten).

deckel, vorzeitig geöffnete Fallschirme, menschliche Körper sowie Überreste von B17-Bombern und deutschen Jägern fegten im Propellerwind an uns vorbei. Ich beobachtete, wie nicht weit entfernt zwei Jäger unter uns explodierten und eingehüllt in orangefarbene Flammen verschwanden, wie überall B17 in den verschiedenartigsten Notsituationen zurückblieben, sei es daß Motoren brannten oder das Steuer weggeschossen war, wie Freund und Feind an Fallschirmen niedergingen und wie auf dem grünen Teppich unter uns die abgestürzten Flugzeuge Bestattungsfeuer entzündeten, qualmende Landmarken unseres Kurses. Der Anblick war phantastisch und überstieg jede Einbildungskraft.« Nachdem die einmotorigen deutschen Jäger sich verschossen oder keinen Betriebstoff mehr hatten, brachen sie den Kampf ab und kehrten zu den für solche Fälle eigens angelegten und bevorrateten Feldflugplätzen in der Nähe zurück, um nach kurzer Versorgungspause zum Empfang der heimkehrenden Bomber wieder einsatzfähig zu sein. Doch dieser zweite Schlag sollte den auf Regensburg angesetzten Flugzeugen erspart bleiben. Nachdem sie einen genauen und wirksamen Bombenteppich auf die Messerschmittwerke gelegt hatten, überraschten die übrig gebliebenen B17 die Verteidiger, indem sie in südlicher Richtung den Alpen zuflogen, von wo aus sie das Mittelmeer überquerten, um in Nordafrika zu landen.

Aber trotz dieser geglückten Abschüttelbewegung, hatte der Verband 24 Maschinen verloren (davon allein 14 aus dem am Ende fliegenden Kampfgeschwader) und viele erlitten Beschädigungen.

Genau drei Stunden nach diesem ersten Angriff, erfolgte mit 230 B17, zu vier Kampfgeschwadern, der zweite Einsatz auf Schweinfurt. Auch hier begann der Zusammenstoß mit den deutschen Jägern, sobald der Begleitschutz zur Umkehr gezwungen war, und zum zweiten Mal an diesem Tage taumelte ein amerikanischer Bomberverband unter den Hammerschlägen der Abwehr.

Die deutschen Jäger schossen auf dem Anflug 21 Maschinen aus ihm heraus. Ein weiteres Flugzeug fiel über Schweinfurt der Flak zum Opfer. 14 weitere Flugzeuge gingen auf dem Rückweg nach England noch verloren. Von der insgesamt 363 B17, welche am Morgen des 17.8. von England aufgebrochen waren, um diese

beiden bedeutenden Ziele anzugreifen, waren 60 abgeschossen worden. Doch das Verlustkonto ist damit noch nicht abgeschlossen, denn als eine Woche später die Regensburg-Gruppe in England wieder eintraf – nachdem sie zuvor noch Bordeaux bombardiert hatte, fehlten 55 Flugzeuge, die aufgrund ihrer schweren Beschädigungen auf den kümmerlich ausgestatteten nordafrikanischen Flugplätzen nicht hatten instandgesetzt werden können. Und drei weitere gingen auf dem Heimflug verloren. Mit anderen Worten: die beiden Angriffe hatten die 8. US-Luftflotte insgesamt 118 Bomber gekostet, nahezu ein Drittel aller beteiligten Flugzeuge. Außerdem war es ihnen nicht gelungen, mit ihrem Abwehrfeuer den Angreifern ernsthafte Verluste zuzufügen. Die Luftwaffe büßte in diesen beiden großen Einsätzen lediglich 25 Jagdflugzeuge ein. Bei guter Sicht und wolkenfreiem Himmel hatten die Bomber beide Objekte sehr genau und mit guter Wirkung belegen können. Trotzdem wurde die Produktion in beiden Werken nach einer Woche schon wieder aufgenommen und hatte nach einem Monat den alten Stand erreicht. Aus deutscher Sicht war also klar, was man künftig brauchte. Eine Woche nach diesen großen Luftschlachten, informierte Generalfeldmarschall Milch höhere Luftwaffenoffiziere darüber wie folgt:

»Eine große Anzahl von ein- und zweimotorigen Jagd-Gruppen ist jetzt in die Heimat zurückverlegt worden. In meinen Augen war es verrückt, dies so spät zu tun, aber jetzt ist es geschehen ... Verluste von 25 oder 30 Prozent kann der Gegner nicht verkraften. Das heißt, wenn es uns gelingt, ihm in regelmäßigen Abständen derartige Verluste zuzufügen, wird er gezwungen sein, von seinen Angriffen abzulassen.«

Milch fuhr dann fort, daß dies jedoch nicht geschehen könne, solange Deutschlands Jägerproduktion auf dem bestehenden niedrigen Stand bliebe.

Die deutsche Industrie habe im Juli 1050 einmotorige und rund 200 zweimotorige Jagdflugzeuge geliefert. Das reiche aber auch nicht annähernd aus. Die Jägereinheiten an der Ost- und Südfront stürden in schweren Einsätzen und beanspruchten viele der vorhandenen Maschinen. Außerdem, so fügte er hinzu, gebe es noch einen weiteren negativen Faktor:

»Durch die Angriffe, die in diesem Monat auf fünf unserer größten Jägerproduktionsstätten sowie auf zwei der

wichtigsten Instandsetzungswerkstätten stattgefunden haben, werden 150 Jäger weniger gebaut werden als im Vormonat.«

Um der augenblicklichen Situation gerecht zu werden, würde man die Masse der neuen Jäger für die Reichsverteidigung einsetzen, doch auf Sicht sei die einzige Antwort die Produktion von immer mehr Jagdflugzeugen. Es lägen bereits Pläne für die monatliche Fertigung von 2000 Stück vor, und er erwarte, daß

Vom Spätsommer 1943 an, wurde bei den Einsätzen über Deutschland der Begleitschutz durch amerikanische Langstreckenjäger immer wirkungsvoller. Man erkennt hier die (leere) Halterung für den Abwurftank./USAF.

diese Zahl bis zum Februar oder März 1944 erreicht sein würde.

Auf ihren englischen Basen bereiteten die amerikanischen Kampffliegereinheiten inzwischen einen neuen, tief nach Deutschland hineinführenden Luftangriff vor.

94

338 B17 versammelten sich am 6. September zu einem Angriff auf Stuttgart. Wie bei derartigen Einflügen jetzt üblich, reagierten die Deutschen heftig und wirkungsvoll. Aber während die amerikanischen Verluste in der Luftschlacht vom 17. August durch die angerichteten Schäden in gewisser Weise noch gerechtfertigt werden konnten, war dies bei dem gegen Stuttgart gerichteten Einsatz nicht der Fall. Beim Eintreffen des Verbandes lag die Stadt unter einer dichten Wolkendecke, so daß die Bomben beim Heimflug auf «»Gelegenheitsziele« abgeladen wurden. Diese verfehlte Unternehmung kostete die 8. US Luftflotte insgesamt 45 Kampfflugzeuge.

Der Mißerfolg gegen Stuttgart beleuchtete aber auch noch einmal ein Problem, mit dem sich die Planungsabteilung der 8. Luftflotte seit Beginn ihrer Einsätze in Europa konfrontiert sah: das Wetter, vor allem Wolkendecken über dem Zielgebiet. Hieraus resultierten die größten Rückschläge bei Bombenangriffen am Tage. Die Angriffe auf Regensburg und Schweinfurt hatten bewiesen, daß die Bomberbesatzungen die Fähigkeit und den Willen hatten, alles zu überwinden, was die deutsche Luftwaffe an Abwehr aufzubringen vermochte, wobei gegebenenfalls auch schwere Verluste in Kauf genommen wurden. Aber trotz größter Tapferkeit und Geschicklichkeit konnten sie zu keinem gezielten Bombenabwurf kommen, wenn das Ziel nicht zu sehen war. Genau dem gleichen Problem hatten sich ein Jahr zuvor auch die Nachtbomber der RAF gegenübergesehen und hier wie da war die Lösung dieselbe: Die Tagbomber benötigten ebenfalls eine mit Radar ausgestattete *Pfadfinder*-Gruppe.

Im Sommer 1943 machte sich die erste Tagbomber-Pfadfinder-Einheit, die 482. Gruppe, zum Einsatz bereit. Sie bestand aus drei Staffeln, von denen eine mit dem britischen »H2S«-Radar und die übrigen beiden mit den technisch ähnlichen amerikanischen »H2X«-Geräten ausgestattet waren. Während des Einsatzes sollten die *Pfadfinder*-Flugzeuge nicht als geschlossener eigener Verband fliegen, vielmehr hatten sie die Führungsposition in den Geschwaderformationen einzunehmen, denen sie zugeteilt waren. Diese *Pfadfinder* waren das erste Mal am 27. September mit dabei; vier von ihnen begleiteten einen Angriff auf den nahe gelegenen Hafen von Emden. Der aus 305 B17 bestehende Verband war in zwei Abteilungen zu je drei Geschwadern aufgeteilt. Bei jeder Abteilung flogen an der Spitze des vordersten Geschwaders zwei »H2S«-Pfadfinder. Die Bombenschützen sollten ihre Last wenn möglich auf Sicht abladen. Sollte das Ziel jedoch von Wolken verdeckt sein, so hatte der Abwurf des Führungsgeschwaders auf ein Funkzeichen des Pfadfinders hin zu erfolgen. Diese sollten dann auch für die nachfolgende Welle die Abwurfstelle durch Rauchsignale bezeichnen. In diesem Falle war das Objekt beim Eintreffen des Verbandes der Sicht fast völlig entzogen. Die beiden Führungsgeschwader konnten dank »H2S«-Einweisung das Ziel hinreichend genau treffen, während die nachfolgenden Maschinen es schon an Präzision fehlen ließen. Der erste Tagbombenangriff bei überhängender Wolkendecke war mithin kein voller Erfolg gewesen, hatte aber gezeigt, daß das Problem zu lösen war, vorausgesetzt, daß bei jedem Kampfgeschwader-Block ein oder zwei *Pfadfinder* mit genügender Radarausstattung zur Verfügung standen.

Der Angriff vom 27. September auf Emden war aber auch noch in anderer Hinsicht von Bedeutung: es war der erste Luftangriff gegen ein in Deutschland gelegenes Ziel, bei dem vom Anfang bis Ende ein eigener Jagdschutz vorhanden war.

Für die deutsche Luftwaffe kam dies äußerst überraschend, da sie sich nicht mehr ausschließlich den Bombern widmen und in diesem Fall nur 7 abschießen konnten. Die Begleitjäger hingegen brachten bei nur einem eigenen Verlust rund 20 deutsche Jagdflugzeuge zum Absturz. Fünf Tage später, am 2. Oktober, flog die 8. US-Luftflotte einen Wiederholungsangriff auf Emden, der fast unter den gleichen Bedingungen verlief. Die Abfangjäger legten diesmal eine betonte Zurückhaltung an den Tag und vernichteten insgesamt nur zwei schwere Bomber.

Am 4. Oktober drangen über 150 Kampfflugzeuge tief nach Deutschland ein und griffen Frankfurt am Main an. Da das Ziel unter Wolken lag und *Pfadfinder* fehlten, wurden die Bomben auf Ausweichziele geworfen. Nachdem das Wetter jedoch auch das Abfangen der Bomber erschwerte und Begleitschutz den Verband an der deutschen Grenze wieder aufnahm, gingen nur 8 Bomber verloren. Hierbei erwischten *Thunderbolt* der 56. Jagdflieger-Gruppe – in der Nähe von Köln und ge-

Vier *Lightning* der 364. Jagdfliegergruppe in loser »Vierfinger«-Formation, wie sie bei den meisten Luftstreitkräften üblich war./USAF

rade noch am Rande ihrer Reichweite – eine ganze Gruppe Bf 110, wie sie sich in Angriffsposition begab, um ihre Raketen von hinten in das letzte abziehende Kampfgeschwader zu feuern.

Über 10 dieser deutschen Zerstörerflugzeuge wurden ohne eigene Verluste abgeschossen. Nach dieser höchst einseitigen Angelegenheit beschränkte sich die deutsche Luftwaffe schon bald darauf, ihre zweimotorigen Jäger nur noch bei Tage ostwärts der Linie Bremen-Kassel-Frankfurt, d.h. außerhalb der Reichweite der amerikanischen Begleitjäger einzusetzen. Für die einsichtigen Deutschen war dies zugleich auch das Zeichen dafür, daß die Kontrolle des eigenen Luftraums allmählich verloren ging.

Die Erfolge der ersten Oktoberwoche ermutigten die 8. US-Luftflotte, ihren Operationsbereich jetzt noch mehr auszuweiten. Nachdem am 8. Oktober ein Großangriff auf Bremen stattgefunden hatte, erfolgte am 9. Okto-

ber der bisher tiefste Einbruch in das Reichsgebiet, mit den Zielen Danzig und Gotenhafen sowie am 10. Oktober ein Angriff auf Münster. An den beiden ersten Einsätzen nahmen über 300 Bomber teil; an dem letzteren waren es etwas weniger. Die Verluste betrugen im Durchschnitt nicht ganz 10%.

Falls sich die Offiziere des Oberkommandos der deutschen Luftwaffe aufgrund der eingeschränkten Bewegungsfreiheit über dem Heimatgebiet Sorgen zu machen begannen, ließen sie dies die amerikanischen Bomberbesatzungen doch kaum merken, die am 14. Oktober zu einem neuerlichen Besuch nach Deutschland kamen. Es war dies der Tag, an dem ein Verband von 291 B 17 sich vorgenommen hatte, ein kostspielig begonnenes Unternehmen zu beenden und Schweinfurt

Eine *Thunderbolt* der 78. US Jagdfliegergruppe bei einem Übungsflug
über England, im September 1943./USAF

Jagdschutz in großer Höhe aus dem Blickwinkel des Funkers einer B17 der 390. Bombergruppe. Während 2 *Thunderbolts* den Verband in niedriger Höhe überfliegen, sieht man wie im Hintergrund weitere Maschinen den nachfolgenden Bomberblock decken.
/USAF

den Rest zu geben. Wie schon bei früheren Anlässen, geschah bis zum Erreichen von Aachen zunächst so gut wie gar nichts. Die Begleitjäger konnten getrost umkehren.

Dann aber schlugen die deutschen Jagdverbände in einer Art zu, wie sie nachfolgend von einem offiziellen amerikanischen Historiker geschildert wird: »ohne Beispiel in ihrem Ausmaß, wohlüberlegt in der Planung und in der Wucht, in der sie traf.« Die deutschen Maschinen flogen bei diesem Abfangeinsatz rund 500 Angriffe. Viele der einmotorigen Jäger kämpften weit von den eigenen Basen entfernt, doch war es ihnen durch zwischenzeitliches Tanken und Aufmunitionieren häufig möglich, erneut in den Einsatz zu gehen.

Unter den erfolgreichen deutschen Piloten dieses Tages befand sich auch der jetzt bereits erfahrene junge Unteroffizier Hans Seyringer. Zusammen mit seiner Staffel jagte er von hinten durch eine B 17-Formation hindurch und beobachtete, wie der von ihm getroffene Bomber mit zerschossenen Motoren und zerstörter rechter Fläche vom Himmel fiel. Als das Wrack später besichtigt wurde, erhoben noch drei weitere Offiziere seiner Einheit Anspruch auf den Luftsieg. Hauptmann Schroer, der Gruppen-Kommandeur, hatte Seyringer's Angriff jedoch beobachtet und sprach ihm den Abschuß zu.

Es war ein arg gerupfter Bomberverband, der Schweinfurt schließlich erreichte: 20 Flugzeuge waren bereits auf der Strecke geblieben und viele wiesen derart schwere Beschädigungen auf, daß sie nur noch mit Mühe ihren Platz in dem Verband einhalten konnten. Und als sich die Kampfblöcke dann für den Bombenanflug in Reihe setzten, trat die Erdabwehr in Aktion. Die Überwachung der südlichen Einflugschneise nach Schweinfurt lag in den Händen der 4. Batterie der 382. Flak-Abteilung, welche sich unweit der kleinen Ortschaft Sennfeld in Stellung befand. Wie auch bei den nächtlichen Bomberangriffen, richtete das Flakfeuer zwar beträchtliche Schäden an, brachte aber in nur wenigen Fällen ein Flugzeug zum Absturz. In diesem Falle ging nur eine B 17 auf das Konto der im Zielgebiet eingesetzten Flak. Der Batteriechef, Leutnant Kolhogen, berichtete darüber später:

»Um 14.56 Uhr traf die erste Bomberwelle ein, die wir von 14.56–14.58 Uhr unter Beschuß nahmen. Die

Zielhöhe betrug 6400 m und die Geschwindigkeit 110 m/sek (eine Geschwindigkeit über Grund von 384 km/h). Die Welle bestand aus 36 Maschinen und flog wie bei einer Übung, ohne daß Ausweichbewegungen erkennbar gewesen wären. Der Himmel war wolkenfrei, als die 8,8 Flak 37 in schnellen Salven das Feuer eröffnete. Das von uns angerichtete Flugzeug scherte über Schweinfurt aus dem Verband aus und ging in immer engeren Spiralen in Richtung Pusselsheim nieder, wo es um 15.06 Uhr aufschlug, nachdem die Besatzung kurz zuvor ausgestiegen war. Verschossene Munition: 23 Salven.«

Eine spätere Untersuchung des Wracks durch die Deutschen ergab am Heck »ein blaues A auf weißem Grund«, das Wahrzeichen der 94. Bombergruppe.

Die Bomberschützen der vordersten Welle fanden ihre Zielpunkte ohne Mühe und luden mit großer Genauigkeit die tödliche Last ab.

Zwar wurde die Sicht durch anschließende Feuer- und Rauchentwicklung im Zielgebiet erschwert, doch die Bombardierung verlief gut, und alle drei angegriffenen Kugellager-Fabriken erlitten schwere Schäden.

Nachdem sich die aus drei Kampfgeschwadern bestehende zweite Hälfte des angreifenden Verbands wieder außerhalb des Zielgebietes befand, flog sie einen weit ausholenden Bogen, um den Nachzüglern den Anschluß an die schützende Formation zu ermöglichen. Dann ging es mit Kurs Nordwest in Richtung Heimat zurück.

Der Rückflug stellte fast eine Wiederholung des Hinflugs dar, griffen doch rachedurstige deutsche Jägereinheiten laufend an, bis schließlich in der Gegend von Aachen die Aufnahme durch den *Thunderbolt*-Begleitschutz erfolgte.

Wie schon bei dem vorangegangenen Angriff auf Schweinfurt, hatten die Bomberverbände auch diesmal wieder lähmende Verluste erlitten: sechzig B 17 waren abgeschossen, 17 schwer und weitere 121 mäßig beschädigt worden. Das heißt mit anderen Worten, daß von den ursprünglich eingesetzten 291 Bombern 198 entweder vernichtet oder beschädigt worden waren. Bordschützen und Begleitjäger ihrerseits vermochten rund 38 deutsche Jäger abzuschießen und 20 weitere zu beschädigen.

Diese Phase harter Luftschlachten bei Tage, endete für

die Deutschen sechs Tage später mit einer komischen Note. Am 20. Oktober flog ein Verband von 119 B 17 unter Begleitschutz einen Angriff auf die bei Aachen gelegene Stadt Düren. Er warf seine Bomben auf das Zielgebiet und ging nach Verlust von 9 Maschinen durch Jäger und Bodenabwehr wieder auf Heimatkurs. Doch damit war der Einsatz keineswegs zu Ende, zumindest nicht in bezug auf die Luftwaffe. Als die deutschen Jäger den Kampf abbrachen und über den Wolken ihren Einsatzplätzen wieder zustrebten, meldeten die Bodenbeobachtungsstationen die Motorengeräusche eines starken, in südlicher Richtung fliegenden Verbandes. In Wirklichkeit rührten sie von den Jagdflugzeugen her, aber Göring, der sich zufällig auf einem Jägerleitstand befand, vermutete ein amerikanisches Täuschungsmanöver und entschloß sich, die Leitung der Abwehr

Auch für den Tageseinsatz wurden *Pfadfinder* erforderlich, da die Ziele häufig von Wolken verdeckt und die Bombenwürfe wirkungslos waren: eine B17 mit im Bug einziehbarem H2X-Gerät der anfänglichen Ausführung./USAF

persönlich in die Hand zu nehmen. Anhand der spärlichen Horchmeldungen schloß er, daß es sich bei Düren um einen Ablenkungsangriff handelte und der Einsatz in Wirklichkeit erneut den Kugellagerwerken Schweinfurt galt.

Daraufhin erhielten weitere Jäger-Gruppen den Befehl zum Aufsteigen und Kurse zur Verfolgung der offenkundig südostwärts fliegenden Phantom-Bomber. Die Horchstationen nahmen nun auch deren Geräusche prompt auf und meldeten sie pflichtgemäß weiter, und schließlich bestätigten auch die auf der Flugroute postierten Radarstationen, die man pausenlos um Nachrichten anging, daß es sich in der Tat um einen Großverband im Anflug auf Schweinfurt handelte. Panik bemächtigte sich des Reichsmarschalls im Leitstand, als auf der Glasplatte der Lagenkarte immer mehr Feindwerte projiziert wurden, ohne daß von den deutschen Verbandsführern eine Kontaktmeldung kam. Der »Verband« überflog Schweinfurt, ohne daß eine Bombe fiel.

Göring, völlig verwirrt, vermutete nun, daß der Angriff gegen Leipzig gerichtet sei, dann wieder kam er auf die Ölraffinerien in Mitteldeutschland und schließlich glaubte er, daß es die Waffenfabrik Skoda bei Pilsen sein könne. Doch das Irrlicht mußte einmal verlöschen. Allmählich ging den Jägern der Sprit aus und sie landeten auf ihren Plätzen in Süddeutschland, was zugleich auch die Auflösung des »Bomber-Verbands« zur Folge hatte. Als die wahre Geschichte bekannt wurde, zögerte Göring nicht, die humoristische Seite des Vorfalls zu sehen. Er schickte am nächsten Tage ein scherzhaft gehaltenes Telegramm an alle betroffenen Einheiten und beglückwünschte sie zu dem großen Erfolg beim »Luftangriff auf die Festung von Köpenick«.*

Auch gab er unumwunden zu, zum Narren gehalten worden zu sein. Das Problem, in einer konfusen Luftlage zwischen Freund und Feind unterscheiden zu können, besteht auch heute noch. Nur wenige Luftstreitkräfte haben das Glück, von sich behaupten zu können, daß es in ihrer Geschichte keine »Schlacht von Köpenick« gegeben hat.

Die Erfolge der deutschen Jagdwaffe in den schweren Luftkämpfen mit den amerikanischen Verbänden hatten die Deutschen davon überzeugt, daß sie sich sowohl mit ihrer Taktik als auch mit den schon zu Anfang des Jahres ergriffenen Maßnahmen auf dem richtigen Wege befanden. Zwar war es noch immer äußerst schwierig, einen Bomber direkt aus der Formation herauszuschießen; doch gelang es erst einmal, ihn so zu beschädigen, daß er ausscheren und hinter seinem Verband hinterherhinken mußte, war der Kampf schon so gut wie gewonnen. Einem auf diese Weise abgesprengten

einzelnen Kampfflugzeug konnte man jetzt leicht den Rest geben.

Die 210 mm-Rakete hatte sich als nützliches Mittel zum Sprengen der amerikanischen Verbände bewährt. Aber diese langsamen Geschosse flogen sehr ungenau und da sie überdies durch Zeitzünder zur Explosion gebracht wurden, mußte vor dem Abfeuern die Entfernung zum Ziel sehr sorgfältig geschätzt werden. Dies erwies sich im Einsatz jedoch als überaus schwierig, weshalb der überwiegende Teil der Raketen auch entweder vor oder hinter dem Ziel detonierte.

In Tarnewitz, der Waffenversuchsanstalt der Luftwaffe, waren im Herbst 1943 die Ingenieure mit der Entwicklung schnellerer Raketen – teilweise bereits mit Annäherungszünder – gut vorangekommen. Auch wurden stärkere Kanonen speziell für die Bekämpfung amerikanischer Bomber oder zumindest für das Absprengen vom Verband konstruiert, die schon außerhalb der Reichweite des Abwehrfeuers der Bomber wirksam waren. Bevor diese Waffen aber fertig wurden, mußte man sich mit den vorhandenen begnügen. Eine, die geeignet schien, war die KWK 39, eine 50 mm Hochgeschwindigkeitskanone, die in verschiedenen deutschen Panzern und Panzerspähwagen Verwen-

* In Anspielung auf den »Hauptmann von Köpenick«.

Eine B24 der 814. Bomberstaffel mit H2X-Ausstattung. Anstelle der Bodenkanzel erkennt man das einziehbare Radom./USAF

dung fand. Sie erhielt eine Ladeautomatik, ein neues Rückstoßsystem sowie ein anderes Rohr und wurde dadurch zur BK 5, die zunächst einmal versuchsweise in die zweimotorige Me 410 eingebaut wurde. Bei einer Mündungsgeschwindigkeit von 915 m/sek war die Geschoßbahn flach genug, um bis auf 730 m genau zielen zu können. Die Granate wog annähernd 1,5 kg und ein Treffer konnte aureichen, um einen Bomber zu erledigen. Das hohe Einbaugewicht der BK 5 von über 500 kg brachte zwar eine Leistungseinbuße mit sich, doch insgesamt verlief die Flugerprobung zufriedenstellend und man begann mit dem Umbau von weiteren Me 410.

Was die Amerikaner anbelangt, so hegten sie keinerlei Zweifel bezüglich der notwendigen Erfordernisse, um ihre Bomber sicher durch die deutschen Verteidigungslinien hindurchzubringen: sie brauchten Jagdschutz, und zwar zum Objekt hin und zurück. Außer den ständig wachsenden *Thunderbolt*-Verbänden trafen im Herbst 1943 jetzt auch die ersten zweimotorigen P 38 *Lightning*-Gruppen in England ein, welche selbst noch 600 km von ihren Basen entfernt einen Jagdschutz von 15 Minuten Dauer gewähren konnten. Noch vielversprechender war die angekündigte P 51 *Mustang* mit dem neuen *Merlin*-Motor.

Mit den vorgesehenen Zusatztanks innen und außen würde sie sogar in der Lage sein, den Bombern Begleitschutz bis auf rund 1000 km zu geben – d.h. nach Berlin hin und zurück! Gelänge es, diese Maschine in großer Stückzahl an die Front zu bringen, wäre damit der Traum vom permanenten Begleitschutz Wirklichkeit geworden.

In dieser Phase des Höhepunkts der Luftoffensive ist es gewiß von Interesse, die wesentlichen Merkmale der britischen und amerikanischen Kampfweise zu betrachten. Hierbei soll von den verschiedenartigen Flugzeugen ausgegangen werden, sowie der Abwurfgenauigkeit und Angriffsentfernung, der Empfindlichkeit der Maschinen und ihrer Wartung und Instandsetzung.

Die beiden bei Tage und bei Nacht am meisten eingesetzten Flugzeuge waren die B17 *Fortress* bzw. die *Lancaster*. In beladenem Zustand wogen beide an die 25 t. Die *Fortress* flog in Höhen zwischen 6-8000 m mit etwa 280 km/h im Verband und trug im Durchschnitt eine Bombenlast von 1.5 t. Rund 12% des gesamten Flugzeuggewichts entfielen auf die Abwehrwaffen.

Die *Lancaster* hatte in 6000 m Höhe eine Marschgeschwindigkeit von 352 km/h und schleppte eine durchschnittliche Bombenlast von 4 Tonnen. Die Abwehrwaffen beanspruchten bei ihr etwa 6% des Gesamtgewichts.

Der Bombenabwurf war bei Tage weitaus genauer als bei Nacht. Jeder amerikanische Kampfblock – in jener Zeit bestand er aus rund 18 Flugzeugen – löste seine Bomben gleichzeitig mit dem Führerflugzeug aus. Auf dem Erdboden entstand dadurch ein Bombenteppich von ca. 500 m Seitenlänge. Der damalige Fehlerumkreis von durchschnittlich 50% betrug bei guter Sicht ungefähr 400 m, und auf ihn konzentrierte sich der Abwurf des Kampfblocks. Bei teilweiser Wolkendecke oder schlechter Sicht erweiterte sich der 50-prozentige Fehlerumkreis auf 1100 m, und bei von Wolken halb verdecktem Ziel begann der Bombenabwurf nach Sicht sehr ungenau zu werden. War das Objekt ganz der Sicht entzogen und mußten sich die Führungsmaschinen völlig auf Radar verlassen, entsprach die Treffsicherheit jener bei Nacht. Die Nachtbomber hingegen zielten beim Abwurf einzeln und waren demzufolge weitgehend von der genauen Zielmarkierung durch die *Pfadfinder* abhängig. Im Herbst 1943 lag der fünfzigprozentige Fehlerumkreis bei den Luftangriffen auf Deutschland knapp unter 5 km. Aus diesen Zahlen lassen sich zwei Erkenntnisse ableiten: erstens, daß selbst unter guten Sichtverhältnissen bei Tage, die sogenannte Punktzielbekämpfung aus Höhen von 6000 m und darüber in Wirklichkeit bedeutete, daß lediglich die Hälfte aller Bomben innerhalb 400 m vom Zielpunkt lagen und zweitens, daß bei Nacht oder bei schlechten Sichtverhältnissen – sofern das Ziel etwa kreisförmig und von einem Radius von 5 km und darüber war – mindestens die Hälfte der gezielten Bomben bestenfalls die umliegenden Felder umpflügten (»Landwirtschaftliche Bombardierung«, wie man sie gelegentlich nannte).

In dem bisher beschriebenen Abschnitt wurden die amerikanischen Angriffe auf Objekte in Deutschland in der Regel von Jägern abgefangen. Sie waren in der Tat auch die gefährlichsten Gegner. Aus einer gegen Ende 1943 durchgeführten Untersuchung wissen wir, daß

sich von jeweils 100 verloren gegangenen schweren amerikanischen Bombern 48 im Verband befunden hatten, bevor sie wie folgt heruntergeholt wurden:
28 durch Jäger, 16 durch Flak und 4 aus sonstigen Gründen (Zusammenstoß, technische Störungen etc). Alle übrigen Flugzeuge waren zunächst aus ihrem Verband ausgeschert: 16 aufgrund von Flakbeschädigungen, 14 nach Jägerangriffen und 21 infolge anderer Ursachen. Von diesen Nachzüglern erledigten die Jagdflieger 46, die Flak 5, und einer wurde das Opfer technischer Schwierigkeiten. Überhaupt zeigte sich, daß ein über Deutschland krankgeschossener Bomber bei Tage kaum wieder nach Hause kam, sofern es ihm nicht gelang, den Anschluß an die eigenen Begleitjäger zu gewinnen. Was die Nachtbomber betrifft, so fanden etwa 90% der Einsätze ohne Berührung mit feindlichen Jägern statt. Ausweichbewegungen waren für sie die wichtigste Abwehr. Von den abgefangenen 10% wurden etwa die Hälfte abgeschossen, die meisten aufgrund von Überraschung und ohne daß sie das Feuer erwiderten. Diese Tatsache scheint wichtig, da seit Kriegsende viel über das unzureichende 7,6 mm Kaliber der in den RAF-Bombern eingebauten MG geschrieben worden ist. Aber wenn man den Angreifer nicht sieht, hätte ein stärkeres Kaliber sich dann anders ausgewirkt? Wenn ein Nachtbomber einen Jäger zu Gesicht bekam, war es mit Sicherheit für ihn viel besser, mit einem »Korkenzieher«-Manöver auszuweichen – je wilder, desto besser – anstatt sich auf eine Schießerei einzulassen. Geschah dies frühzeitig genug, war außer den deutschen Spitzenpiloten eigentlich kaum mehr einer in der Lage, in eine günstige Schußposition zu kommen. Wenn aber der Bomber seine »Korkenzieher«-Bewegungen vollführte, bestand für seine MG-Schützen ebenfalls kaum eine Chance, aus einer derart instabilen Position den Jäger zu treffen, selbst wenn er ihn klar sah. Ein schwereres MG-Kaliber hätte daher tatsächlich keinen großen Unterschied bedeutet. Zusammenfassend: die Tagbomber erkämpften sich den Weg durch die Abwehr, weil sie diese nicht umgehen konnten und die Nachtbomber wichen der Abwehr aus, weil sie sich durch diese nicht hindurchzukämpfen vermochten.

Die Verwundbarkeit der Maschine selbst, war sowohl Tag- als auch Nachtbombern gemein. Die spezifischen Gründe für die Verluste im Einsatz waren Brand, Geschwindigkeitsverlust oder mangelnde Manövrierfähigkeit.

Der häufigste war Brand, aber ein schwerer Bomber mit fast 9000 lt hochoktanigem Treibstoff und einer hochexplosiven Ladung von Bomben, Munition sowie Leucht- und Erkennungspatronen war schließlich auch alles andere als feuerfest. Zwar konnte die Brandgefahr durch selbstabdichtende Tanks und Panzerung herabgesetzt werden, doch in gewissem Sinne war sie stets vorhanden. Geschwindigkeitsverlust rangierte an nächster Stelle. Eine wissenschaftliche Einsatzanalyse kam gegen Kriegsende zu der bemerkenswerten Schlußfolgerung, daß im allgemeinen wohl mehr Flugzeuge »und Besatzungen« sicher heimgekehrt wären, hätte man die eingebauten Panzerplatten für die Motoren und nicht für die Menschen verwendet. Triebwerke mit Flüssigkeitskühlung waren generell doppelt so anfällig wie luftgekühlte.

Die leichte Aufrechterhaltung der Einsatzbereitschaft war ein wichtiger und nur allzu oft übersehener Faktor bei der Verwendung von Kampfflugzeugen. Ohne sie hätten die B17 und Lancaster, egal wie gut sie auch in ihren fliegerischen Eigenschaften waren, auf lange Sicht nicht viel erreicht. Nach jedem grossen Luftangriff kehrte ein Teil der Bomber beschädigt zurück, und die Zahl der für den nächsten Einsatz flugklaren Maschinen hing gänzlich von der Schnelligkeit ab, mit der sie wieder instandgesetzt werden konnten. Etwa 500 kg des Leergewichts bestanden zum Beispiel bei der *Lancaster* nur aus Bolzen und Flanschen zur raschen Demontage oder anders herum: hätte man sie in einem Stück gebaut so hätte man über eine bestimmte Strecke 500 kg mehr Bomben mitnehmen bzw. schneller oder höher fliegen können. Doch diese zusätzliche Tragkraft oder Leistung wäre mit anderen Flugzeugen erkauft worden, die dafür länger unrepariert herumgestanden hätten.

Doch die Bomber Commands der beiden alliierten Luftstreitkräfte waren auch im Herbst damit fortgefahren, ihre Einheiten für die Entscheidungsschlacht weiter auszubauen, die sie im Winter kommen sahen. Man durfte jetzt nicht nachlassen.

Mit Beginn der vierten Oktoberwoche erkannten die Deutschen, daß die schlimmen Vorzeichen des August,

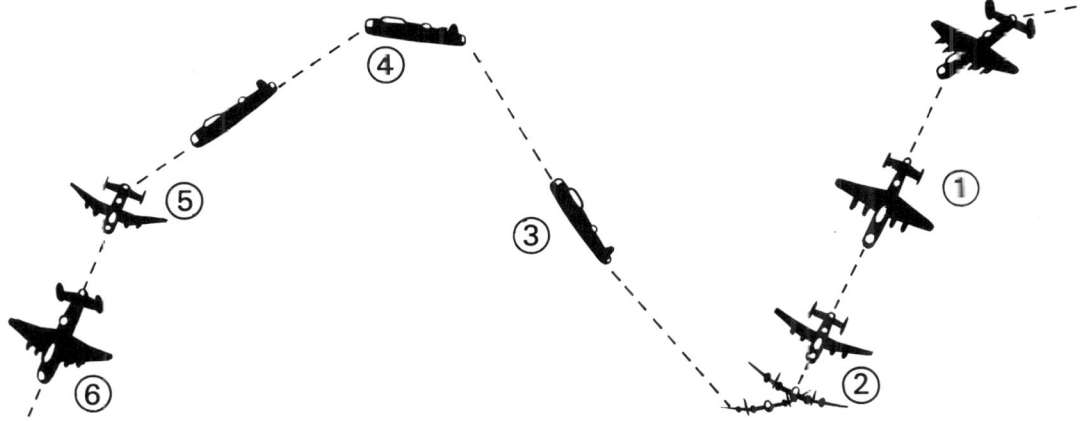

Der »Korkenzieher«. Das wirkungsvolle »Korkenzieher«- Ausweichmanöver, welches zum Abschütteln von Nachtjägern angewendet wurde.
Sobald ein Jäger in Sicht kam, drückte der Bomber steil nach rechts oder
links unten weg (1); hierbei nahm er nicht nur rasch Fahrt auf sondern erschwerte dem Jäger auch das Anrichten, stand er doch jetzt tiefer als dieser. Nach rund 600 m Höhenverlust fing der Pilot den Bomber wieder ab
und ging in den Steigflug über (2), dann wendete er in die entgegengesetzte
Richtung und stieg weiter (3); da er in dieser Phase viel Geschwindigkeit
verlor, schoß der Jäger oft über ihn hinaus, sofern er ihm noch im Nacken
saß. Hatte der Bomber seine ursprüngliche Höhe wieder erreicht, wurde er
erneut angedrückt und nach einem Sinkflug von 300 m in die andere Richtung gewendet (5). Nachdem er weitere 300 m an Höhe verloren hatte,
wiederholte sich das unter (2) beschriebene Manöver, falls noch immer
Kontakt mit dem Jäger bestand. Als taktische Ausweichbewegung
zeichnete sich der »Korkenzieher« auf dreierlei Weise aus: erstens, er bot
eine gute Chance, den Nachtjäger abzuschütteln; zweitens, falls dies nicht
gelang, erschwerte er diesem doch das genaue Anrichten durch ständiges
Auswandern und drittens verband das Manöver eine optimale Aus-
weichmöglichkeit mit geringstem Richtungs- und Höhenverlust, konnte es
doch bei mittlerem Kurs und Höhe geflogen werden. Deutsche
Nachtjäger-Piloten stimmten überein, daß das »Korkenzieher«-Manöver,
wenn es rechtzeitig und mit vollem Einsatz ausgeführt wurde, sie vor eine
kaum lösbare Aufgabe gestellt habe.

wonach mit einer ganzen Reihe schwerer Luftangriffe
in der Größenordnung jener auf Hamburg gerechnet
werden mußte, sich nicht bestätigten. Und die Tag- und
Nachtbomber ihrerseits hatten begriffen, daß die Luftwaffe keineswegs erledigt war, wie die optimistischen
alliierten Planer gehofft hatten, sondern vielmehr mit
Schwung und Zähigkeit und allen verfügbaren Kräften
zur Stelle, wenn es galt die einfliegenden Bomberverbände zu zerschlagen.

Eine Niederlage und
ein Sieg

OKTOBER 1943 – MÄRZ 1944

Mitte Oktober 1943 konnten die Deutschen mit der militärischen Gesamtlage eigentlich ganz zufrieden sein. Während sich zu Anfang August noch an allen Fronten Katastrophen abgezeichnet hatten, war jetzt doch eine gewisse Stabilisierung eingetreten, trotz beträchtlicher Geländeverluste. Auf See hatte die U-Bootwaffe zwar Schläge einstecken müssen, aber die waren jetzt so gut wie überwunden und der Kampf gegen die Geleitzüge würde 1944 wieder voll weitergehen. Im Süden waren die deutschen Truppen aus Sizilien und Süditalien vertrieben worden, aber auch die alliierten Streitkräfte kamen bei den dortigen schwierigen Geländeverhältnissen jetzt nicht weiter, und im Osten hatten die Deutschen die massiven sowjetischen Vorstöße zum Stehen gebracht, wenngleich dabei auch stellenweise Terraineinbußen bis zu 650 km hingenommen werden mußten. Schließlich und endlich hatte man auch die Verteidigung des deutschen Luftraums bei Tage und bei Nacht wieder einigermaßen in den Griff bekommen und es kam jetzt nur darauf an, diesen so zu festigen, daß der gewonnene Vorsprung nicht wieder entglitt.

Für die deutschen Nachtjagdverbände brachte der Herbst 1943 wichtige Änderungen mit sich. Eine der einschneidensten war die Ablösung von Generalmajor Kammhuber. Kammhuber hatte die Nachtjagdwaffe aus einem Nichts aufgebaut und war zweifellos auch der beste Mann, um sie in der jetzigen schwierigen Situation zu führen. Aber irgendwie hatte er es nie so richtig mit Göring gekonnt, der ihn – gewiß nicht ganz zu Unrecht – für einen Perfektionisten hielt, der für seine Waffe stets einen unvernünftig hohen Anteil an Menschen, Flugzeugen und elektronischer Ausrüstung forderte.

Solange Kammhubers Methoden erfolgreich waren, konnte Göring sich seiner kaum entledigen, doch das wurde durch die Ausschaltung des *Himmelbett*-Systems anders. Und als gewisse taktische Maßnahmen sich bewährten, die man vorher unterlassen hatte, schob Göring Kammhuber auf ein Nebengeleis in Norwegen ab und ernannte als Nachfolger Generalmajor Schmid, der seinen Auffassungen mehr entgegenkam. Inzwischen hatten die *Wilde Sau* und die *Zahme Sau* aufgehört, vorübergehende Notlösungen zu sein, vielmehr waren sie jetzt zur ständigen Kampfmethode der Nachtjagdverbände geworden. Es gab keine vorausschauende Politik der Schaffung neuer Mittel mehr, mit denen man der gegnerischen Funkstörungen hätte Herr werden können, sondern nur noch für den Augenblick geplantes Stückwerk – und dies bis zum Ende des Krieges.

Als Schmid sein Kommando übernahm, wurden gleichzeitig auch drei neue elektronische Geräte eingeführt, die – zumindest vorübergehend die Schlagkraft seiner Nachtjäger beträchtlich vergrößerten: *Lichtenstein SN-2*, *Naxos-*Z und *Flensburg*. Das FUG 220 Lichtenstein SN-2 war ein neues Nachtjäger-Radar, welches auf einem Frequenzbereich arbeitete, wo Düppelstreifen bisher nicht eingesetzt werden konnten. Das Gerät besaß eine Höchstreichweite von 6,5 km, litt aber von Anfang an unter dem großen Nachteil, daß die Mindestreichweite erst mit etwa 365 m begann, d.h. also außerhalb des Sichtbereichs, in dem eine Nachtjäger-Besatzung für gewöhnlich ihr Wild ausmachte. Um dieses Loch zwischen der untersten Radar- und der äußersten optischen Grenze zu überbrücken, mußten die Nachtjäger sowohl mit dem SN-2 als auch mit dem *Lichtenstein-Gerät* ausgestattet sein, ein Notbehelf, der zu einem Antennenwald auf dem Flugzeug führte.

Bei *Naxos-Z* und *Flensburg* handelte es sich um zwei elektronische Bordgeräte für die Zielsuche, die auf die von den Bombern verursachten Ausstrahlungen ansprachen. *Naxos-Z* richtete die H2S-Strahlen an – genau so wie das Bodengerät gleichen Namens – und *Flensburg* reagierte auf die Signale der Heck-Warnradaranlage *Monica*. Die Bedeutung der beiden Peilanlagen bestand darin, daß sie den Nachtjägern den Kontakt mit den Bomberströmen bereits zu einem Zeitpunkt ermöglichten, der weit jenseits der Reichweite der Radar-Suchstationen auf dem Boden lag.

Die Masse der deutschen Nachtjagdverbände war zu dieser Zeit mit der Messerschmitt Bf 110 G ausgerüstet. Diese Maschine hatte sich leistungsmäßig den *Whitley, Wellington* und *Stirling* beträchtlich überlegen erwiesen, doch im Herbst 1943 wurden diese veralteten Modelle von der *Lancaster* und der verbesserten *Halifax* abgelöst. Die betagte Messerschmitt hingegen war jetzt

Da die britischen und amerikanischen Luftangriffe immer härter trafen, sah die Luftwaffe sich gezwungen, ihre schwere Flakabwehr zu verstärken.
Massive Flaktürme, wie dieser hier im Berliner Vorort Friedrichshain, gewährten in bebautem Gelände freies Schußfeld, und dienten in den unteren Stockwerken gleichzeitig als Luftschutzbunker und Kommandozentrale für den Luftschutzdienst./Bergender.

so ziemlich am Ende ihrer Entwicklungsmöglichkeit und mit der zusätzlichen elektronischen Ausrüstung, den strömungsungünstigen Antennen, der schwereren Bewaffnung – einschließlich 30 mm-Kanonen und den nach oben feuernden Waffen – sowie den Außentanks für lange Flugdauer bei *Zahme Sau*-Einsätzen, wies sie den schweren Bombern gegenüber kaum noch Vorteile auf, die sie letzten Endes ja doch jagen sollte. Bei der Junkers Ju 88 lagen die Dinge ein wenig besser, doch waren vorerst nur wenige Einheiten mit ihr ausgestattet. Der beste Nachtjäger jener Zeit war fraglos die Heinkel 219 mit einer Höchstgeschwindigkeit von 615 km/h in 6400 m Höhe. Aber Generalfeldmarschall Milch lehnte es ab, für diesen Zweck einen neuen Typ in die Massenfertigung zu nehmen, wenn dafür durch Bandumstellungen der übrige Ausstoß zu leiden hatte. Schließlich entschied man sich nach langen Diskussionen, die Nachtjagdwaffe mit einer verbesserten Junkers Ju 88 auszurüsten, doch war diese vor Frühjahr 1944 auch nicht in größeren Stückzahlen verfügbar.

Außer den tiefgreifenden Änderungen bei der Nachtjagdwaffe, ging 1943 auch eine völlige Reorganisation der Flak-Verteidigung vonstatten, in deren Verlauf die Anzahl der schweren Batterien von etwas über 600 auf

nahezu 1000 erhöht wurde. Um gegen die eng aufgeschlossen fliegenden amerikanischen Tagbomber und die immer dichter werdenden Nachtbomberströme mehr Feuerkraft zum Tragen bringen zu können, sowie zur besseren Ausnutzung der nur begrenzt verfügbaren Feuerleit-Radaranlagen, wurden die mittleren 8,8-Batterien zunächst von vier auf sechs und später auf acht Geschütze vergrößert.

Besonders wichtige Objekte wurden durch »Großbatterien« geschützt, d.h. Einheiten, die sich aus zwei oder drei der vorerwähnten vergrößerten Batterien zusammensetzten.

Da jede Batterie bzw. Großbatterie jeweils nur an einem Kommandogerät hing, bedeutete dies, daß im letzteren Falle 18 oder noch mehr schwere Geschütze sich auf einen schweren Bomber konzentrierten. Während die Flak anfangs des Krieges noch als eine Eliteeinheit der Luftwaffe gegolten hatte, verlor sie diesen Ruf im gleichen Maße, wie die Tag- und Nachtjäger die Verteidigung des Reichs zu übernehmen begannen. Trotz der angespannten Personallage infolge der ständigen Neuaufstellungen wurde die Flak dadurch noch weiter geschwächt, daß die besten Leute immer wieder herausgezogen und an die Front geschickt wurden. Als Ersatz erhielt man dafür ein buntes Durcheinander von Hilfskräften: Schüler, junge Leute vom Reichsarbeitsdienst, Männer, die für den Wehrdienst zu alt waren, Fabrikarbeiter und selbst russische Kriegsgefangene. Der Einsatz der Düppelstreifen beeinträchtigte ebenfalls die Wirksamkeit der Flakwaffe. Einer dieser eingezogenen Schuljungen, der Flakhelfer Hans Ring, erinnert sich noch gut an die Stimmung, wie sie damals in den Batterien herrschte, die Deutschland verteidigen sollten:

»Am 15 Januar 1943, eine Woche vor meinem 16. Geburstag, wurde meine aus 15–16 Jahre alten Jungen bestehende Klasse zum Dienst bei der Flak eingezogen. Unsere Batterie war eine schwere, die aus anfänglich vier und später sechs 10,5 cm-Kanonen bestand, die sich am Westrand von Berlin, in Spandau-Johannisstift in Stellung befanden. Personell bestand die Batterie aus 2 Offizieren, 30 Unteroffizieren und anderen Dienstgraden sowie aus uns etwa 100 Jungen und rund 30 russischen Gefangenen. Die Soldaten und die Gefangenen verrichteten die schweren körperlichen Arbeiten. Fast alle anderen Tätigkeiten, vom Funker bis zum Kanonier – selbst K3 (Ladekanonier) – wurden von den Schülern ausgeführt. Sie können sich vorstellen, daß es für einen 15jährigen Jungen eine schwierige Sache war, bei Schnellfeuer eine Kanone mit 10,5 cm-Munition zu laden (Granate und Hülse wogen zusammen rund 90 Pfund), zumal wenn das Rohr häufig 40° und mehr Erhöhung hatte. Das meiste Geschick wurde vom Entfernungsmesser verlangt, der oft auch ein Junge war. Manchmal erlaubte der Chef, daß einer von uns die Feuerkommandos gab. Das war das Größte: »Achtung! –– Gruppe! –– Achtung! –– Gruppe!«

Handelte es sich nur um einen kurzen Einsatz, war die Feuerdisziplin im allgemeinen sehr gut. Schlimm war es nur, wenn die Batterie über 80 oder 100 Schuß abgab. Jede Geschützbedienung hatte den Ehrgeiz, die beste zu sein und am meisten Munition zu verschießen. Statt eines zusammengefaßten Feuerschlages, fing es jetzt überall zu knallen an. Wir Jungen waren voller Begeisterung, und es war ein schlechter Tag, wenn es keine britischen Einflüge gab. So ganz selbstlos waren unsere Gefühle dabei aber nicht, denn nach einem Nachtangriff durften wir morgens lange schlafen und die Schule schwänzen.

Ich erinnere mich noch deutlich an einen Vorfall gegen Ende 1943, als unsere Batterie etwa 40 Salven gegen ein mysteriöses Ziel abfeuerte. Es war vom Radar erfaßt worden und bewegte sich nur langsam. Unser Chef glaubte, daß es ein mit Agenten besetztes Gleitflugzeug sein könnte. Später erfuhren wir dann, daß es sich bei diesem Objekt, das so leicht anzurichten aber trotzdem nicht abzuschießen war, um eine große Düppelstreifen-Wolke gehandelt hatte.

Im Spätherbst 1943 wurden die ersten *Würzburg*-Geräte mit einer zusätzlichen Verbesserung zur Bekämpfung der Düppelstreifen bei der Truppe eingeführt, aber die Alliierten fuhren dennoch fort, die Alu-Folie bis zum Kriegsende erfolgreich gegen das elektronisch gesteuerte Abwehrfeuer einzusetzen.

Ein weiterer Bestandteil der deutschen Luftverteidigung, der mit wachsender Schlagkraft des Bomber Command ständig an Bedeutung zugenommen hatte, war die große Zahl der überall im Reich verstreut gelegenen Scheinanlagen. Eine der größten und eindrucksvollsten dieser Art, mit der Tarnbezeichnung V500, lag

Auf verschiedenen Flaktürmen gab es Zwillings-Geschützbettungen für die 12,8 cm Kanone, das stärkste Kaliber, über das die Luftwaffe verfügte./Bundesarchiv.

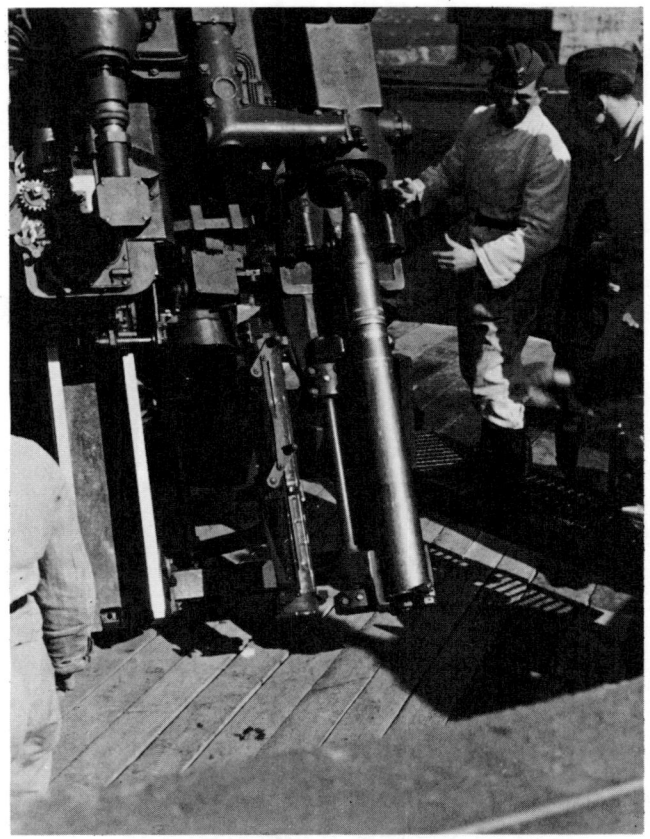

Nahaufnahme der 73.5 kg schweren 12.8 cm-Munition auf dem Lade-
tisch. Darüber erkennt man die automatische Zündereinstellung zur Aufnahme des Granatenkopfs. Nach erfolgter Einstellung des Zünders wurde
die Granate nach links auf das Verschlußstück gehoben und von da ins
Rohr geschoben./Bundesarchiv.

rund 24 km nordwestlich von Berlin, direkt auf der be-
vorzugten Angriffsroute. Diese Anlage umfaßte eine
Gruppe von 12 Scheinzielen, die 15 km auseinander la-
gen: die Hauptstadt, fast in ihren Originalmaßen, aus
Sperrholz und Reisig, einschließlich des Flughafens
Tempelhof.

Eine Neuerscheinung des Jahres 1943 war auch eine eigens entwickelte Rakete, mit der farbige Leuchtkörper
in die Luft geschossen werden konnten. Sie zerlegten
sich in einer vorherbestimmten Höhe und gaben die
Leuchtsätze frei, die daraufhin ähnlich den britischen
»Christbäumen« in Kaskaden zu Boden sanken. Wurde
ein Ziel in der Nähe einer Scheinanlage angegriffen,
machte sich diese von selbst bemerkbar, indem ein allgemeiner Feuerzauber aus simulierten Bombenexplo-

sionen begann, Häuser in Brand gerieten, Lichter an-
gingen und die Flak zu schießen anhob. Der Gesamt-
eindruck all dieser Maßnahmen war so realistisch, daß
sich mancher Bomber dadurch irreführen ließ.

Das Bomber Command seinerseits fuhr fort, neue
Geräte in Dienst zu stellen. Das wichtigste war die
im Herbst 1943 eingeführte »Mark III« Variante des
»H2S«, welches auf einer wesentlich höheren Frequenz
arbeitete und demzufolge sehr viel genauere Bilder lie-
ferte. Gleichzeitig wurden auch verschiedene »H2S« mit
dem Zusatzgerät »Fishpond« ausgerüstet, mit welchem
der Funker den Luftraum unter sich nach Nachtjägern
absuchen konnte. »Fishpond« war insofern von Bedeutung, als die beiden von den Bombern vorher verwendeten Nachtjäger-Warnanlagen, *Boozer* und *Monica,*
jetzt nur noch begrenzten Wert besaßen. Die Einführung des neuen deutschen SN-2 Radar mit seiner weitreichenden Wirkung und in Verbindung mit dem
Lichtenstein-Gerät sowie der direkten Bodenleitung
durch »Würzburg Riese«, ließen *Boozer* einen
Nachtjäger-Angriff kaum noch rechtzeitig erkennen.
Und außerdem kam jetzt hinzu – die RAF-Besatzungen wußten es nur noch nicht – daß nun auch die ersten deutschen Jäger mit dem *Flensburg*-Gerät einsatzbereit waren, durch welches *Monica* eher zur Gefahr als zur Hilfe wurde.

Für die an der Luftschlacht über Deutschland beteiligten Besatzungen wurde der Krieg immer komplizierter,
zumal wenn man bedenkt, daß die Hauptlast von Re-
servisten aller Unteroffiziers- und jüngeren Offiziers-
grade getragen wurde, die ein oder zwei Jahre zuvor
von Radar noch nicht den geringsten Schimmer beses-
sen hatten.

Fügt man außerdem noch den Mangel an ausgedehnten
Lehrgängen sowie die allerorts geübte Geheimhaltung
hinzu, ist es kaum verwunderlich, daß man sich auf beiden Seiten allmählich die eigenartigsten Vorstellungen
machte. Eine dieser »Enten« mag als Beispiel für viele
gelten. Für die Besatzungen, die beim Luftangriff auf
Hamburg Zeugen des ersten Einsatzes der Düppelstreifen gewesen waren, gab es überhaupt keinen Zweifel
über den Wert dieses Ablenkungsmittels. Aber für die
später nachfolgenden Besatzungen des Bomber Command, die während der ganzen Zeit, in der sie sich über
feindlichem Territorium befanden, alle zwei Minuten

und über dem Zielgebiet alle halbe Minute ein Bündel mit Folien abwerfen mußten, erschien dies ziemlich überflüssig. In verschiedenen Bomber-Staffeln erklärte es ihnen auch niemand. Ein Kampfflugzeug-Beobachter erzählte dem Verfasser, daß es in seiner Besatzung Diskussionen über den Sinn des Abwurfs von Alu-Streifen auf die Deutschen gegeben hätte: »Das tut ihnen doch nicht weh, oder?« Getreu nach britischer Art kam man daraufhin zu einem Kompromiß. Sie fuhren zwar fort, die Bündel wie befohlen abzuwerfen, doch wurden einige von ihnen während des langen Fluges von dem Bombenschützen »präpariert«: er bepinkelte die Pakete und ließ sie dann an der Rumpfseitenwand hart frieren. Beim Anflug wurden sie ebenfalls abgeworfen; »... sie fielen wie kleine Ziegelsteine und wir dachten, daß sie auf diese Weise vielleicht doch noch einen Nutzen hätten!«

Um die Funkkanäle der Nachtjäger noch mehr zu stören, schaltete das Bomber Command auch noch den GPO Rundfunk-Hochleistungssender in Rugby ein. Anfänglich war beabsichtigt, diesen nur für Störgeräusche zu verwenden, doch waren auch gesprochene Sendungen möglich. Und nachdem die Nachtjäger-Besatzungen ihre Anweisungen von den Bodenstationen erhielten, mußte es da nicht möglich sein, sie durch falsche Instruktionen in die Irre zu leiten?

Dieser Gedanke wurde unter dem Decknamen *Corona* zum ersten Mal am 22. Oktober ausprobiert, als 569 Bomber Kassel angriffen. Die deutschen Funküberwacher begriffen sofort, was da im Gange war, kaum daß der britische »Geister«-Sender seine Tätigkeit aufgenommen hatte, und warnten alle Besatzungen: »Laßt euch nicht vom Gegner an der Nase herumführen!« und »auf Befehl von General Schmid nehmen alle Maschinen sofort Kurs auf Kassel!« Dann wurde der Überwacher durch die gegenteiligen Weisungen des »Geistes« zunehmend ärgerlicher und schimpfte schließlich in

10,5 cm-Kanone im Einsatz auf einem Flakturm./via Schliephake

111

sein Mikrophon hinein. Doch die andere Seite reagierte sofort und erwiderte: »Der Engländer flucht jetzt!« Darauf der deutsche Überwacher wieder in sein Mikrophon: »Nicht ich fluche, sondern der Engländer!« Die Bomber erreichten Kassel und richteten mit ihrem Angriff besonders schwere Zerstörungen an. Aber dann, unbeschadet des grotesken Intermezzos auf dem Jäger-Frequenzband, gelang es einer großen Anzahl von Jägern Anschluß an den Bomber-Verband zu gewinnen, als dieser sich eben wieder vom Ziel abwandte. In den anhaltenden Luftkämpfen die nun folgten, schossen sie die Mehrzahl der 42 Kampfflugzeuge ab, auf deren Rückkehr man vergeblich wartete. Der Bericht des Bomber Command vermerkt dazu: »Viele Bomber gingen im Zielgebiet nieder, ohne daß der Grund dafür ersichtlich war«, aber aus den deutschen Unterlagen wissen wir inzwischen, daß diese Verluste

auf das Konto der deutschen Nachtjäger mit ihren nach oben feuernden Waffen gingen.

Corona wurde auch noch in den darauffolgenden Wochen zur Irreführung der Nachtjäger-Besatzungen eingesetzt, doch meist war es den Deutschen möglich durch Rückfragen und Bestätigung des erhaltenen Befehls auf einem anderen Kanal sowie mittels Einsatz weiblicher Sprecher oder Funküberwacher mit regionaltypischem Dialekt, ihre Anweisungen an die Nachtjäger ohne allzu große Schwierigkeiten durchzugeben.

So wurden denn allmählich die Versuche aufgegeben, auf diese Weise die deutschen Besatzungen irrezuführen. Anstattdessen ging der »Geist« dazu über, lange Passagen aus Goethe oder geschwollene Bekenntnisse deutscher Philosophen vorzulesen, ja, sogar Schallplatten mit Hitlers Reden wurden vorgespielt – alles zu dem

Feuernde 10,5 cm Eisenbahn-Flak./Lux.

Zweck, auf den Leitfrequenzen soviel Konfusion wie möglich anzurichten.

Am 3. November unterrichtete Air Chief Marshal Sir Arthur Harris Mr. Churchill in einer Denkschrift: »Wir können Berlin vom einen bis zum anderen Ende vollständig in Trümmer legen, falls die USAAF sich daran beteiligt. Uns mag es zwar zwischen 400–500 Flugzeuge kosten, doch die Deutschen der Verlust des Krieges.«

Einem derartigen Versprechen vermochte der Premierminister nicht zu widerstehen und unverzüglich erteilte er die Genehmigung für eine weitere Serie von Großangriffen auf die Reichshauptstadt. Aber die amerikanischen Bomberverbände hatten die schweren Verluste noch nicht überwunden, die ihnen die eigenen Aktionen weit ins feindliche Hinterland eingetragen hatten, und sahen sich außerstande, jetzt mitzumachen. Die Nachtbomber würden daher alleine starten müssen.

Obwohl ausgangs des Herbstes und im Winter die Nächte länger als im Sommer waren, als das Bomber Command erstmalig den Versuch zur Zerstörung Berlins unternommen hatte, blieb die Stadt aber auch jetzt noch ein schrecklich weit abliegendes und nachhaltig verteidigtes Ziel.

Während der vier schweren Luftangriffe im November und den weiteren vier im Dezember war es aber zunächst einmal das Wetter, welches die Angreifer vor schweren Verlusten bewahrte. Von den insgesamt zum Einsatz gekommenen 4100 Maschinen gingen 180 Bomber verloren, was einer Verlustrate von 4,5 % aller beteiligten Flugzeuge entspricht.

Der Beginn des neuen Jahres zeigte indessen, daß die Verteidiger jetzt härter zurückzuschlagen verstanden. Die Nachtjägerbesatzungen kämpften nunmehr für die Heimat und ihre Familien und zeigten dabei die gleiche Tapferkeit und Entschlossenheit, wie ihre Gegner von der RAF während der Luftschlacht um England 1940. Die beiden schweren Luftangriffe auf Berlin vom 1. und 2. Januar trugen den Angreifern 7 % Verluste ein. Danach flog das Bomber Command zunächst einmal Stettin und Braunschweig an, bevor am 20. Januar Berlin von neuem an die Reihe kam. Diesmal allerdings nur mit 4,5 % Ausfällen. Doch das besagte keineswegs, daß die Verteidigung schwächer wurde, denn bereits in der folgenden Nacht waren die Luftkämpfe von einer Här-

te, wie schon seit Monaten nicht mehr. Um die auf beiden Seiten angewandte Taktik zu verdeutlichen, soll hier noch einmal auf Einzelheiten dieses Kampfes eingegangen werden.

Das Angriffsziel war Magdeburg, ein wichtiges Industriezentrum rund 120 km südwestlich von Berlin. Eingesetzt wurden insgesamt 640 *Lancaster* und *Halifax*. Da sich das Objekt beträchtlich außerhalb der Reichweite von *Oboe* befand, mußte der Verband die Orientierung den »H2S«-Geräten überlassen. Mit diesem Radar waren 242 Flugzeuge ausgestattet, hatte es sich doch inzwischen als Navigationshilfe allerorts durchgesetzt, auch außerhalb der *Pfadfinder*-Einheiten. Die Angreifer flogen in 5 Wellen und in einer Tiefe von 140 km (im Mai des vorangegangenen Jahres, beim Luftangriff auf Wuppertal, waren es 240 km)! Die größere Kompaktheit des Verbandes war einerseits durch die verbesserten Ortungsgeräte möglich und andererseits nötig, um den verfolgenden deutschen Nachtjägern ein möglichst kleines Ziel zu bieten.

Für den Hinflug war die Strecke so gelegt, daß sie die Küste unweit Hamburg erreichte, dann genau in Richtung Berlin verlief und schließlich – rund 65 km vor Erreichen der Hauptstadt – nach einer 90°-Rechtswendung genau auf Magdeburg führte. Um dieses Rechtsabdrehen zum Ziel zu verschleiern, sollte ein Verband von 13 *Mosquito* und 20 *Lancaster* geradeaus weiter und einen Scheinangriff auf Berlin fliegen, wobei sie auch die gewöhnlich verwendeten Markierungsleuchten zu setzen hatten. Die festgelegte X-Zeit sowohl für den richtigen als auch für den Scheinangriff war 23.00 Uhr.

Die deutsche Frühwarn-Radarkette erfaßte die hoch fliegenden Bomber bereits beim Verlassen der englischen Küste, und schon kurze Zeit darauf erhielten die in Ostfrankreich und Süddeutschland stationierten Nachtjäger den Befehl zum Aufsteigen. Für die Jäger-Leitoffiziere der Luftwaffe war es von besonderer Wichtigkeit, die weiter weg beheimateten Maschinen so frühzeitig wie möglich in die Luft zu bekommen, da sie kaum schneller als die Bomber waren und bis zu dem potentiellen Angriffsziel fast den gleichen Weg hatten. Während die Jagdflugzeuge ihre Motoren anwarfen, warmlaufen ließen und aus ihren geschützten Abstellplätzen zum Start rollten, stimmten sie ihre Geräte

Abschussmarkierungen auf dem Parabolreflektor eines Flak-Kommandogeräts *Würzburg.*/Bundesarchiv.

noch einmal mit der »Reichsjägerwelle« ab. Zunächst einmal war befohlen, die Funkbake *Quelle* zwischen Hamburg und Cuxhaven anzufliegen, wo bis zur Klärung der Luftlage die Versammlung erfolgen sollte. Da die Bomber immer weiter nach Osten vordrangen, stiegen immer mehr Nachtjäger auf, bis sich schließlich insgesamt 169 in der Luft befanden.

Um 21.16 Uhr schwenkten die Führermaschinen des Bomberverbands auf Südost ein, den Kurs, der sie zur Gegenküste führen sollte. Diese Wendung sollte sie geradewegs in's Verderben führen, auch wenn die Besatzungen dies zur Stunde noch nicht wußten. Die Funkbake *Quelle,* um welche die Deutschen ihre Abfangjäger versammelten, lag jetzt genau in der britischen Einflugschneise. Nur noch ein Wunder konnte verhindern, daß ihnen ein leichter Sieg in den Schoß fiel. Doch genau das geschah.

Es ist ungemein schwierig, die tatsächlichen Kursänderung eines großen Flugzeugverbandes auf dem Radarschirm genau zu bestimmen, bevor nicht auch die letzten Maschinen in der neuen Richtung fliegen. In dieser

Nacht aber verschätzte sich der Radarbeobachter und wies seine Besatzungen an – um 21.30 Uhr, sieben Minuten bevor die feindlichen Bomber die Küste und vierzehn Minuten bevor sie *Quelle* erreichten – Abfangposition über dem voraussichtlichen Ziel einzunehmen: Hamburg. Als der Bomberstrom dann zwischen 22.40 und 23.02 Uhr über das Funkfeuer hinwegdonnerte, war die Luft rein. Hunderte von Besatzungsmitgliedern waren zum Tode verurteilt und wieder begnadigt worden, ohne daß sie eine Ahnung davon gehabt hatten.

Doch als sich die Kampfflugzeuge gerade an dem Aufmarsch der Jäger vorbeigedrückt hatten, lockte eine *Pfadfinder*-Besatzung sie unbeabsichtigt wieder auf die richtige Spur. Gemäß Einsatzplan sollte etwa 35 km südlich von Hamburg eine Salve von Kaskadenbomben zur Wegemarkierung geworfen werden. Das geschah auch um 23.00 Uhr, genau zum festgesetzten Zeitpunkt und an der richtigen Stelle. Als die roten Christbäume aufflammten, entschlossen sich daraufhin viele der alten Jagdflieger-Hasen stillschweigend den Befehl zu ignorieren, der sie an Hamburg band.

In den Funksprechkanälen herrschte wie üblich ein wirres Durcheinander von Klingelgeräuschen, Dudel-

114

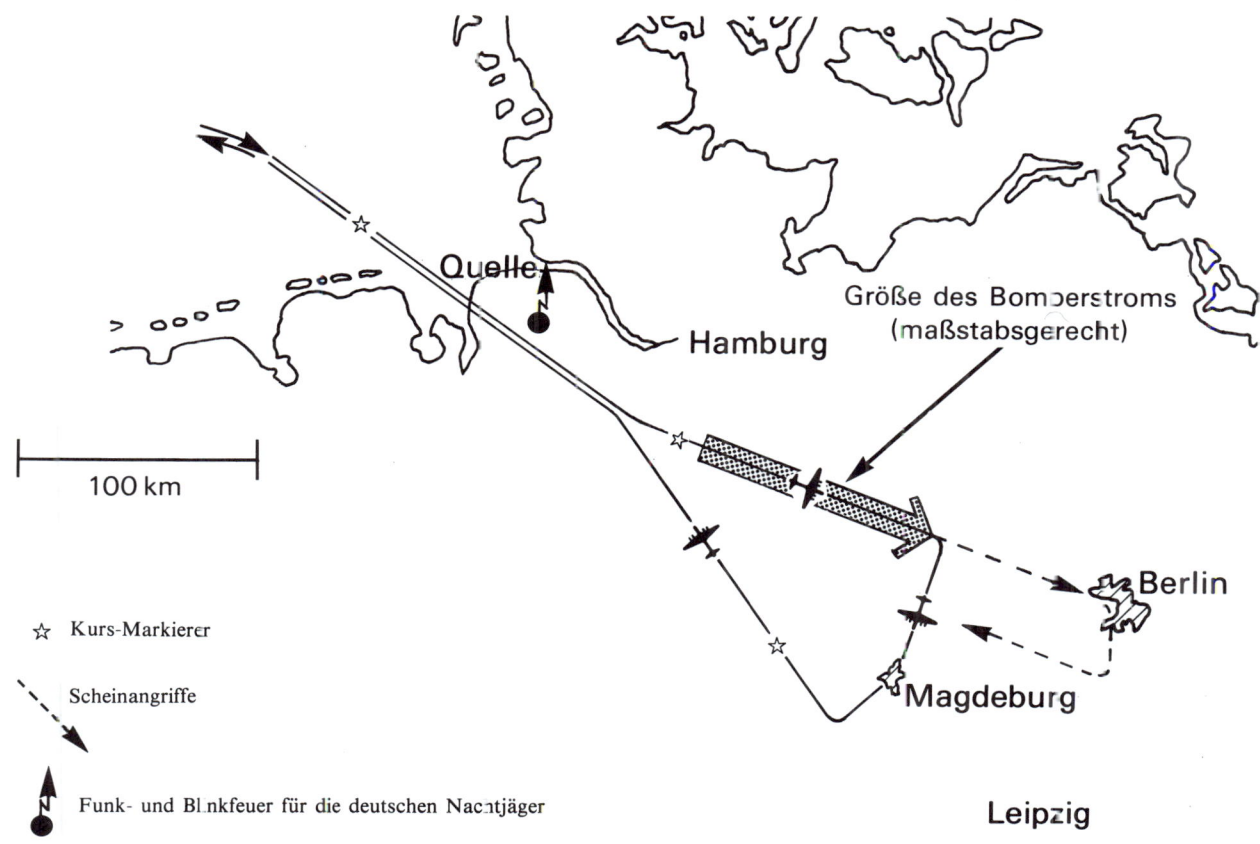

100 km

☆ Kurs-Markierer

╌╌► Scheinangriffe

Funk- und Blinkfeuer für die deutschen Nachtjäger

Der Angriff auf Magdeburg in der Nacht vom 21. Januar 1944. Man beachte den gegenüber früher stark verkürzten Bomberstrom.

säcken und Zitaten aus Hitlerreden, verbunden mit gelegentlich gegebenen falschen Anweisungen. Sollte es daher später Ärger geben, könnte man sich immer noch darauf herausreden, daß man hereingefallen und irrtümlich nach Süden geflogen sei.

Auf diesem Kurs machten die ersten Nachtjäger die Bomber aus: teilweise mit dem SN-2-Gerät, andere mit den Zielflugempfängern *Naxos* oder *Flensburg* und noch andere schließlich durch das Vibrieren ihres Flugzeugs beim Eintritt in den turbulenten Fahrtwind, den jede der viermotorigen Maschinen bis auf eine Entfernung von rund 550 m hinter sich herzog. Die Schlacht hatte begonnen.

Unter den Piloten, die den Bomberstrom am Markierungspunkt erreichten, befand sich auch der Major Prinz Heinrich zu Sayn-Wittgenstein, Träger des Ritterkreuzes mit Eichenlaub und Kommodore des Nachtjagdgeschwaders 2, der mit 79 Abschüssen an der Spitze aller Nachtjäger stand. Der Prinz war kurz vor 21.00 Uhr mit seiner Junkers Ju 88 von Stendal bei Berlin gestartet.

Der von seinem Funker, Feldwebel Ostheimer später geschriebene Gefechtsbericht schildert anschaulich, was passiert, wenn es einem Experten von Wittgensteins Kaliber gelingt, in einen massierten Bomberverband einzubrechen: »Etwa um 22.00 Uhr hatte ich in meinem (SN-2) Suchgerät den ersten Kontakt. Ich gab meinem Flugzeugführer die Richtung an, und schon kurz darauf sahen wir das Objekt: eine *Lancaster*. Wir brachten uns in Schußposition und eröffneten das Feuer, worauf die linke Tragfläche des Bombers sofort zu brennen begann. Er ging in steilem Winkel nach unten und fing an zu trudeln. Er stürzte zwischen 22.00 und 22.05 Uhr ab und explodierte beim Aufschlag. Dieser wurde von mir beobachtet. Wir suchten dann weiter. Zeitweise hatte ich bis zu 6 Flugzeuge auf meinem Radarschirm. Nach einigen weiteren Kursangaben sichteten wir das nächste Ziel: wieder eine *Lancaster*. Nach unserem ersten Feuerstoß entwickelte sich ein kleiner Brand, die Maschine verlor ihre linke Fläche und stürzte senkrecht ab. Kurz darauf beobachtete ich den Aufschlag. Es war zwischen 22.10 und 22.15 Uhr. Dem Aufschlag folgten heftige Detonationen; wahrscheinlich von den Bomben, die noch an Bord waren.

Nach kurzer Pause bekamen wir eine weitere *Lancaster* zu Gesicht. Sie fing nach einem langen Feuerstoß zu brennen an und stürzte ab. Ich beobachtete den Aufschlag etwa zwischen 22.25 und 22.30 Uhr, weiß die genaue Uhrzeit aber nicht.

Kurz darauf sahen wir einen anderen Viermot-Bomber, wir befanden uns mitten im sogenannten »Bomberstrom«. Schon nach dem ersten Anflug ging der Bomber in Flammen nieder. Ich beobachtete den Aufschlag gegen 22.40 Uhr.

Und dann tauchte erneut ein Ziel in meinem Suchgerät auf. Nach einigen wenigen Kurskorrekturen sichteten wir wieder eine *Lancaster*, deren Rumpf schon nach dem ersten Angriff zu brennen begann. Doch das Feuer ging dann aus, und wir setzten zu einem neuen Angriff an. Major Wittgenstein wollte gerade schießen, als es plötzlich in unserer Maschine schrecklich funkte und krachte. Im Nu stand die linke Fläche in Flammen und ab ging es nach unten. Das Kabinendach über meinem Kopf flog davon und im Bordsprechgerät hörte ich den Ruf »Raus!«. Ich riß mir Sauerstoffmaske und Helm herunter und wurde aus meinem Sitz geschleudert. Nach wenigen Augenblicken öffnete sich mein Fallschirm und ich landete ostwärts des Hohengöhrener Damms unweit Schönhausen.«

Am folgenden Tag fand man Wittgensteins Körper in den Trümmern seines Flugzeugs. Zwei der heimkehrenden Bomber berichteten, daß sie eine Ju 88 im Zielgebiet abgeschossen hätten und es ist möglich, daß der Prinz eine von ihnen flog. Ironischerweise war er durch einen Angriff von unten überrascht worden, auf die gleiche Weise also, die er selber am meisten bevorzugte.

Aber noch bevor Wittgensteins Ju 88 aus dem Bomberstrom herausgeschossen wurde, hatte sich die Masse der Nachtjäger von Hamburg abgewandt und mit Kurs Südost eine wilde Verfolgung aufgenommen.

Der Ablenkungsangriff des Bomber Command auf Berlin verfehlte in dieser Nacht seine Wirkung, da die Deutschen die Rechtswendung der Masse des Verbandes erkennen konnten. Trotzdem schätzte der Jägerleitoffizier den Grad dieser Schwenkung von neuem falsch ein. Er schickte die Nachtjäger jetzt nach Leipzig, das er jetzt für das wahrscheinliche Ziel hielt. Manchmal jedoch – wenngleich auch nicht allzu oft – ergeben zwei falsche Entschlüsse einen richtigen. In die-

Major Prinz Heinrich zu Sayn-Wittgenstein, 83 Nachtabschüsse, gefallen in der Nacht des 21. Januar 1944. (siehe Seite 109).

sem Falle hatten die Deutschen das Glück, daß Magdeburg genau auf der Linie Hamburg-Leipzig liegt.

Die Jäger, die alles daransetzen mußten, um die nahezu gleichschnellen Bomber überhaupt einzuholen, änderten ihren Kurs um einige Grad in Richtung auf Leipzig und schnitten gleichzeitig dabei die Ecke ab, die sie ursprünglich irreführen sollte und ihnen nun half, den Anschluß zu gewinnen. Beide Seiten prallten über dem Zielgebiet zusammen und es entwickelten sich anhaltende Luftkämpfe über weite Strecken des Rückweges. Von den auf Magdeburg angesetzten Bombern gingen 55, und einer beim Scheinangriff auf Berlin, verloren.

Hierbei waren den Bomber-Besatzungen zufolge 13 der Flak und 14 den Jägern zum Opfer gefallen. Bei den übrigen 38 ließ sich die Ursache zwar nicht feststellen, doch heißt es in dem offiziellen Bericht des Bomber Command, daß »die meisten wahrscheinlich von Jägern abgeschossen wurden.« Hält man sich vor Augen, daß die Jäger in zunehmendem Maße mit nach oben gerichteten Waffen und ohne Leuchtspurmunition schossen, wodurch Bomber häufig vom Himmel geholt wurden, ohne daß der Rottenflieger die Ursache erkannte, erscheint diese Annahme durchaus glaubwürdig. Sicher aber herrscht weitgehende Übereinstimmung zwischen den britischen Verlusten und den deutschen Angaben: den Nachtjägern wurden 37 bestätigte und 4 »wahrscheinliche« Abschüsse zugesprochen.

Von den heimkehrenden Kampfflugzeugen gingen dann bei der Landung noch 3 zu Bruch und weitere 50 wiesen Beschädigungen auf: 30 durch Flak und 20 durch Jägerbeschuß.

Fünf weitere Bomber trugen Narben davon, die beredtes Zeugnis für die Gefahren ablegten, die dem Einsatz eines dichtaufgeschlossenen Bomberstroms bei Nacht nun eben einmal innewohnen: zwei hatten einen Zusammenstoß in der Luft überlebt und drei waren über dem Ziel durch von oben kommende Brandbomben getroffen worden (welche jedoch nicht zündeten).

Die Art und Weise, wie die deutschen Nachtjagdverbände während dieser Luftschlacht hin- und hergeworfen wurden, sah die für nur kurze Flugdauer eingerichteten Maschinen der *Wilde Sau* nur über Zielen hängen, die niemals angegriffen wurden und es erscheint zweifelhaft, ob überhaupt eine von ihnen zum Einsatz gelangte. Auf deutscher Seite gingen in dieser Nacht vier Flugzeuge verloren, was auch den Berichten der britischen Bordschützen entspricht, die die vorerwähnten zwei Ju 88 sowie eine Bf 110 als abgeschossen meldeten.

Das vierte nicht mehr heimgekehrte Flugzeug konnten die Briten in ihrer Siegesmeldung allerdings nicht für sich in Anspruch nehmen. Hauptmann Manfred Meurer, mit 65 Abschüssen der dritterfolgreichste Nachtjäger, hatte eine tödliche Garbe von unten her in eine *Lancaster* gefeuert, doch sein Opfer kippte über und fiel auf seine He 219. Ineinander verkeilt trudelten beide vom Himmel und nahmen die Besatzungen mit in den Tod. Somit hatten die Deutschen in einem Einsatz zwei ihrer erfolgreichsten Nachtjäger verloren und waren über den Luftkampf von Magdeburg genau so bekümmert wie das Bomber Command.

Die folgenden schweren Luftangriffe auf Berlin, die Ende Januar und Anfang Februar stattfanden, kosteten die RAF insgesamt 158 Bomber. Die schwersten Verluste traten indessen in der Nacht vom 19. Februar ein, beim Direktanflug von Leipzig, bei dem von 823 ausgesandten Kampfflugzeugen 78 nicht mehr zurückkehrten. Die immer länger anhaltenden Auseinandersetzungen im deutschen Luftraum näherten sich ihrem Höhepunkt.

Die Abfangjäger gingen aus diesen schweren Luftkämpfen allerdings nicht ungeschoren hervor, obwohl die Gefahren, denen sie ausgesetzt waren, sich mehr auf Benzinknappheit und schlechtes Wetter über dem eigenen Platz als auf das Abwehrfeuer der Bomberschützen bezogen. So trägt zum Beispiel das Kriegstagebuch des Nachtjagdgeschwaders 6 über den Bomberangriff auf Stuttgart vom 15. März, an dem 863 Kampfflugzeuge beteiligt waren, folgende Eintragung: »Eigener Start erfolgte zu früh, wodurch Betriebstoffknappheit eintrat. Sechsundzwanzig Bf (Messerschmitt) 110 und drei Ju 88 stiegen auf. Drei Viermot-Bomber mit Sicherheit, zwei wahrscheinlich abgeschossen. Fünf Bf 110 stürzten infolge Treibstoffmangel ab, eine machte eine Bauchlandung und eine wurde in Zürich/Dübendorf (Schweiz) zur Landung gezwungen.« Von den 863 Bombern verloren die RAF in jener Nacht lediglich 36.

Die Flak spielte bei all diesen Kämpfen fast immer nur eine untergeordnete Rolle. Generalfeldmarschall Milch faßte dies bei einer Besprechung, die am 23. Februar in Berlin stattfand, wie folgt zusammen:

»Die Engländer haben sich genau ausgerechnet, wieviele Angriffe sie für Berlin brauchen – vielleicht 25. Jetzt haben sie 15 geflogen, 10 stehen also noch aus. Außerdem wissen wir, daß sie nach Berlin die deutschen Industriegebiete vornehmen werden: Halle, Leipzig, Dessau usw.

Dort aber werden überall Waffen und Rüstungsgüter produziert. Um dieser Gefahr zu begegnen, gibt es nur einen Weg: Jagdflieger ... Wir brauchen uns über die Wirkung der Flak keiner Täuschung hinzugeben. Wir wissen, daß sie notwendig ist, daß sie den Gegner stört und in größere Höhen zwingt, von wo der gezielte Bombenabwurf nicht mehr einfach ist. Aber die feindlichen Bomber scheinen das Problem des Zielens aus großer Höhe inzwischen gemeistert zu haben. An Städten wie Hamburg und Essen kann man aber auch bei Nacht nicht vorbeiwerfen (sic) ...«

Die Flugrouten der Bomber wurden sorgfältig geplant, um die größeren Flakkonzentrationen aussparen zu können. Stimmte die Navigation, brauchte die Besatzung für gewöhnlich nur über dem Zielgebiet mit ihnen zu rechnen, wobei allerdings der massierte Einsatz von Flugzeugen und Düppelstreifen eine koordinierte Bodenabwehr fast unmöglich machte.

Kam jedoch eine Besatzung von ihrem Verband ab – egal aus welchen Gründen – dann stand ihr Schweres bevor. Automatisch richtete sich die Aufmerksamkeit der in Reichweite befindlichen Abwehr auf diese eine Maschine, wogegen auch kein Abwerfen von Staniolstreifen mehr half. Ein Beispiel für das Schicksal, das einen solchen Nachzügler befallen kann, gibt der Bericht des Kommandeurs der Flakgruppe Frankfurt am Main. Nach dem Nachtangriff auf Schweinfurt vom 24. Februar versuchte ein einzelner Bomber die Stadt zu überfliegen, um auf kürzestem Weg heimzukehren: »Das feindliche Flugzeug wurde in 5300 m Höhe ausgemacht. Die Zielaufnahme erfolgt zwischen 23.21 und 23.22 Uhr elektrisch (d.h. durch Radar) und zwischen 23.22 und 23.25 Uhr optisch (d.h. von Scheinwerfern erfaßt und mit dem Auge verfolgt).

Sechs Batterien nahmen das Feuer auf und verschossen 129 Granaten vom Kaliber 10,5 cm und 288 Schuß 8,8 cm Munition. Die Maschine, die im Scheinwerferlicht als *Halifax* angesprochen werden konnte, flog im direkten Wirkungsbereich der Batterien und verlor während des vierminütigen Abwehrfeuers 3800 m an Höhe ... In dem Flugzeug brach ein Brand aus und im Scheinwerferlicht war zu erkennen, daß es dicke Rauchschwaden hinter sich herzog ... Etwa gegen 23.35 Uhr stürzte es bei Kirschofen ab.«

Der Leser möge selber entscheiden, welche Chance ein nur auf sich gestelltes Flugzeug gegen die Übermacht der deutschen Abwehr hatte, die in diesem Fall mit 6 Kanonen-Batterien – zwei davon Großbatterien – und 5 Scheinwerferbatterien wirkte.

Da wir gerade bei der Flak sind, möchte ich auch noch einmal auf ein Phänomen eingehen, über welches Nachtbomber-Besatzungen gelegentlich berichteten. Ein Kriegsberichter der RAF gab an, daß es sich um eine Explosion handelte »mit starker Rauchentwicklung, farbigen Sternen und brennenden Trümmern, die an die Vernichtung eines Flugzeugs erinnerte. Auf nahe Entfernung war sie jedoch nicht zu verwechseln und auch nicht tödlich.« Ziel dieser Detonation war offenkundig die Moral der Bomberbesatzung, nicht aber sie selbst oder ihre Maschine. Die Besatzungen bezeichneten deshalb das Phänomen als »Scarecrow«, also als Vogelscheuche. Um die genannte Wirkung zu erreichen, hätte es einer pyrotechnischen Glanzleistung sowie großkalibriger Geschütze und einer speziellen Trägerrakete bedurft. In dem Versuch, dieser Geschichte auf den Grund zu gehen, hat der Verfasser mehrere ehemalige Flak-Angehörige befragt, vom General bis zum einfachen Kanonier. Aber keiner von ihnen hatte von einer derartigen Kriegslist je gehört. Wer einmal versucht hat, ein Gerücht zu zerstreuen, weiß, wie schwer es ist, das Gegenteil zu beweisen, wie in dem vorliegenden Fall. Der Verfasser ist indessen nahezu sicher, daß dieser »Vogelscheuchen-Effekt« von den Deutschen zumindest niemals mit Absicht hervorgerufen worden ist. Militärisch gesehen war der Bau einer derartigen »Waffe« und ihr fortgesetzter Einsatz auch sinnlos. Anstatt den Bomber-Besatzungen mit einem hübschen Schauspiel aufzuwarten, hätte man genau so gut richtige Geschosse in ihrer Nähe explodieren lassen können, bei denen die Wirkung auf kurze Entfernung tödlich war und die auch sonst den Beteiligten in die Knochen gefahren wären. Und wozu sollten die »Vogelscheuchen« überhaupt gut sein, wenn man sie auf kurze Distanz als Irreführung erkennen konnte? Andererseits glauben viele Bomber-Besatzungen, daß es diese »Vogelscheuchen« gegeben hat. Und wenn nicht, was haben die Deutschen denn dann verschossen, was einen derartigen Eindruck hervorrief?

Aller Wahrscheinlichkeit nach wurden unterschiedliche Wirkungen bei verschiedenen Anlässen von den verschiedensten Personen als »Vogelscheuchen« beschrieben. Wir werden daher einmal drei Dinge untersuchen, die hierbei eine Rolle gespielt haben können. Mit größter Wahrscheinlichkeit rührten einige dieser Explosionen, die man später gemeinhin als »Vogelscheuchen« abtat, von auseinanderfliegenden Bombern her. Ein Flugzeug kann auf die unterschiedlichste Weise zerbrechen und selbst ein erfahrener Beobachter kann hierbei irregeführt werden. Eine andere Möglichkeit waren die 25,8 kg schweren Granaten aus den deutschen 12,8 cm Flakkanonen. Sie zerlegten sich mit einer viel stärkeren und helleren Explosion als die kleineren Kaliber, doch wurde das den meisten Bomberbesatzungen nicht klar, da nur verhältnismäßig wenige in Erscheinung traten. Aus dem heutigen Abstand betrachtet ist es durchaus möglich, daß man sie für die »Vogelscheuchen« hielt. Eine dritte Möglichkeit schließlich sind die Raketen, mit denen die Deutschen über ihren Scheinanlagen die Zielmarkierungen der *Pfadfinder* zu imitieren versuchten. Sie bestanden in ihrer ursprünglichen Form aus Pappbehältern, die gelegentlich zerplatzten und vorzeitig in Brand gerieten, wodurch ein ungewöhnlicher pyrotechnischer Effekt entstand. Vielleicht wird diese Angelegenheit aber auch nie aufgeklärt und das Phänomen der »Vogelscheuchen« eines der kleinen Mysterien des 2. Weltkrieges bleiben.

Generalfeldmarschall Milch hatte die Ansicht geäußert, daß die Briten zur Zerstörung von Berlin ungefähr 25 Luftangriffe benötigen würden. Indessen sollte sich bald herausstellen, daß die deutsche Hauptstadt aufgrund der Entfernung, ihrer Größe und der starken Abwehr eine schwer zu knackende Nuß war. Anfang März 1944 hatte sie einige böse Schläge erhalten, doch erzielte keiner so ausgedehnte Verwüstungen wie in Hamburg.

Außerdem arbeitete die Zeit gegen Sir Arthur Harris, denn am 1. April sollte er sein Kommando dem Alliierten Oberbefehlshaber, General Eisenhower, unterstellen, mit dem neuen Schwerpunkt, die deutsche Abwehr in Frankreich sowie die Jagdwaffe am Vorabend der Invasion schwächen zu helfen.

Der 16. und letzte Einsatz in der Angriffsserie der RAF gegen Berlin fand in der Nacht des 24. Mai statt. Er sollte der kostspieligste werden.

Die Schlacht um Berlin wurde durch das üble Wetter gekennzeichnet, das bei den meisten Anflügen vorherrschte. Doch niemals zuvor hatte das Wetter eine derartig einschneidende Wirkung, wie in diesem Fall. Heutzutage sind Flüge in 10 000 m Höhe die Regel, und man weiß viel über das Phänomen des Jetstroms – dieses kompakten Höhenwindes, in dessen Kern oft Geschwindigkeiten weit über 160 km/h herrschen (sogar Geschwindigkeiten über 480 km/h sind möglich). Jedoch in der Nacht vom 24. März hatten die Bomber-Besatzungen in keiner Weise damit gerechnet, über Norddeutschland eine derartige Nordwest-Strömung anzutreffen. Der Zielanflug fand bei relativ geringer Abwehr statt, obwohl die Navigationsoffiziere alle Hände voll zu tun hatten, um bei der unglaublich hohen Geschwindigkeit über Grund ihre jeweilige Position zu bestimmen. Der eigentliche Angriff auf Berlin war sehr unkonzentriert in dieser Nacht und richtete kaum neuen Schaden an. Danach wandten sich die Bomber nach Westen, um sich praktisch direkt gegen den Jetstrom ihren Heimweg zu erkämpfen.

Ein besonderes Merkmal dieser Strahlströmung ist das rasche Ansteigen der Windgeschwindigkeit, sobald sich ein Flugzeug seinem inneren Kern nähert und der genau so schnelle Abfall, bewegt es sich wieder nach außen. Dies hatte zur Folge, daß der Verband sich auf dem Rückflug derartig in die Breite und Länge zog, daß der Ausdruck »Bomberstrom« taktisch nicht mehr anwendbar war. Über Mittel- und Westdeutschland flogen die Bomber überall in kleinen Gruppen oder auch einzeln nach Hause. Angesichts dieser Situation und bei nahezu wolkenlosem Himmel bot sich nunmehr der Flak die seltene Chance, ihren wahren Wert einmal unter Beweis zu stellen. Und in der Tat ereigneten sich dutzende von Fällen, in denen es einzelnen Maschinen so erging, wie der über Frankfurt. Sergeant Bob Brydon, der in einer *Lancaster* der 630. Staffel als Beobachter flog, erinnert sich später:

»Bei diesem Jetstrom, der uns gerade ins Gesicht blies, lag unsere relative Geschwindigkeit kaum über 160 km/h, und für die Flakkanoniere da unten müssen wir ein ganz nettes Ziel abgegeben haben. In der Nähe der Ruhr wurden wir von Scheinwerfern erfaßt und ziemlich lange festgehalten. Es sah so aus, als ob uns eine Gruppe an die nächste weiterreichen würde.

Obwohl wir in über 6700 m Höhe flogen, schoß die Flak doch genauer, als ich es je erlebt hatte und ließ unser Flugzeug in Furcht einflößender Regelmäßigkeit erzittern. Obwohl wir etwa alle 15 Sekunden die Höhe und Richtung änderten und es sicher schwer war, unseren Kurs zu berechnen, gelang es uns dennoch nicht, die Scheinwerfer abzuschütteln. Aus der heutigen Beurteilung der Lage wäre es wohl vernünftiger gewesen, wenn wir unter Ausnutzung des gewaltigen Höhenwindes Kehrt gemacht und uns erst einmal schnell verdrückt hätten. Später hätte man es ja von neuem versuchen können. Aber auf diesen Gedanken kam keiner von uns. Und so kam denn auch, was kommen mußte: plötzlich tat es einen lauten Schlag und knirschend schien sich die *Lancaster* aufzurichten. Wie ich später von dem oben sitzenden Bordschützen hörte, waren uns die rechte Hälfte des Höhensteuers und das Seitenruder glatt abgeschossen worden. Der Pilot versuchte zwar, die Maschine auf Höhe zu halten, aber das war ganz unmöglich und so wurde über Bordsprechgerät der Befehl zum Abspringen gegeben. Das überraschte mich dermaßen, daß ich zunächst einmal ruhig sitzen blieb. Doch als dann der Funker an mir vorbei und auf die Notausstiegluke zustürzte, begriff ich, was die Stunde geschlagen hatte. Das Flugzeug stürzte mittlerweile steuerlos nach unten, und durch die auftretenden Beschleunigungskräfte gelangte man nur mühsam bis zur Tür. Schließlich aber schaffte ich es und sprang. Am nächsten Morgen wurde ich gefangen genommen.«

Der Wind ließ in dieser Nacht seinen Zorn jedoch an beiden Seiten aus, und so konnten auch die Nachtjäger nur geringe Erfolge verbuchen. Die Flakkanoniere hingegen, hatten ihre große Nacht: nach den vorliegenden Unterlagen schossen sie von den vermißten 72 Bombern wahrscheinlich 45, wenn nicht sogar 52 ab.

Die Erfolge der deutschen Jagd-Abwehr hingen weitgehend von der Fähigkeit des Jägerleitoffiziers ab, die nächsten Kursänderungen des Bomberstroms vorauszuahnen. Erwies sich seine Lagebeurteilung als falsch, wie bei dem darauf folgenden Angriff des Bomber Command am 26. März, kamen die Angreifer ziemlich ungerupft davon.

Das Ziel war Essen. Der angreifende Verband flog über die Zuider See ein, als gälte sein Besuch wieder einer der Städte in Mitteldeutschland, dann wandte er sich hart nach steuerbord und überfiel Essen vom Nordwesten her, bevor er unter Umgehung der Ruhr-Flak nach Süden wieder auf Heimatkurs ging. Die deutschen Bodenkontrollen erkannten die Wendung jedoch zu spät, und die ostwärts der Zuider See versammelten Jäger warte-

ten vergebens auf die Bomber. Obwohl sich mehr als 100 Nachtjäger in der Luft befanden, gelang doch nur wenigen die Kontaktaufnahme und das auch erst dann, nachdem der Gegner sich schon auf dem Rückflug befand.

Lediglich vier Bomber wurden hierbei abgeschossen. Das Kriegstagebuch des NJG 6 hat folgende Gründe für den Mißerfolg festgehalten:

»Die An- und Rückflugrichtung war aus den laufenden Meldungen nicht ersichtlich. Es war daher nicht möglich, in den Bomberstrom einzubrechen. Die gegnerische Kursänderung und der starke Gegenwind hatten zur Folge, daß die I./NJG 6 erst nach Angriffsende über dem Zielgebiet eintraf. Es wurde starke Vereisung gemeldet. Einundzwanzig Bf 110 waren im *Zahme Sau*- und drei Bf 110 im *Himmalbett*-Einsatz, eine Ju88 flog Aufklärung. Drei Bf 110 stürzten ab, nachdem ihnen der Treibstoff ausgegangen war und eine machte eine Bauchlandung.«

Von den 683 Bombern, die bei Essen mit dabei waren, kehrten lediglich 9 nicht zurück, und von diesen fielen 3 der Flak zum Opfer. Was die Deutschen in dieser Nacht aber besonders getroffen haben muß, ist der Umstand, daß 16 ihrer Nachtjäger zu Bruch gingen, die meisten durch Unfall.

Die deutsche Nachtjagd hatte sich mithin im Monat März nicht so recht zur Geltung bringen können. Irgendwie war man mit dem »Bleigefütterten Handschuh« nicht zu Streich gekommen. Doch in der Nacht vom 30.3. sollte wieder einmal ein Volltreffer gelingen. Als Angriffsziel für den letzten Märztag war Nürnberg ausersehen und 795 Bomber machten sich auf die Reise.*

Als der Verband die Nordsee überflogen hatte und über Belgien nach Deutschland eingeflogen war, erfaßten ihn die deutschen Peilstellen und legten anhand der H2S-Ausstrahlungen genau die Flugroute fest. Auch die Scheinangriffe der *Mosquito* auf Köln und Kassel wurden als solche erkannt, obwohl diese Maschinen keine H2S-Anlagen an Bord hatten. Da der Leitoffizier der 3. Jägerdivision sich auf diese Weise also die Abstrahlung der Bomber zunutze machen konnte, gewann er einen klaren Überblick, trotz der starken Störversuche der britischen Frühwarn-Radarkette. Er befahl den

*Der ungemein detaillierte Angriffsplan der einen Bomber-Gruppe befindet sich im Anhang C.

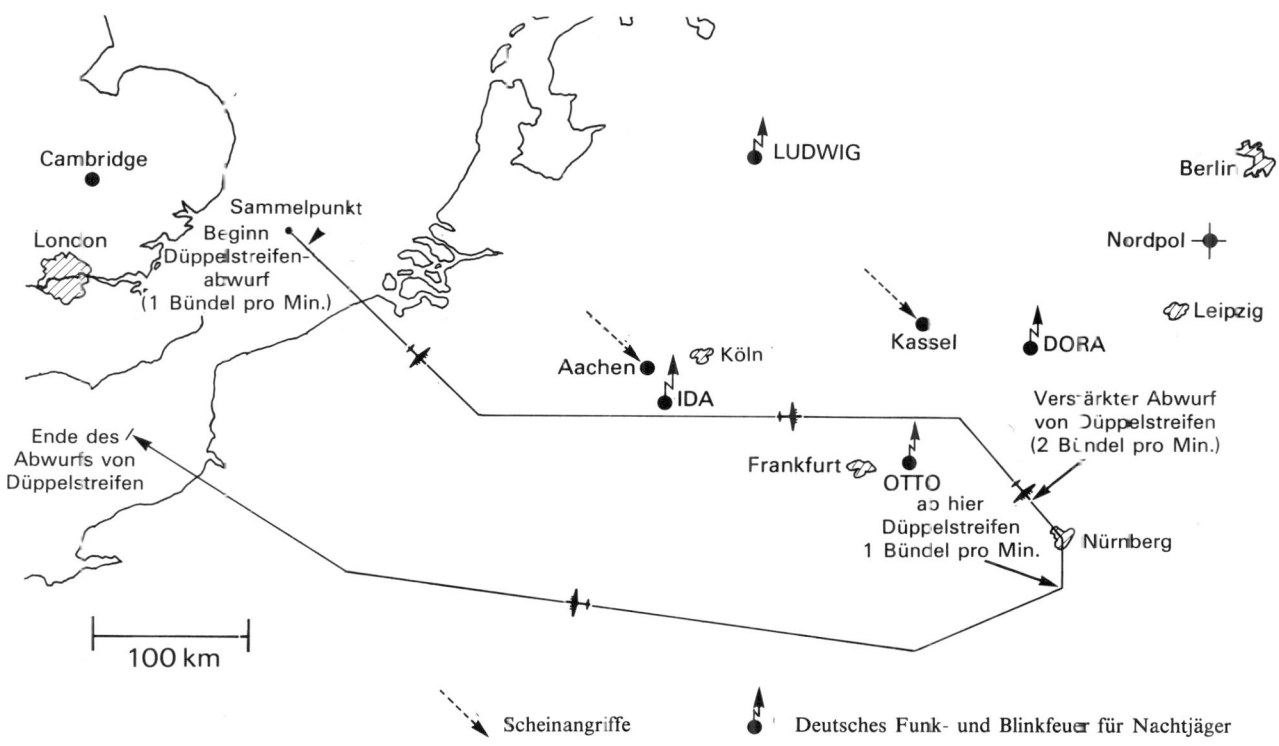

Cambridge

London

Sammelpunkt
Beginn
Düppelstreifen-
abwurf
(1 Bündel pro Min.)

LUDWIG

Berlin

Nordpol

Leipzig

Kassel

DORA

Aachen Köln

IDA

Verstärkter Abwurf
von Düppelstreifen
(2 Bündel pro Min.)

Ende des
Abwurfs von
Düppelstreifen

Frankfurt

OTTO
ab hier
Düppelstreifen
1 Bündel pro Min.

Nürnberg

100 km

Scheinangriffe   Deutsches Funk- und Blinkfeuer für Nachtjäger

zweimotorigen Nachtjägern sich über der Funkbake IDA zu versammeln, bis endgültige Klarheit über die feindlichen Absichten erzielt sei.

Aber was für ihn zunächst einmal wie der Eröffnungszug eines Schachspiels aussah, sollte sich bald als glückliche Vorsehung von unerwartetem Ausmaß herausstellen.

Wären die Bomber auf dem Kurs geblieben, der ursprünglich von der Küste aus angelegt hatte, wären sie südlich des Funkfeuers IDA gut vorbeigekommen. Doch der Plan für den Anmarsch sah eine Wendung im letzten Augenblick vor, und diese führte sie geradewegs zur Bake und mitten in die darüber umeinanderwirbelnden Nachtjäger hinein. Aber das war nicht ihr einziges Pech in dieser Nacht. Die den Besatzungen bei der Einsatzbesprechung gegebenen Windgeschwindigkeiten erwiesen sich als äußerst ungenau, und nicht alle erkannten das gleich schnell. Die Folge war, daß der Bomberstrom seinen Zusammenhang bereits verloren hatte, bevor überhaupt die Wendemarke erreicht war. Und noch eine weitere Gefahr wurde offenkundig, als die Führermaschinen über die Grenze nach Deutschland hineindonnerten. Die von einem Flugmotor pro Minute ausgestoßenen Auspuffgase enthielten etwa je

Der Angriff auf Nürnberg in der Nacht vom 30. März 1944

4,5 Liter Wasser in Gestalt von Dampf. Dieser Wasseranteil wird normalerweise, zusammen mit den anderen Rückständen, von den Auspuffrohren unsichtbar an die Luft abgegeben. In dieser sehr kalten Nacht aber verdichtete er sich zu langen weißen Kondensstreifen, welche die ostwärts ziehenden Bomber hinter sich her schleppten. Es war eine sternklare Nacht und der Halbmond verlieh dieser Schleppe einen phosphoreszierenden Schimmer. Die Bomber hatten den Mantel der Unsichtbarkeit verloren, den sie bislang zu tragen pflegten. Sergeant Bob Truman flog diesen Einsatz als Bordmechaniker einer *Lancaster* der 625. Staffel mit und erinnerte sich später:

»Man konnte sie alle ganz deutlich sehen – die ganzen parallel dahinziehenden Streifen. Es war fantastisch. »Wenn deutsche Jäger in der Nähe sind, müssen sie das genau so klar sehen wie du,« ging es mir durch den Kopf. »Und sie werden mit Bestimmtheit kommen.« Und genau das geschah dann auch. Der Zusammenprall beider Seiten war vorgezeichnet.

Die gegnerischen Abwehrverbände trafen sich über dem Funkfeuer IDA, und die nunmehr einsetzenden

121

fortlaufenden Luftkämpfe entsprachen genau der Taktik, die sich v. Lossberg mit der *Zahmen Sau* vorgestellt hatte. Die Bomber taumelten in Abständen von etwa einer Minute vom Himmel und viele gingen in Flammen auf.

Bob Truman berichtete: »Es wimmelte von Flugzeugen, dutzendweise wurden Bomber heruntergeholt. Überall fanden Luftkämpfe statt.« Flying Officer George Foley, der in der abgeteilten und isolierten Kabine einer *Pfadfinder-Lancaster* hinter seinem H2S-Gerät saß, erschrak, als er über die Bordsprechanlage die Stimme seines Piloten hörte: »Ihr legt wohl besser die Fallschirme an, Jungs; ich habe gerade beobachtet, daß der Zweiundvierzigste runtergefallen ist.« Und die Gefühle von Flight Lieutenant Graham Ross drückten wohl auch das gleiche aus, was viele Bomber-Kommandanten in dieser Nacht dachten: »Ich war entsetzt, wieviel Flugzeuge brennend abstürzten, und hoffte nur, daß meine Besatzung nicht durchdrehen oder irgend etwas Unvorhergesehenes anstellen würde.«

Aus allen Teilen Deutschlands eilten Jäger zur Unterstützung der 3. Division herbei. Die im Norden stationierte 2. Division fand über die Funkfeuer LUDWIG und OTTO den Anschluß; die 1. kam vom Osten aus dem Raum Berlin und wurde über DORA und IDA geleitet, und die 7. Division schließlich erhielt vom Funkfeuer OTTO die Richtung. Da die angreifenden Bomber in aufgelöster Formation flogen, war es für die Jägerleit-Offiziere äußerst schwierig, das endgültige Ziel anzugeben. Aber wenn auch in dieser Hinsicht zunächst noch Zweifel bestanden, über den augenblicklichen Standort war man sich völlig klar: eine durchgehende Kette brennender Flugzeugtrümmer erstreckte sich von IDA gen Osten und markierte den Weg der Eindringlinge. Erst um 01.08 Uhr, d.h. also 2 Minuten bevor die erste Bombe auf Nürnberg fallen sollte, tauchte der Name der Stadt als potentielles Ziel im Sprechverkehr der Leitstellen auf. Wegen dieser Unsicherheit bis zum letzten Augenblick befanden sich schließlich auch keine *Wilde Sau*-Einheiten über dem Zielgebiet, und es erscheint zweifelhaft, ob überhaupt einmotorige Maschinen kurzer Reichweite in dieser Nacht zum Einsatz gelangten. Alles in allem hatte man zur Begegnung des feindlichen Überfalls 246 Jäger aus 21 Gruppen zusammengezogen.

Der eigentliche Angriff auf Nürnberg erwies sich infolge der ständigen Nachtjäger-Attacken sowie der dichten Wolkenbänke über dem Zielgebiet, als wenig konzentriert und wirksam. Der Bomberverband flog in der Tat so aufgelöst, daß die Nachtjäger unmittelbar nach Abbruch des Luftangriffs auch schon den Kontakt verloren. Das bedeutete jedoch andererseits, daß die nun in vielen kleinen Gruppen heimwärts strebenden Bomber dankbare Ziele für die Flak bildeten. RAF-Besatzungen berichteten später, daß sie auf diese Weise den Abschuß von 14 Kampfflugzeugen beobachtet hätten.*

Von den zum Luftangriff auf Nürnberg gestarteten 795 Bombern kehrten 94 nicht zurück; aus einer Gruppe von 17 weiteren Maschinen, welche zur Versorgung der französischen Widerstandsbewegung ausgesandt worden war, fehlte eine.

Zwölf weitere Flugzeuge gingen auf ihren Plätzen oder in deren Nähe zu Bruch, wodurch sich die Gesamtverluste des Bomber Command auf 107 vernichtete und 37 beschädigte schwere Bomber beliefen.

So endete die Luftschlacht über Berlin. Die deutsche Hauptstadt war nicht zerstört, obwohl bei den Einsätzen des Bomber Command nahezu genau jene 500 Flugzeuge verloren gegangen waren, von denen Sir Arthur Harris fünf Monate zuvor dem Premierminister gegenüber gesprochen hatte. Im Verlauf der 35 Großangriffe gegen deutsche Städte, zwischen dem 18. November 1943 und dem 31. März 1944, kehrten 1047 Kampfflugzeuge der RAF nicht mehr zu ihren Ausgangsbasen zurück; weitere 1682 erreichten sie nur in mehr oder minder schwer beschädigtem Zustand wieder. Deutschland war zwar schwer angeschlagen, befand sich aber nach wie vor voll aktiv im Kriege. Egal wie es auch weiterging, Nürnberg mußte der letzte Versuch bleiben, Deutschland mit Bomben auf die Knie zu zwingen. Die schweren Bomber wurden jetzt für die Vorbereitung der kommenden Invasion benötigt. Doch auch wenn dies nicht der Fall gewesen wäre, kann man sich kaum vorstellen, daß die Langstrecken-Angriffe der Royal Air Force bei derartig grossen Verlusten gegen die Luftwaffe hätten weitergeführt werden können.

---

* Ein genauer Bericht über den deutschen Einsatz stammt aus dem Kriegstagebuch des I. Jagdflieger-Korps der Luftwaffe und ist im Anhang D aufgeführt.

Die deutschen Nachtjäger aber hatten sich im eigenen Luftraum für die Demütigung gerächt, die sie im vorangegangenen Sommer über Hamburg einstecken mußten. Jetzt, im Frühjahr 1944, standen sie im Zenith des Erfolges, selbstbewußt und voller Vertrauen in die eigene Taktik. Doch auch die Geschichte des Krieges steckt voller ironischer Widersprüche. Kaum konnten die Nachtjäger aufatmen und sich ihres Sieges freuen, als es auch schon ihren Kameraden von der Tagjagd an den Kragen ging, die von den Alliierten nur so vom Himmel gefegt wurden. Der große Abwehrerfolg des Oktober 1943 hatte keine Entscheidung gebracht.

So, wie Nürnberg für die RAF zum Anlaß für die Abkehr von nächtlichen Fernangriffen wurde, hatte die Katastrophe von Schweinfurt die USAAF zum erneuten Überdenken ihrer Methoden veranlaßt.

Die beste Lösung sahen die Amerikaner darin, den Bombern beim An- und Abflug den Begleitschutz von Fernkampfjägern mitzugeben. Die P38 hatte schon im vergangenen Herbst diese Aufgabe auf Entfernungen bis zu 650 km von der Ausgangsbasis erfüllen können, und die sehnsüchtig erwartete P51B sollte diese eindrucksvolle Leistung noch übertreffen. Im ersten Quartal 1943 verdreifachte sich beim VIII. Jagdflieger-Kommando die Zahl der Einsatzverbände, und Mitte Dezember waren acht Gruppen P47 und zwei Gruppen P38 voll einsatzbereit. Die ersten P51 B kamen ebenfalls an die Front. Alles in allem waren es jetzt etwa 550 Langstrecken-Begleitjäger.

Der Besitz einer ausreichenden Anzahl von Begleitjägern mit genügender Reichweite zum Schutz von Fernkampfbombern bedeutete jedoch noch nicht, daß beim VIII. Jagdflieger-Kommando auch schon alle Ausrüstungsprobleme gelöst gewesen wären. Die amerikanischen Maschinen mußten auch schnell und wendig genug sein, um es mit ihren deutschen Widersachern aufnehmen zu können. Die zweimotorige P38 war in dieser Hinsicht am schlechtesten. Obwohl sie in niedriger und mittlerer Höhe schneller war und die deutschen Jäger auskurven konnte, sah es in großen Höhen wesentlich ungünstiger aus. Da oben aber fanden die meisten Luftkämpfe statt. Bei der P47 war es genau umgekehrt. In Höhen über 6000 m vermochte sie sich durchaus zu behaupten, aber darunter war sie im Nachteil, und die Piloten haßten es, hinter einem wegdrückenden Gegner

herjagen zu müssen. Die Lösung war in diesem Falle der Einbau einer Wasser-Einspritzung für den Motor der *Thunderbolt,* wodurch für kurze Zeit eine Leistungssteigerung von bis zu 300 PS erreicht wurde. Die Umbauten an der P47 begannen im November 1943 und machten den Jäger, alles in allem, sehr viel angriffstüchtiger. Doch die herausragendsten Leistungen wies die neue P51 *Mustang* auf. Sie war allen überlegen. Über 6000 m, d.h. in der Hauptkampfhöhe, war sie um 48 km/h schneller als die Focke Wulf Fw 190A oder die Messerschmitt Bf 109G, und eindeutig besser im Kurvenkampf oder Sturzflug.*

Hand in Hand mit dem verbesserten Begleitschutz, ging bei den amerikanischen Kampfflugzeugen auch der Einsatz neuer Radargeräte zur Reduzierung der Flak-Gefahr.

Gegen Ende des Jahres 1943 gingen auch die Tagbomber dazu über – so wie ihre schon lange damit arbeitenden Nachtbomber-Kameraden von der RAF – Düppel in großen Mengen einzusetzen. Da diese Metallstreifen aber keineswegs Schutz für das abwerfende, sondern immer nur für das nachfolgende Flugzeug bedeuteten, waren die vorne fliegenden Maschinen nach wie vor gefährdet. Um dieser Gefahr zu begegnen, führten die Tagbomber jetzt in zunehmendem Maße den *Carpet*-Sender mit an Bord, dessen Störausstrahlungen auf der gleichen Wellenlänge wie der Arbeitsbereich des Kommandogeräts *Würzburg* lagen.

Aber nicht nur die amerikanische Ausrüstung zeigte sich ausgangs des Jahres 1943 stark verbessert, sondern auch strategische Positionen der Deutschen zwang diese zu immer ausgedehnteren Verteidigungsanstrengungen. Die 15. US Luftflotte fing im November an, von Nordafrika aus Luftangriffe gegen Ziele in Süddeutschland zu fliegen. Schon kurz darauf konnten die schweren Kampfflugzeuge nach Mittelitalien in den Raum Foggia verlegt werden, von wo aus ein großer Teil Deutschlands mit Jagdschutz erreichbar war.

Diese zunehmende Schlagkraft der wachsenden Bomberverbände, in Verbindung mit dem gleichfalls erheblich ausgebauten Begleitschutz sowie der Fähigkeit, Deutschland sowohl vom Norden als auch vom Süden her anzupacken, setzte die Amerikaner jetzt in die La-

---

* Ein genauer Bericht über Vergleichsflüge zwischen einer P51B und erbeuteten deutschen Jagdflugzeugen der genannten Typen wird im Anhang E gebracht.

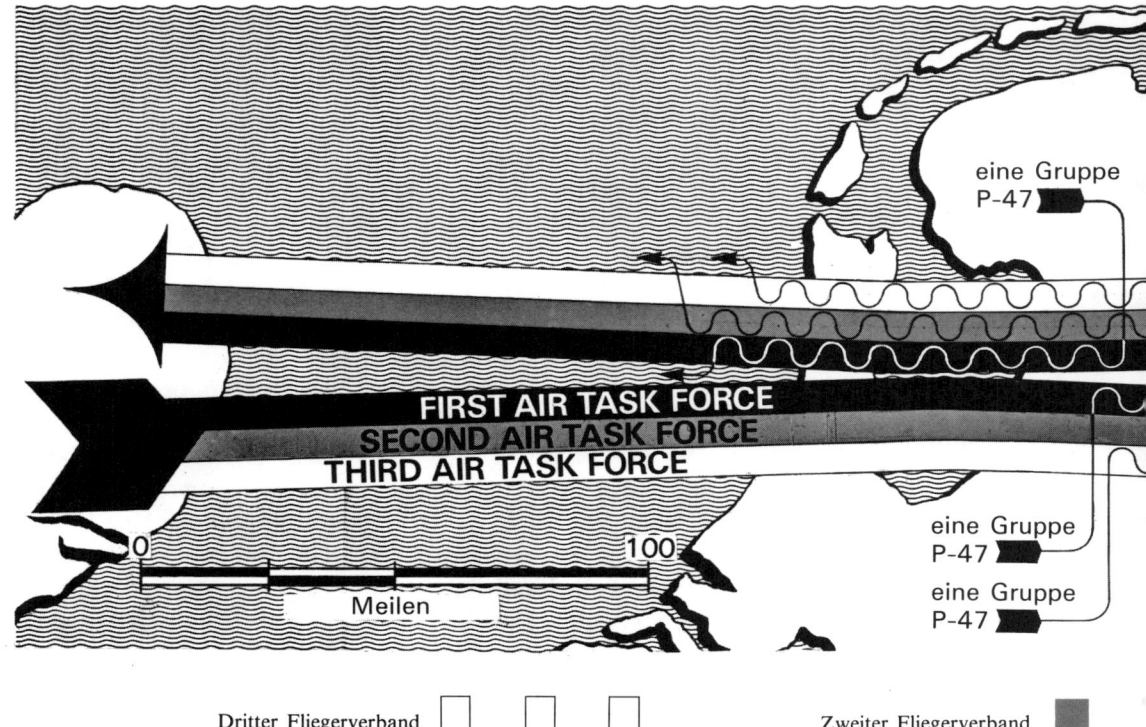

eine Gruppe
P-47

eine Gruppe
P-47

eine Gruppe
P-47

FIRST AIR TASK FORCE
SECOND AIR TASK FORCE
THIRD AIR TASK FORCE

0   100

Meilen

Dritter Fliegerverband
3 B-24-Geschwader

Zweiter Fliegerverband
4 B-17-Geschwader

ge, ihren Luftangriffen noch mehr Nachdruck zu verleihen. Die Hilfsquellen dafür waren zwar groß, aber die gestellten Anforderungen waren es nicht minder. General »Hap« Arnold, der Oberbefehlshaber der USAAF, sagte dazu am 1.1.44 in seiner Neujahrsbotschaft an die Kommandeure: »Vernichten Sie die deutsche Luftwaffe, wo immer Sie sie treffen: in der Luft, auf dem Boden und in den Fabriken.«

Ziele für diese neue Angriffsserie waren die deutschen Flugzeug-Fabriken, –Reparaturwerke und –Abstellplätze. Dies sollte die Luftwaffe in zweierlei Hinsicht treffen: einmal durch die Zerstörung von Maschinen am Boden und zum anderen durch die Unterbindung des Nachschubs. Da die Luftwaffe aber eine derartige Schwächung auf die Dauer nicht hinnehmen konnte, war sie aus Selbsterhaltungsgründen gezwungen, den Kampf mit den Bombern und deren Begleitjägern anzunehmen, was wiederum zu ihrer eigenen Dezimierung führen mußte.

Der erste mit Begleitschutz geflogene Großangriff gegen die deutsche Flugzeugindustrie startete am 11. Ja-

nuar, als 663 B17 und B24 das Produktionszentrum der Fw190 in Oschersleben, das Junkers-Werk in Halberstadt und die Messerschmitt-Fertigungsstätten im Raume Braunschweig heimsuchten. Zur Deckung und Absicherung dieser Unternehmung, auf die mit Sicherheit eine gleich starke deutsche Reaktion zu erwarten war, sah der Plan vor, daß die Bomber beim Hin- und Rückflug von 11 Gruppen P47 und 2 Gruppen P38 begleitet werden sollten, während die einzige verfügbare P51-Gruppe so lange wie möglich Schutz im Zielgebiet gewähren sollte. Und für die letzte Phase des Heimfluges schließlich, waren noch 6 *Spitfire-Staffeln* der RAF eingeteilt.

Dieser Begleitschutzplan sah auf dem Papier zwar gut aus, doch waren ungünstige Witterungsbedingungen in ihm nicht berücksichtigt. Die Begleitjäger stießen über der Nordsee, Holland und Westdeutschland auf eine teilweise bis auf 6700 m Höhe geschlossene Wolkendecke, und eine Gruppe nach der anderen mußte umkehren, ohne die Bomber, die sie schützen sollten, überhaupt zu Gesicht bekommen zu haben. Von den star-

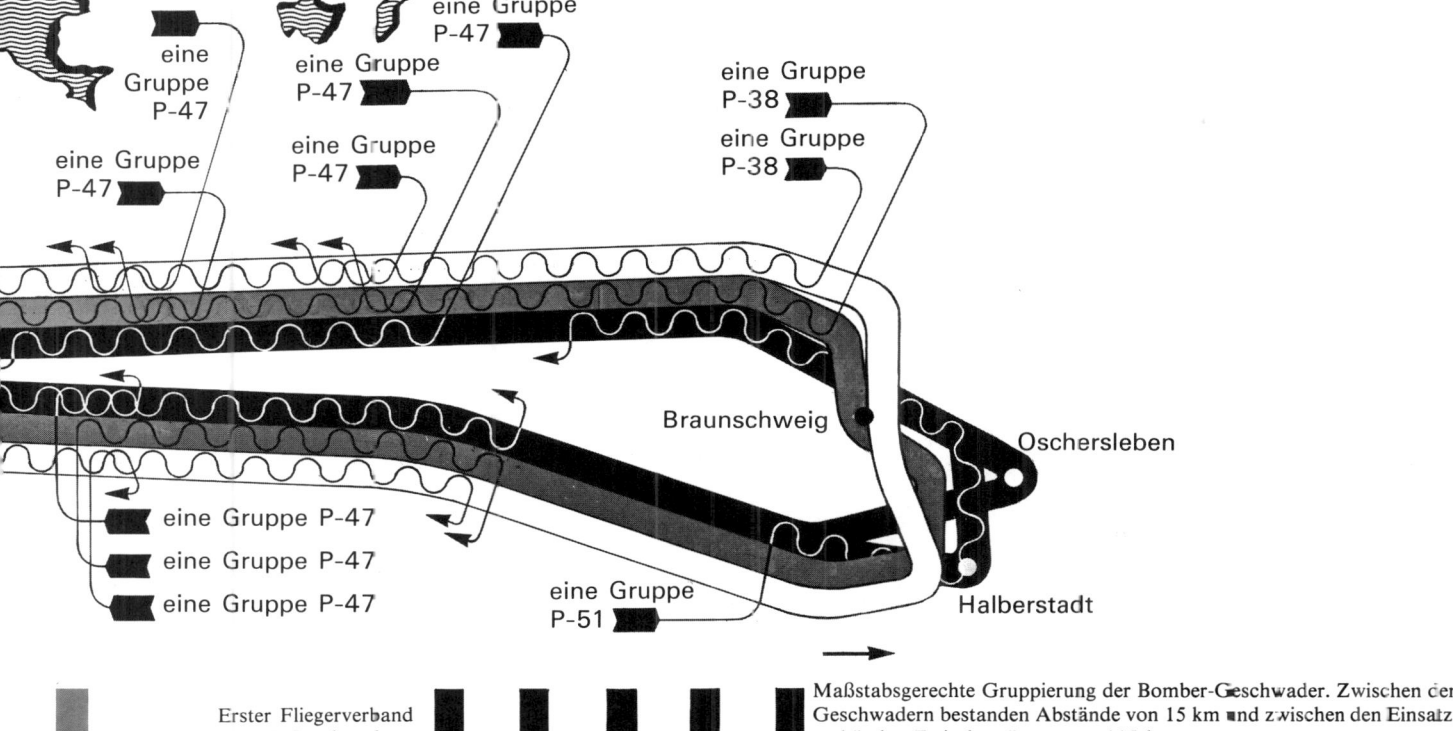

eine Gruppe
P-47

eine
Gruppe
P-47

eine Gruppe
P-47

eine Gruppe
P-47

eine Gruppe
P-38

eine Gruppe
P-38

eine Gruppe
P-47

eine Gruppe
P-47

Braunschweig

Oschersleben

eine Gruppe P-47

eine Gruppe P-47

eine Gruppe P-47

eine Gruppe
P-51

Halberstadt

Erster Fliegerverband
5 B-17-Geschwader

Maßstabsgerechte Gruppierung der Bomber-Geschwader. Zwischen den Geschwadern bestanden Abstände von 15 km und zwischen den Einsatzverbänden Zwischenräume von 115 km.

Die grafische Darstellung zeigt die Gliederung des Bomberverbands sowie die Flugroute der 8. US Luftflotte während des Angriffs auf Halberstadt, Braunschweig und Oschersleben, am 11. Januar 1944, und den Rendezvous-Zeitplan der Begleitjäger. Da diese jedoch ständig Schlangenlinien fliegen mußten, um mit den Bombern auf gleicher Höhe zu bleiben, litt ihr Aktionsradius und wurde ihr relaisartiger Einsatz erforderlich. Man beachte, daß die Masse der Begleitjäger zur Deckung des Rückfluges sowie zum Schutz kranker Bomber eingeteilt wurde. Im vorliegenden Falle kam dieser Einsatzplan infolge hoch liegender Wolkendecke aber nicht zur Durchführung, und die Kampfflugzeuge blieben fast durchwegs ohne Begleitschutz. Trotzdem kann der skizzierte Einsatzplan für den Begleitschutz als typisch für die damalige Zeit gelten. Verglichen mit dem ständigen Zickzack-Kurs der britischen Nachtbomber, verlief die Flugroute der Tagbomber nahezu geradlinig. Aber die Tagesangriffe der Bomber und Begleitjäger hatten eben auch zum Ziel, die deutsche Luftwaffe zum Kampf herauszufordern, und Ausweichrouten wären da nur hinderlich gewesen.

ken Jägerkräften, die eigentlich verfügbar sein sollten, blieben für den eigentlichen Schutz schließlich nur eine Staffel P38 sowie die aus 49 Maschinen bestehende Gruppe P51 übrig. Natürlich löste der Anflug eine heftige Reaktion der deutschen Jäger aus, was ja auch beabsichtigt war. Doch da jetzt viele der schweren Bomberverbände völlig ohne Begleitschutz waren, litten sie auch dementsprechend: 60 schwere Bomber

wurden abgeschossen, was den bösen Verlusten bei den jeweiligen Angriffen auf Schweinfurt entspricht. Der Unterschied bestand jetzt nur darin, daß die amerikanischen Angriffsverbände inzwischen derart gewachsen waren, daß sie sich solche Verluste auch leisten konnten.

Am 29. Januar griffen 800 amerikanische Bomber mit Begleitschutz Frankfurt am Main an. Ein ähnlicher Einsatz erfolgte am nächsten Tag gegen Braunschweig. Zu den deutschen Piloten, die sich ihnen am 30.1. entgegenwarfen, gehörte auch der Unteroffizier Hans Seyringer, ein alter Hase inzwischen, der seinem jüngeren Rottenflieger bereits das Einmaleins des Luftkampfes beizubringen hatte. Seine Gruppe stieg auf, als die Eindringlinge über der Nordsee geortet waren und fing sie über Holland ab. Er erinnerte sich noch an folgende Einzelheiten:

»Unsere Gruppe manövrierte sich in eine günstige Schußposition für einen massierten Angriff von hinten. Während wir aufschlossen, schlug uns von den Bombern heftiges Abwehrfeuer entgegen, so daß wir schon

125

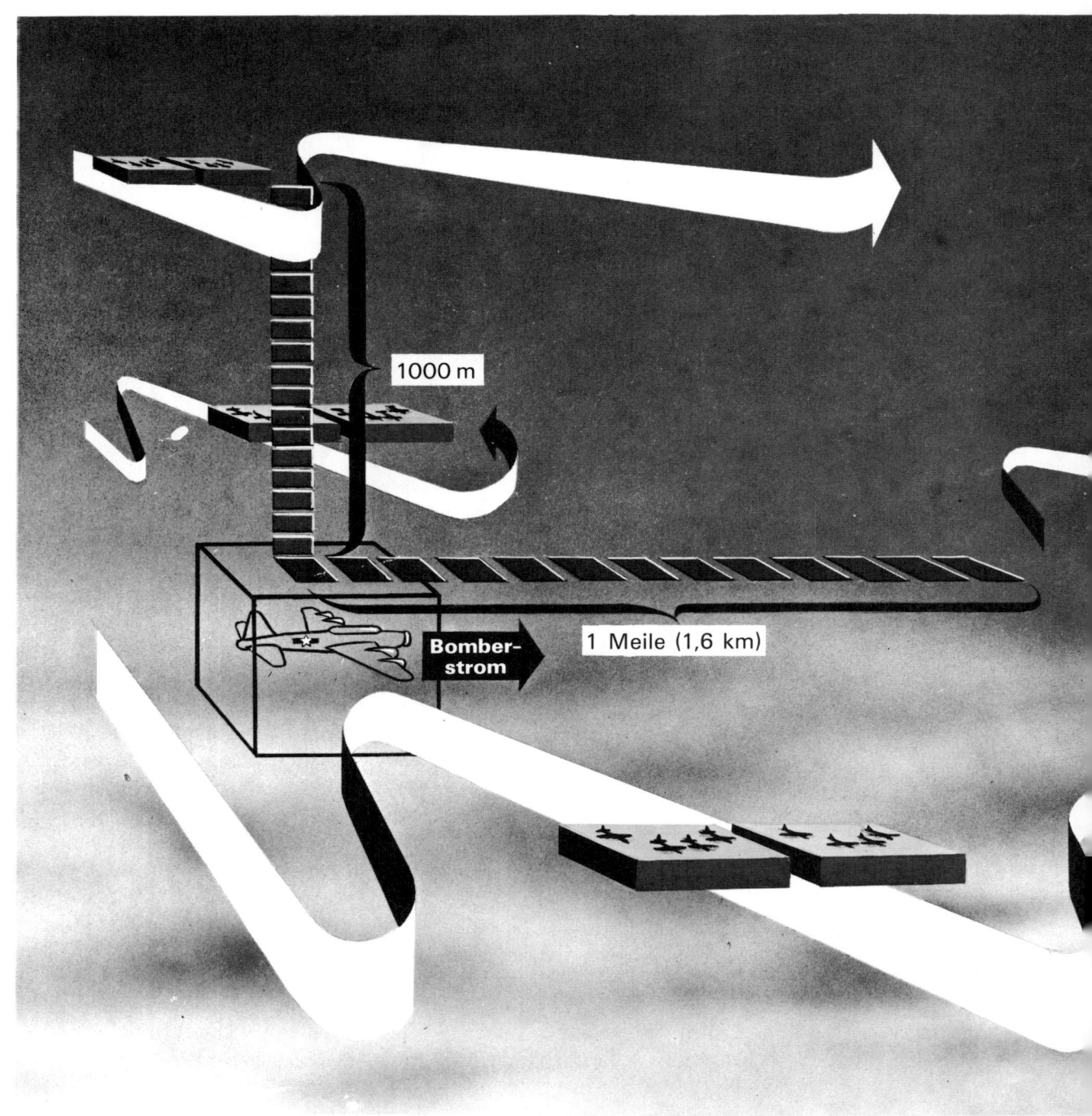

1000 m

Bomber-
strom

1 Meile (1,6 km)

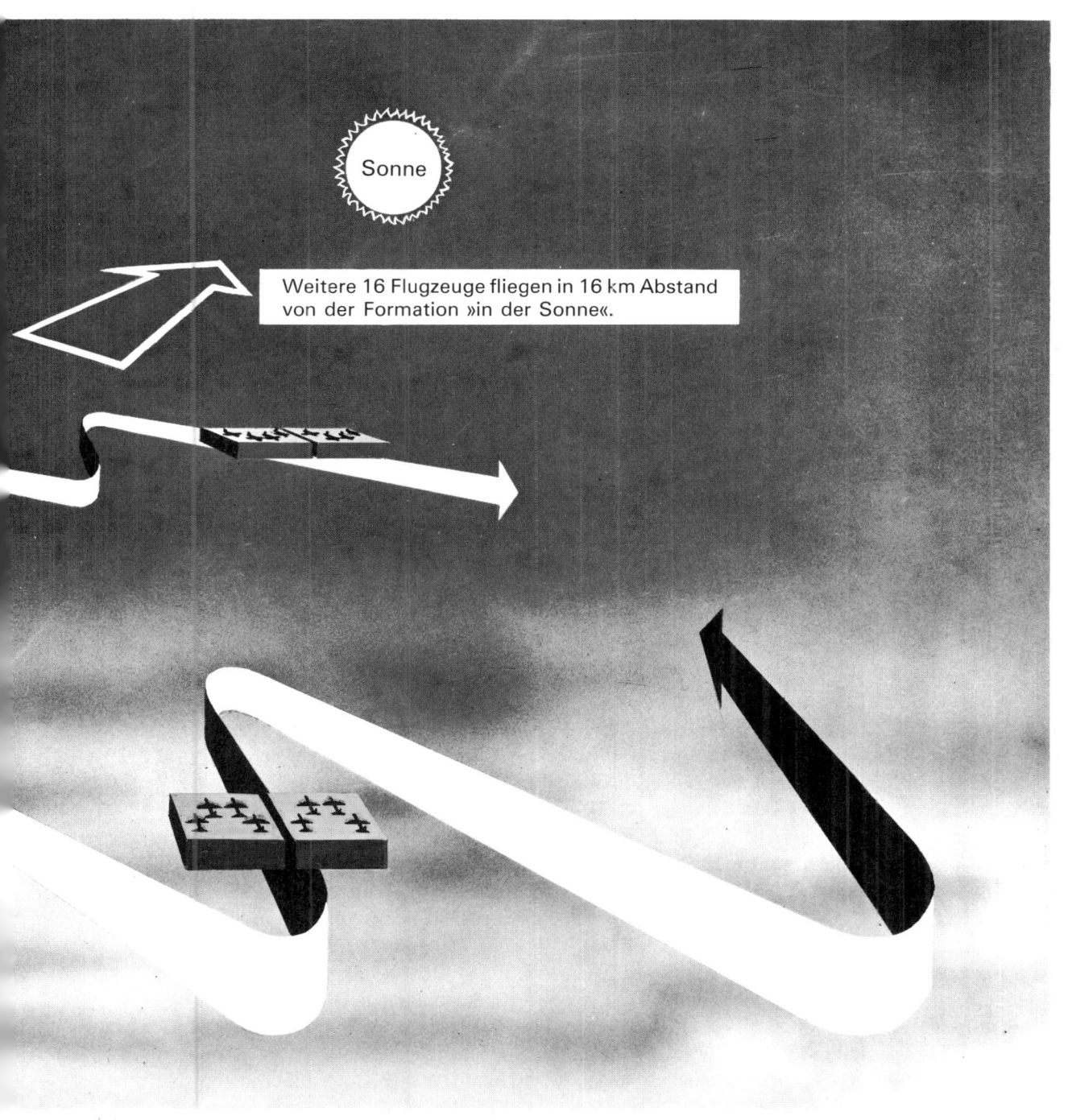

Sonne

Weitere 16 Flugzeuge fliegen in 16 km Abstand
von der Formation »in der Sonne«.

BEGLEITSCHUTZ.
Die typische Gliede-
rung einer aus 48 Ma-
schinen bestehenden
Jagdflieger-Gruppe
beim Bombergeleit-
schutz. Da die Bomber
wesentlich langsamer
flogen als die Jäger,
mußten die letzteren
ständig in Schlangen-
linien kurven Beidseits
des Bomberverbands
pendelten je zwei
Schwärme (8 Jäger) hin
und her und vier an-
dere übernahmen ca.
3000 m höher die Hö-
hendeckung. Vier wei-
tere Schwärme kurv-
ten etwa 1,5 km vor
dem Verband und zu-
sätzliche acht Schwär-
me sicherten in rund 16
km Abstand zur Sonne
hin.

127

Ausfälle hatten, bevor wir überhaupt zu Schuß gekommen waren. Als ich schließlich auf Schußentfernung heran war, eröffnete ich das Feuer auf eine B17 und drückte solange auf die Knöpfe, bis die Distanz nur noch 350 m betrug. Ich beobachtete, daß mehrere Granaten den Bomber trafen, aber er fiel nicht.

Beim Abschwingen entdeckte ich, daß mein Rottenflieger verschwunden war. Er hatte noch nicht die eisernen Nerven, die für unser blutiges Handwerk nun einmal erforderlich waren.« Seyringer suchte den Himmel nach seinem fehlenden Rottenkameraden ab, ohne ihn jedoch zu finden. Stattdessen machte er zwei P47-Begleitjäger aus, die über ihm in der Sonne glitzerten. Sie hatten ihn noch nicht bemerkt und ihm schien es eine günstige Gelegenheit für einen Überraschungsangriff. Seyringer kurvte ein und setzte sich mit seiner Messerschmitt hinter seine ahnungslosen Gegner. Ein kurzer Feuerstoß zerfetzte den Motor des einen und schickte ihn brennend zu Boden. Doch dem deutschen Piloten blieb wenig Zeit, sich seines Sieges zu erfreuen, denn bevor er sich's versah, saß der andere ihm im Nakken: »Meine Maschine fing Feuer. Mehrere Geschosse durchschlugen glatt den Rumpf, wobei verschiedene Steuerorgane zerschossen worden sein müssen, denn sie reagierte auf keinen Ausschlag mehr. Schließlich erfolgte eine heftige Explosion im Cockpit, als die 30 mm-Munition losging. Ich erkannte, daß es höchste Zeit zum Aussteigen war. Ich zog den Auslösehebel für den Abwurf des Kabinendachs, doch nichts ereignete sich. Es rührte und rührte sich nicht. Trotz der heftigen Schmerzen durch einen Treffer im Fuß und durch Splitterverletzungen am Kopf, zog ich mich in meinem Sitz hoch, und versuchte wie ein Verrückter die Haube mit dem Rücken aufzudrücken.

Plötzlich gab sie nach, ich wurde herausgeschleudert und kam von dem stürzenden Flugzeug frei. Ich zog sofort die Reißleine und der Fallschirm öffnete sich; dann verlor ich das Bewußtsein.«

Als Seyringer erwachte, fand er sich mit Rückenverletzungen und einem gelähmten linken Arm in einem holländischen Hospital wieder.

Das Auftreten amerikanischer Begleitjäger in der Tiefe des deutschen Luftraums traf die Luftwaffen-Führung völlig unerwartet. Als man Göring meldete, daß die ersten über Hannover gesichtet worden seien, machte er

sich darüber sogar lustig und ließ dem für die Beobachtung zuständigen Kommandeur einen Tadel aussprechen. Aber selbst nachdem es sich nicht mehr leugnen ließ, daß der Begleitschutz derartig weit und sogar noch weiter vorzudringen vermochte, weigerte der Reichsmarschall sich hartnäckig, seinen strikten Befehl zu revidieren, wonach die deutschen Jäger sich mit ihrem ganzen Gewicht auf die Bomber zu stürzen und deren Begleitschutz zu ignorieren hatten, es sei denn, daß die letzteren sich einmischten. Das Ergebnis war, wie ein Geschwader-Kommodore beißend bemerkte, »daß niemand so sicher über Deutschland flog, wie ein amerikanisches Jagdflugzeug.«

Kühn geworden durch ihre verbesserte Ausrüstung und dank der Tatsache, daß sie sich über feindlichem Territorium jetzt praktisch frei bewegen konnten, begannen die amerikanischen Piloten nunmehr äußerst aggressiv zu werden. Dies wurde den deutschen Fliegern nur allzu offenkundig. Einer meinte rückschauend: »Der radikale Wandel fand im Januar 1944 statt. Ursprünglich gaben die amerikanischen Begleitjäger ihre Position hoch über den schweren Verbänden auf und warteten auch nicht, bis wir die Bomber angriffen, sondern sie begannen jetzt auf uns herab zu stoßen, wann immer sich eine Chance bot. Das Spießrutenlaufen der Bomber durch die deutschen Jäger hatte aufgehört und an seine Stelle war das Spießrutenlaufen unserer Jäger durch die amerikanischen Bomber und Begleitjäger getreten.«

In der dritten Februarwoche war die Einsatzstärke der 8. US-Luftflotte auf 19 Gruppen B17, 8 Gruppen B24, 8 Gruppen P47, 2 Gruppen P38 und 2 Gruppen P51 angewachsen, während im Süden die 15. US-Luftflotte über 8 Gruppen B24, 4 Gruppen B17, 3 Gruppen P38 und eine Gruppe P47 verfügte: alles in allem eine Armada von rund 2500 Bombern und 1200 Jägern.

Dieser mächtigen Bedrohung hatte die Tagjagd der Luftwaffe in Deutschland und den besetzten Westgebieten etwa 870 einmotorige und ca. 130 zweimotorige Jäger entgegenzusetzen. Die Verteidiger mußten also gegen einen Feind antreten, der ihnen technisch, taktisch und zahlenmäßig überlegen war.

Am Morgen des 20. Februar ermöglichte eine günstige Wetterlage der 8. US-Luftflotte, sich praktisch mit allen verfügbaren Kräften auf die deutsche Flugzeugindustrie zu stürzen. Sechzehn Kampfgeschwader mit über

Eine Messerschmitt Bf 109G mit dem Kennzeichen des Kommandeurs der I./JG 27, wahrscheinlich von Hauptmann Ludwig Franzisket geflogen./via Schliephake.

1000 schweren Bombern wurden auf zwölf verschiedene Flugzeugwerke angesetzt. Die meisten von ihnen lagen im Raume Braunschweig und Leipzig, zwei jedoch auch im Westteil von Polen. Zur Sicherung dieser ehrgeizigen Unternehmung waren alle einsatzfähigen Jäger der 8. US-Luftflotte sowie weitere fünf Gruppen P47 aufgeboten, die man sich von den taktischen Einheiten der 9. Luftflotte ausgeliehen hatte. Diesmal klappte der Plan für den Begleitschutz hervorragend, und von dem gewaltigen Bomberverband kehrten lediglich 21 Maschinen nicht mehr zurück. Die P47, welche nach wie vor das Rückgrat der amerikanischen Langstreckenjäger bildeten, verwendeten bei diesem Einsatz erstmalig den neuen 740 l Abwurftank. Sie waren hierdurch imstande, länger und weiter zu fliegen, als je zuvor. Wenn die deutschen Jäger jetzt versuchten, an die

Bomber heranzukommen, verliefen die Begegnungen mit dem Begleitschutz öfter schlecht. So auch bei diesem Einsatz, als ungefähr 24 Bf 110 der III./ZG 26 zu einem Raketenangriff auf eines der Kampfgeschwader ansetzten, und die *Thunderbolt* der 56. Jagdgruppe unter Oberst Hubert Zemke sich aus der Sonne kommend auf sie stürzten und 18 abschossen.

Am 21. Februar war die 8. US-Luftflotte wieder in vollem Einsatz und am 22. erneut, bei welcher Gelegenheit sich Bomber der 15. US-Luftflotte an dem Angriff auf die Flugzeugindustrie beteiligten. Am 23. Februar wurde eine geplante Unternehmung der 8. US-Luftflotte durch schlechtes Wetter vereitelt, doch brachte auch das für die deutsche Abwehr keine Ruhepause, da die 15. US-Luftflotte einen Angriff vom Süden her führte. Am 24. Februar fand ein koordinierter Luftangriff aus dem Norden und dem Süden statt und desgleichen am 25. Diese Angriffsserie wurde dann am 26. Februar durch das Wetter unterbrochen und zwar weit nachhaltiger, als es die Luftwaffe je vermocht hätte.

Der damalige Major Heinz Bär besichtigt eine von ihm am 22.2.1944 abgeschossene *Fortress* der 91. Bombergruppe. Bär errang 220 Luftsiege – darunter 21 schwere Bomber – und überlebte den Krieg. 1957 verunglückte er tödlich mit einem Sportflugzeug. Hinter Bär steht sein Rottenflieger Leo Schuhmacher, der eine erbeutete amerikanische Fliegerjacke trägt./Bundesarchiv

Die sogenannte »Große Woche« war damit vorüber. Schwere Kampfflugzeuge der Amerikaner hatten während dieser sechs Tage insgesamt 3800 Einsätze geflogen, wobei 226 Maschinen, d.h. rund 6% der eingesetzten Flugzeuge, verloren gegangen waren. Die Verluste der Begleitjäger betrugen lediglich 28 Maschinen. Im Verlaufe der Angriffe wurden 23 Produktionsstätten von Flugzeugzellen sowie drei Motorenfabriken getroffen und unterschiedlich schwer beschädigt. Die Luftwaffe erhielt daraufhin im Februar 20% weniger Flugzeuge als im Januar, d.h. 1671 anstatt 2077. Des weiteren verzeichnete die deutsche Tagjagd im Verlauf des Monat Februar 355 zerstörte oder vermißte und 155 beschädigte Maschinen. Die alliierten Nachrichtenoffiziere schlossen zu jener Zeit aus den wenigen vor-

handenen Unterlagen, daß die deutsche Flugzeugindustrie weitaus schwerer gelitten hätte. Diese erwies sich aber als sehr viel widerstandsfähiger. Durch Dezentralisierung und ein Programm für die rasche Instandsetzung der getroffenen Werke gelang es, die Arbeit viel früher wieder aufzunehmen, als vom Gegner erwartet. Doch Jagdflugzeuge ohne Piloten waren von wenig Nutzen. Auf Sicht waren es nämlich die personellen Verluste während der »Großen Woche«, welche die deutsche Luftwaffe am schwersten getroffen hatten. Die Tagjagdwaffe hatte im Februar bei der Reichsverteidigung vom fliegenden Personal 225 Tote oder Vermißte zu beklagen und weitere 141 Verwundete, d.h. etwa ein Zehntel ihres Bestandes, darunter zumeist Leute mit viel Erfahrung.

Die jungen Flugzeugführer, die jetzt bei den deutschen Jagdverbänden als Ersatz eintrafen, hatten kaum mehr als 160 Flugstunden hinter sich, wohingegen die amerikanischen Piloten mindestens eine doppelt so lange Ausbildung durchlaufen hatten. Also auch in dieser

130

Eine Me 410 B-2 mit dem Wespen-Abzeichen des 1. Zerstörer-Geschwaders, welches im Frühjahr und Sommer 1944 an der Reichsverteidigung teilnahm. Die Bewaffnung bestand aus zwei 20 mm Schnellfeuerkanonen MG 151 und zwei MG 131 im Bug und zwei weiteren MG 151 in einer Bodenwanne, und wahlweise vier 210 mm Raketen an den Tragflächen.

Hinsicht neigte sich die Waage zuungunsten der deutschen Luftwaffe.

Nach den erfolgreich verlaufenen Einsätzen der »Großen Woche« befahl der amerikanische Planungsstab jetzt eine weitere Angriffsserie, und zwar gegen ein Ziel, welches die deutsche Jagdwaffe mit Sicherheit auf den Plan rufen würde: Berlin. Sir Arthur Harris' Luftoffensive gegen die Reichshauptstadt konnte jetzt unterstützt werden, nachdem genügend *Mustang* zur Verfügung standen. Der erste Großangriff bei Tage fand am 4. März statt, doch kaum befanden sich die Verbände in der Luft, als plötzlich unvorhergesehene Witterungsschwierigkeiten auftauchten. Der Angriff wurde abgeblasen, aber der diesbezügliche Befehl von zwei Bombergruppen nicht empfangen. Sie flogen zusammen mit ihrem Begleitschutz das Ziel an. Von den 29 Kampfflugzeugen, die Berlin zum ersten Mal am Tage mit Bomben belegten, kehrten fünf nicht zurück. Es war einer der seltenen Fälle, in denen die Sicherungskräfte schwerere Verluste hinnehmen mußten als die Bomber, denn 23 der Langstreckenjäger gingen ebenfalls verloren. Am schwersten getroffen wurde an diesem Tage die 363. Jagdgruppe. Die Bf 109 der II./JG 1 erwischten sie äußerst geschickt und schossen 8 *Mustang* aus ihren Reihen.

Zwei Tage später flog die 8. US-Luftflotte Berlin erneut an. Diesmal aber mit vollem Aufgebot: 730 schwere Bomber und 796 Begleitjäger. Aber die Luftwaffe zeigte, daß sie auf derartige Provokationen noch zu antworten verstand, egal, wie sehr sie inzwischen auch gelitten haben mochte. Die USAAF büßte bei diesem Einsatz 69 schwere Bomber und 11 Begleitjäger ein und außerdem noch über 100 schwer beschädigte Kampfflugzeuge. Zahlenmäßig war sie noch nie so stark gerupft worden.

Die Me 410 A-1/U4 war mit einer 50 mm BK 5-Kanone bewaffnet, wie sie hier beim Versuchsschießen abgebildet ist. Die BK 5 hatte jedoch eine langsame Schußfolge und viele Hemmungen und war nicht sehr beliebt.
/via Schliephake.

132

Diese Aufnahme, welche am 6. März 1944 während des amerikanischen Luftangriffs auf Berlin gemacht wurde, zeigt einmal, was nach einem direkten Flaktreffer von einer *Fortress* übriggeblieben ist – nämlich die Rauchwolke rechts./USAF

Nahaufnahme einer Industrie-Attrappe mit Scheinbrandanlagen.
/Studiengruppe Luftwaffe.

Am 8., 9. und 22. März wurde Berlin von neuem heimgesucht. Dann war am 15. und 23. März Braunschweig dran und am 16. noch einmal die Flugzeugindustrie. Die schwerfälligen deutschen zweimotorigen Zerstörer-Flugzeuge, mit all ihrem Ballast an Raketenbatterien und schweren Kanonen, wurden hierbei eine leichte Beute der umherstreifenden Begleitjäger, wann immer es zu einem Luftkampf kam. Ihre schlimmsten Verluste mußten sie am 16. März hinnehmen, als ein Verband von 43 Bf 110 bei Augsburg zu einem Raketenangriff auf ein Bombengeschwader ansetzte. Die *Mustang* der 354. Jagdgruppe stürzten sich auf sie, sprengten den Verband und schossen 26 ab.

Aber auch die Piloten der einmotorigen deutschen Jagdflugzeuge sahen sich in einer schwierigen Lage. Die bisherige Entwicklung hatte stets einer stärkeren Bewaffnung gegolten, um die zähen Viermotbomber wirksam bekämpfen zu können. Doch zusätzliche Bewaffnung bedeutete auch zusätzliches Gewicht und dieses wirkte sich aus, wenn es mit den Begleitjägern zum Kurvenkampf kam.

Die amerikanischen Verluste waren den ganzen März hindurch keineswegs leicht, doch waren sie angesichts des großen Versorgungsstroms von Material und Personal durchaus zu verkraften. Bei der Luftwaffe hingegen sah es gänzlich anders aus. Die Verluste an ausgebildeten Flugzeugführern lagen im März etwa auf der gleichen Höhe, wie im vorangegangenen Monat. Unter ihnen befanden sich Oberstleutnant Egon Meyer, Kommodore des JG 2 und Verfechter des Frontalangriffs, mit 102 Luftsiegen (davon 25 schwere Bomber); Oberst Wolf-Dietrich Wilcke, Kommodore des JG 3 mit 162 Abschüssen (4 schwere Bomber); Hauptmann Hugo Frey mit 32 Erfolgen (26 schwere Kampfflugzeuge) und Oberleutnant Gerhard Loos, der 92 Gegner abgeschossen hatte, zwei davon Viermotbomber. Die Luftwaffe hatte alles was sie besaß zur Verteidigung der Heimatfront eingesetzt, doch wurde jetzt offenkundig, daß dies nicht genug war. Die Kontrolle des Luftraums über dem Reich wurde ihr unerbittlich aus der Hand gewunden.

Ein beiden Seiten gemeinsamer Umstand während der Kämpfe bei Tage und bei Nacht war die ungemein feindliche Umwelt, in der sie stattfanden. Über Nordeuropa liegt in 6500 m Höhe die Außentemperatur oft unter −30°C, was Erfrierungen bedeutete, sofern man nicht gut dagegen geschützt war. Hinzu kam ferner die dünne Luft in dieser Höhe, in der man ohne zusätzlichen Sauerstoff schon nach etwa zwei Minuten das Bewußtsein verliert. Beschädigung durch Feindeinwir-

134

Die P51 *Mustang,* deren vorzügliche Leistungen (siehe Anhang E) in der ersten Hälfte des Jahres 1944 den wesentlichen Ausschlag in den entscheidenden Luftschlachten über Deutschland gaben. Die abgebildete Maschine wurde von Captain Don Gentile geflogen, dem erfolgreichsten Piloten der 4. Jagdgruppe./USAF.

kung, Ausfall des Geräts oder auch unsachgemäße Behandlung konnten diese lebenswichtige Sauerstoffzufuhr nur allzu leicht unterbrechen.

Mangelnder Sauerstoff aber vermag das Opfer in die zwielichtige Welt des Dämmerzustands zu versetzen, wobei mitunter Symptone auftreten, die dem der Trunkenheit verwandt sind. So berichtete zum Beispiel die Besatzung einer *Halifax* nach einem Angriff gegen Ziele in Deutschland: »Der Kommandant wurde äußerst redselig und verwahrte sich gegen die Behauptung, daß er sich nicht normal benehme. Als er über dem Objekt die Markierungszeichen sah, vermochte er seine Augen nicht von ihnen zu lösen und drückte die Maschine in einen steilen Sturzflug.

Später sagte er dann, er hätte am Armaturenbrett lediglich die großen Zahlen lesen können und auch diese wären ihm so weit weg erschienen. Als wir begriffen, dass sich die Maschine nicht mehr unter Kontrolle befand, wurde sie vom Bordmechaniker wieder getrimmt. Der Pilot nahm ihm das übel, und er wurde handgreiflich.

Dann gab er den Befehl zum Abspringen, den wir aber widerriefen. Er öffnete das Fenster um herauszuschauen und nur dem raschen Zugriff des Bordwarts war es zu verdanken, daß er nicht hinausfiel. Er sagte dann, daß es ihm prima ginge und er keinerlei Furcht verspüre, selbst wenn es zu einer Notlandung auf einer Wolke käme – die er für den Boden hielt. Nachdem wir ihm den Reservehelm nebst Sauerstoffmaske aufgezwungen hatten, kehrte das volle Bewußtsein allmählich wieder zurück. Er konnte das Flugzeug auf dem erforderlichen Kurs wieder heimfliegen und litt nur noch unter Kopfschmerzen, die selbst nach der Landung anhielten.«

Dieser Vorfall ereignete sich in einer *Halifax* der RAF, doch sind ähnliche Dinge gewiß auch bei anderen Nationen von Zeit zu Zeit passiert, oft auch mit tödlichem Ausgang.

Wer da glaubt, die Gesetze der Physik mißachten zu können, für den ist der Himmel ohne Gnade.

Das Ziel der amerikanischen Tagbomberangriffe, nämlich der Zusammenbruch der deutschen Tagjagdwaffe, schien gegen Ende März 1944 in Sicht. Zwar hatten die Nachtangriffe nach wie vor schwere Opfer gefordert, doch ging das Bomber Command der RAF aus jedem Einsatz nur um so entschlossener hervor, genau so wie die 8. US-Luftflotte nach Schweinfurt. Die beiden a-

Oben: Unter den Opfern der großen Luftschlachten befanden sich auch so erfolgreiche Piloten wie Oberstleutnant Egon Mayer, Kommodore des JG 2. Nach 102 Luftsiegen im Westen wurde er im Kampf mit *Thunderbolts* am 2. März abgeschossen./Bundesarchiv.
Rechts: Oberst Walter Oesau, Kommodore des JG 1. Nach 123 Luftsiegen fiel er am 11. Mai im Kampf mit *Lightnings*./Bundesarchiv.

liierten Luftstreitkräfte setzten jetzt dazu an, die Kontrolle des Luftraums über dem Reichsgebiet vollends zu übernehmen, am Tage und während der Nacht. Außerdem waren sie inzwischen stark genug und besaßen die erforderliche elektronische Ausrüstung, um gegen die Achillesferse der deutschen Kriegsindustrie, die Ölraffinerien, fortgesetzte Luftangriffe unternehmen zu können: bei Tage, bei schlechtem Wetter und in der Nacht.

Der Aderlaß

Das Jahr 1944 brachte den stetigen Verfall der deutschen Tagjagdwaffe, welche sich außerstande sah, die von den amerikanischen Begleitjägern zugefügten personellen Verluste zu ersetzen.
Das nachfolgende Dokument stammt vom Ic des Generals der Jagdflieger und gibt die Erfolgs- und Verlustliste der deutschen Tagjäger während des ersten Halbjahres 1944 wieder. Hierbei ist die am Ende eines jeden

Monats geführte »Daventry-Zahl« von Interesse. Sie bezieht sich auf die von den Alliierten zugegebenen und vom BBC-Sender Daventry nach Übersee ausgestrahlten Verluste, welche von den Deutschen gemeinhin als richtig akzeptiert wurden. Vergleicht man die »bestätigten Erfolge« mit den Daventry-Zahlen, ergibt sich während den großen Luftschlachten auf deutscher Seite eine Erfolgsüberschätzung von durchschnittlich 50 %. Allein, die Daventry-Zahlen beziehen sich nur auf Flugzeuge, die eigenes Gebiet nicht mehr erreichten und schließen jene aus, die auf oder bei ihren Stützpunkten zu Bruch gingen. Ferner muß erwähnt werden, daß die Erfolgs-Überschätzung auf alliierter Seite während dieses Zeitraums weit über 50 % lag. Letzten Endes war das aber auch nicht so wichtig, denn das erklärte Ziel dieser Tagesvorstöße, die Vernichtung der deutschen Luftwaffe, war vollständig erreicht worden.

Rechts oben: Eine Me 410 wird beim Anflug zu einem Raketenangriff von einem Begleitjäger abgeschossen./USAF.
Rechts Mitte und unten: Ein Bild, wie es mit zunehmender Härte der Luftkämpfe immer vertrauter wurde: die Beerdigung eines Jagdfliegers. Die überlasteten deutschen Flugzeugführerschulen sahen sich außerstande, die schweren Verluste unter den Piloten auszugleichen./via Schliephake.

137

Großeinflüge in das Reichsgebiet (bei Tage), Januar–Juni 1944

Monat	Zahl der Tage mit starken Einflügen	Eigene Einsätze mit einmot.-Jägern	Eigene Einsätze mit zweimot.-Jägern	Bestätigt	Erfolge Wahrscheinlich	Daventry
Januar	9	2467	1294	288 (+ 28 Flak)	89 (+ 13 Flak)	227
Februar	12	3591	808	529 (+120 Flak)	154 (+ 17 Flak)	388
März	18	3347	400	355 (+119 Flak)	71 (+ 37 Flak)	405
April	18	4470	541	554 (+163 Flak)	122 (+ 40 Flak)	577
Mai	19	4558	291	550 (+224 Flak)	67 (+ 36 Flak)	456
Juni	11	1082	562	156 (+ 92 Flak)	32 (+ 21 Flak)	163
Insges.	87	19515	3896	2432 (+746 Flak)	532 (+164 Flak)	2216

Eigene Verluste

Personal Monat	Gefallen	Vermißt	Verwundet	*Maschinen* Monat	Zerstört	Vermißt	Beschädigt
Januar	133	27	104	Januar	209	24	107
Februar	171	54	141	Februar	309	46	155
März	115	104	103	März	269	87	163
April	209	61	125	April	362	51	151
Mai	210	66	186	Mai	419	68	243
Juni	114	27	58	Juni	144	22	75
Insgesamt	952	339	717	Insgesamt	1712	298	894

6: Öl

*»Die größte Gefahr liegt in der Bedrohung der Betrieb-
stoffversorgung. Hier kann die Zerstörung einer relativ
kleinen Zahl von Objekten zu einer völligen Lähmung
der Luftwaffe, aller motorisierten Einheiten, der militärischen und zivilen Transportmittel und der Kriegsmaschine führen.«*
Bericht der Planungsabteilung der deutschen Luftwaffe
vom Juli 1944.

Das Frühjahr 1944 sah die deutsche Wehrmacht an allen Fronten in gespannter Erwartung der gegnerischen
Hammerschläge. Im Osten, so wußte man, bereiteten
sich die Russen auf eine gigantische Offensive vor, die
losbrechen sollte, sobald der Boden aufgetaut und wieder trocken war. Im Süden sprachen alle Anzeichen dafür, daß die Alliierten weiter nach Norden vorstoßen
wollten. Und im Westen schließlich war offenkundig,
daß die seit langem angekündigte Invasion jetzt in ihrer
letzten Vorbereitungsphase steckte. Diese Landung
war zweifelsohne die wichtigste der zu erwartenden
Kampfhandlungen, denn schlug sie fehl, würde man bis
zu einer Wiederholung mindestens ein Jahr Zeit gewinnen und könnte starke Kräfte für die Ostfront frei
machen, um dort wieder die Initiative an sich zu
reißen.
Zeitgewinn war für die Deutschen jetzt alles. Zeit für
die Indienst-Stellung der neuen U-Boote, Düsen-Jäger
und Bomber sowie für die Vergeltungswaffen, an denen
alle Hoffnungen hingen.
Die Nachtangriffe auf deutsche Städte wurden im April
und Mai merklich eingeschränkt, da die RAF-Bomber
ihre Anstrengungen mehr gegen Ziele in Frankreich
und den Niederlanden richteten. Wurden dennoch Objekte weiter östlich angeflogen, so galten die Angriffe lediglich den deutschen Nachschubverbindungen, über
die nach Beginn der Invasion Verstärkungen hätten
herangeführt werden können. Für die Amerikaner ging
der Abnutzungskrieg mit der deutschen Jagdwaffe jedoch weiter: jeder getötete oder verwundete Luft-
waffenpilot, jede zerstörte Maschine würde bei den
bevorstehenden Kämpfen in Frankreich fehlen.
Den ganzen April hindurch flogen die Tagbomber mit
ihrem Begleitschutz in das Reichsgebiet ein, und zum
drittenmal hintereinander verlor die deutsche Tagjagdwaffe in einem Monat mehr als 300 Mann an fliegen-
dem Personal. Am Ende des Monats schrieb Generalmajor Galland einen Bericht an seine vorgesetzte
Dienststelle, welcher für die Zukunft nichts Gutes vo-
aussagte: »Unsere Tagjagdwaffe hat zwischen Januar
und April 1944 über 1000 Piloten verloren. Darunter
befanden sich unsere besten Staffel-, Gruppen- und
Geschwader-Führer... Der Zeitpunkt ist gekommen, in
dem sich der Zusammenbruch unserer Waffe
abzeichnet.«
Während man im Oberkommando der Luftwaffe über
die düsteren Folgerungen aus Gallands Bericht noch
nachsann, herrschte allgemeine Hochstimmung über
die Art und Weise, in der die Flugzeugindustrie produ-
zierte und mit den schweren Bombardierungen fertig
geworden war. Im April war der Ausstoß an Militärma-
schinen nahezu um ein Drittel größer als im Januar. Für
diejenigen, die mit der Reichsverteidigung betraut waren, bedeutete es eine ungemeine Befriedigung, daß die
Programme zur Dezentralisierung der Fertigung und
zur Steigerung der Jägerproduktion so erfolgreich verliefen. Die Zahl der an die Luftwaffe ausgelieferten ein-
und zweimotorigen Jagdflugzeuge lag im Mai um 50 %
höher als im Januar – 2213 Maschinen gegenüber

1550. Als Göring am 23. Mai diese Zahlen mit höheren Offizieren anläßlich einer Konferenz in Berlin besprach, war er ungemein aufgeräumt:

»Ich brauche in kürzester Zeit 2000 Jagdflugzeuge – selbst wenn die Front vorerst keine einzige Maschine bekommt... Die Schulen müssen sich mit instandgesetzten Flugzeugen behelfen. Und dann verlange ich, dass die 2000 auf 2500 aufgestockt werden. Jedem Einflug in das Reichsgebiet muß ich mit 1000 Jägern begegnen können. Der Himmel stehe Ihnen bei, wenn Sie den Feind dann nicht in Stücke schlagen!... Gelingt es uns, diese gegnerischen Einflüge zu unterbinden, helfen wir auch den schwer ringenden Fronten. Falls sich der Feind noch mit dem Gedanken an eine Landung trägt, wird es ihm zu denken geben, sieht er sich plötzlich

1000 Jägern gegenüber, nachdem er gerade geglaubt hatte, mit unserer Jagdwaffe die Rechnung beglichen zu haben!...

Otto Saur (der Verantwortliche für das neue Jägerprogramm): »Allein in den nächsten 8 Tagen werden wir 1000 Flugzeuge ausstoßen.«

Göring: »Jedes soll zur Reichverteidigung eingesetzt werden.«

Galland: »Aber Luftflotte 2...«

Göring: »Ich befehle es!«

Aber wenn Saur auch 1000 Flugzeuge an die Luftwaffe zu liefern vermochte, so bedeutete dies noch lange nicht, daß die Fliegerschulen auch die notwendigen Piloten dafür hatten. Allein schon die Ersatzgestellung für die laufenden Ausfälle der Jagdwaffe erfolgte unter äußerstem Druck, und die damaligen Zustände näherten sich bereits dem Chaos. Einer, der damals auf einer Messerschmitt Bf 109G ausgebildet wurde, war der Oberfähnrich Hans-Ulrich Flade. Kaum war er zur Umschulung als Jäger bei seiner neuen Einheit eingetroffen, der Jagdgruppe 106, als diese auch schon von Laachen-Speyerdorf bei Mannheim nach Reichenbach

Hitler überreicht in Gegenwart von Göring am 5. Mai 1944 in Berchtesgaden das Eichenlaub zum Ritterkreuz an Major Wilhelm Herget. Dieser war zu jener Zeit Kommandeur des I./NJG 4 und hatte 14 Tages- und 49-Nacht-Abschüsse erzielt.
Weitere bekannte Nachtjäger: Oberst Günther Radusch (ganz links), Kommodore des NJG 2 mit 53 Nachtsiegen, und der Kommandeur der Nachtjäger-Versuchsgruppe NJG 10, Major Rudolf Schönert, dritter von links, mit 60 Nachtabschüssen./Herget.

140

Major Heinz-Wolfgang Schnaufer, mit 121 Luftsiegen der erfolgreichste deutsche Nachtjäger. 1950 verunglückte er bei einem Verkehrsunfall tödlich.

bei Ulm verlegte, wo zumindest die Hoffnung bestand, dass den jungen Piloten nicht gleich von einer beutehungrigen *Mustang* die letzten Feinheiten der Ausbildung beigebracht wurden. Die meisten Flugschüler hatten gerade ihren ersten Kurs hinter sich, wohingegen Flade bereits fast fertiger Aufklärungs-Pilot war. Er hatte daher vom Fliegen erheblich mehr Ahnung, als die Masse seiner jungen Kameraden.

Das Unterrichts-Niveau an den Schulen war im allgemeinen nicht besonders hoch, und die aus den Fronteinheiten zurückgezogenen Fluglehrer zumeist »abgeflogen«. Es handelte sich um nervös gewordene, verkrampfte und müde Männer, die vielfach über drei Jahre im ununterbrochenen Einsatz gestanden hatten und oft abgestürzt oder ausgestiegen waren. Dadurch und aufgrund der kümmerlichen Anfangsausbildung, war die Unfallbilanz bei der JGr 105 hoch: von den annährend 100 Piloten, die zusammen mit Flade auf den Umschulungskurs gekommen waren, wurden 32 getötet, bevor dieser überhaupt zu Ende war. In der Hand eines unerfahrenen Piloten konnte die »Gustav« – die Bf 109 G – recht tückisch sein, vor allem beim Start: wurde zu rasch Vollgas gegeben oder versuchte der Pilot die Maschine abzuheben, bevor diese ihre volle Fluggeschwindigkeit erreicht hatte, entstand leicht ein Drehmoment, das sie unkontrolliert auf den Rücken legte, bevor sie sich schließlich in den Boden bohrte. Der Umschulungskurs auf der »Gustav« bestand aus nur 30 Flugstunden auf diesem Typ und reichte gerade aus, um den Piloten das Starten und Landen sowie die einfacheren Manöver lernen zu lassen. Um aber einen Luftkampf bestehen zu können, insbesondere gegen einen wohlgerüsteten Gegner, muß ein Pilot sein Flugzeug auch in den äußersten Grenzbereichen beherrschen. Piloten mit einer deratig dürftigen Ausbildung auf die *Mustang* loszulassen, hieß, sie in den nahezu sicheren Tod schicken. Und genau das geschah auch mit den meisten, die auf diese Weise direkt zu den Einsatzverbänden kamen. Aber Flade hatte auch hier wieder Glück und entging diesem Schicksal. Er und noch ein anderer Umschüler erhielten nach 30 Flugstunden auf der »Gustav« den Befehl, bei der Jagdgruppe zu bleiben – als Fluglehrer! Wie nicht anders zu erwarten, brachte dies für den jungen Oberfähnrich gewisse Schwierigkeiten mit sich. Flade erinnerte sich später: »Mein erster Schüler war ein Hauptmann, ein hochdekorierter Ju88 Bomber-Pilot mit über 300 Einsätzen, der jetzt auf Tagjäger umgeschult werden sollte. Er sagte zu mir: »Sind Sie mein Fluglehrer?« »Jawohl«, erwiderte ich. »Nun,« meinte er, »da wollen wir doch mal sehen.« Aber der Gruppen-Kommandeur bestätigte meine Worte, und so starteten wir zusammen in einer der doppelsitzigen »Gustav«.

Hierbei erkannte der Bomber-Pilot dann bald selber, dass die Bf 109G sich grundsätzlich von all den Typen unterschied, die er bis dahin geflogen hatte. Tatsächlich brachte er noch nicht einmal die erste Landung hin. Er machte alles falsch, und ich mußte von hinten aus ein-

Oben links und Mitte: Während der großen Luftschlachten des Sommers 1943 führte die deutsche Luftwaffe ihre Verbände aus massiven Befehlsbunkern. Die nebenstehende gut getarnte Anlage stand bei Grove in Dänemark. Der oberirdische Teil war über 33 m hoch, und die bombensichere Decke wies eine Stärke von 4.60 m auf.

Unten links: Diese Zeichnung versucht die dramatisch angespannte Atmosphäre in einer Einsatzzentrale während eines Luftangriffs wiederzugeben. Trotz unterschiedlicher Bauweise ähnelten die Bunker doch alle einem Kino, bei dem sich anstelle der Filmleinwand eine überdimensionale Leuchttafel befand. Auf der Zeichnung sitzt der Einsatzleiter (1) ganz hinten im »Sperrsitz«, neben sich seinen Rundfunk-Offizier und vor sich den Jäger-Verbindungsoffizier mit direkter Telefonverbindung zu den Einsatzplätzen.

Feindbild und eigene Lage wurden von etwa 40 Luftwaffenhelferinnen mittels eines Lichtpunktverfahrens auf die Rückseite der Glasscheibe projiziert (oben rechts und rechts). Durch Einführung einer Abdeckplatte in die kleinen Projektoren war es möglich, Anfang und Ende des Bomberstroms festzulegen sowie Störsendungen, H2S-Peilzeichen und den Standort der eigenen Jäger zu bestimmen./Bundesarchiv.

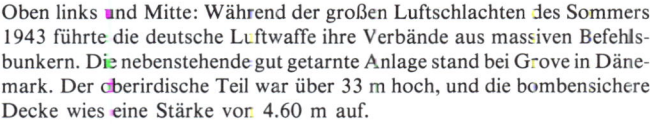

greifen und die Maschine herunterbringen. Damit war das Eis gebrochen, und wir kamen schließlich recht gut miteinander aus.«

Am 6. Juni erzwangen sich die Alliierten ihren Weg durch die deutsche Küstenverteidigung in der Normandie und errichteten einen Brückenkopf in Nordfrankreich. Am Tage zuvor hatte General Eisenhower seinen Männern voller Zuversicht gesagt: »Falls ihr über euch ein Flugzeug seht, seid sicher, es ist eins der unseren.« Und anders als ähnliche Äußerungen Görings vor Kriegsbeginn, war dies nicht nur Prahlerei. Die deutsche Jagdwaffe, ausgeblutet beim Versuch die Heimat zu schützen, sah sich außerstande, der vernichtenden alliierten Luftüberlegenheit noch Widerstand entgegenzubringen.

Nachfolgende Aufstellung enthält Typen, Standort und Stärke der am 7. Juni 1944 für den Einsatz im Westen vorgesehenen deutschen Jäger-Einheiten, d.h. einen Tag nach Invasionsbeginn. Obwohl viele dieser Einheiten in Erwartung der alliierten Landungen bereits auf Plätze in Frankreich und Belgien vorverlegt worden waren, geben die Zahlen doch einen zuverlässigen Eindruck von der Zusammensetzung der Jagdwaffe, wie sie vor der Landung in Frankreich den einfliegenden Bomberverbänden gegenübertrat. Ihren zahlenmäßigen Höhepunkt hatte sie zwar überschritten, doch Betriebstoffknappheit war noch nicht fühlbar geworden.

Kriegsgliederung der im Westen eingesetzten Jägereinheiten der Luftwaffe, 7. Juni 1944.

Einheit		Ausstattung	Standort	Iststärke	Einsatzbereit
Tagjäger					
JG 1	I. Gruppe	Fw 190	Le Mans	25	12
	II. Gruppe	Fw 190	Flers	25	13
	III. Gruppe	Bf 109	Beauvais Tille	8	5
JG 2	*Stab*	Bf 109, Fw 190	Creil	3	2
	I. Gruppe	Fw 190	Cormeilles	18	3
	III. Gruppe	Fw 190	Cormeilles	17	6
JG 3	I. Gruppe	Bf 109	Burg	30	13
	III. Gruppe	Bf 109	St. Andre	64	17
	IV. (Sturm) Gruppe	Bf 109, Fw 190	Dreux	22	21
JG 5	I. Gruppe	Bf 109	Montdidier	16	15
JG 11	*Stab*	Fw 190	Rennes	1	0
	I. Gruppe	Fw 190	Rennes	14	4
	II. Gruppe	Bf 109	Beauvais Tille	17	12
	III. Gruppe	Fw 190	Reinsehlen	12	3
JG 26	*Stab*	Fw 190	Lille Nord	2	2
	I. Gruppe	Fw 190	Vendeville Denain	23	13
	II. Gruppe	Fw 190	Cambrai Sud	11	8
	III. Gruppe	Bf 109	Nancy	29	16
JG 27	*Stab*	Bf 109	Romilly sur Seine	4	4
	I. Gruppe	Bf 109	Reims	16	13
	II. Gruppe	Bf 109	Eisenstein	11	0
	III. Gruppe	Bf 109	Romilly sur Seine	21	17
	IV. Gruppe	Bf 109	Champfleury	19	12
JG 54	III. Gruppe	Fw 190	Chartres	19	12
JGr 104 Schule-		Bf 109	Fürth	4	3
JGr 106 Einsatz-		Bf 109	Lachen / Speyerdorf	5	3
JGr 108 Staffeln		Bf 109	Wien / Voslau	12	6
JG 300	*Stab*	Fw 190	Frankfurt / Eschborn	2	2
	I. Gruppe	Bf 109	Wiesbaden / Erbenheim	44	14
	II. Gruppe	Fw 190	Merzhausen	25	23
JG 301	I. Gruppe	Bf 109	Frankfurt / Eschborn	39	31
TOTAL				558	305

Einheit		Ausstattung	Standort	Iststärke	Einsatzbereit
Zweimot. Jäger					
ZG 1	II. Gruppe	Bf 110	Wels	35	18
ZG 26	*Stab*	Me 410	Königsburg/Neumark	5	1
	I. Gruppe	Me 410	Königsburg/Neumark	17	10
	II. Gruppe	Me 410	Königsburg/Neumark	57	33
	7. Staffel	Me 410	Fels am Wagram	10	3
TOTAL				124	65
Nachtjäger					
NJG 1	*Stab*	Bf 110, He 219	Arnhem/Deelen	3	1
	I. Gruppe	Me 410, He 219	Venlo	28	13
	II. Gruppe	Bf 110, He 219	Arnhem/Deelen	21	9
	III. Gruppe	Bf 110	Leeuwarden	24	16
	IV. Gruppe	Bf 110, Ju 88	St. Trond	25	18
NJG 2	II. Gruppe	Ju 88	Coulommiers	16	16
	III. Gruppe	Ju 88	Langendiebach	36	24
NJG 3	*Stab*	Bf 110, Ju 88	Stade	4	1
	I. Gruppe	Bf 110, Ju 88	St. Trond	25	22
	II. Gruppe	Ju 88	Plantluenne	34	12
	III. Gruppe	Bf 110, Ju 88	Stade	37	22
	IV. Gruppe	Bf 110, Ju 88	Köln/Ostheim	34	23
NJG 4	*Stab*	Ju 88	Chenay	2	1
	I. Gruppe	Bf 110, Ju 88	Florennes	21	14
	II. Gruppe	Bf 110, Do 217	Coulommiers	19	10
	III. Gruppe	Bf 110, Do 217	Reims	19	10
NJG 5	I. Gruppe	Bf 110	St. Dizier	20	9
	II. Gruppe	Bf 110	Athies sur Laon	22	16
	III. Gruppe	Bf 110	Gütersloh	15	10
	IV. Gruppe	Bf 110	Erfurt/Bindesleben	18	13
NJG 6	*Stab*	Bf 110	Schleißheim	2	1
	I. Gruppe	Bf 110	Arnhem/Deelen	27	13
	III. Gruppe	Bf 110	Steinamanger	20	14
Nachtjagdgruppe 10		Bf 110, He 219, Bf 109	Werneuchen	22	3
TOTAL				494	301
INSGESAMT				1176	671

145

Die in Mittelitalien stationierte 15. US-Luftflotte begann schon zu Beginn des Jahres 1944, mit großen Verbänden das Reich von Süden her anzugreifen. Die bereits überdehnten deutschen Abwehreinrichtungen wurden dadurch noch weiter strapaziert. Das Foto zeigt *Liberator*-Bomber der 15. US-Luftflotte über den Alpen, beim Anflug auf die Flugzeugwerke in Wiener Neustadt am 12. April 1944./USAF.

In den Wochen nach Beginn der Invasion waren die strategischen Bomber voll zur Unterstützung der Bodenkämpfe eingesetzt, doch als der Landekopf dann schließlich erweitert werden konnte und Flugplätze hinzukamen, übernahmen die taktischen Luftstreitkräfte der Alliierten allmählich auch die Wünsche der Armee. Die schweren Bomber wurden dadurch wieder für Angriffe gegen Ziele in Deutschland frei.

Am 8. Juni, genau zwei Tage nach der ersten Landung in Frankreich, gab General Carl Spaatz der 8. und 15. US-Luftflotte bekannt, daß die Unterbindung der feindlichen Ölversorgung künftig das »strategische Ziel Nummer eins« sein würde. Man kam überein, daß die 15. US-Luftflotte von Italien aus die Bekämpfung der Raffinerien in Österreich, Ungarn, Rumänien und Süddeutschland und die 8. US-Luftflotte die Bekämpfung

der in Mittel- und Ost-Deutschland gelegenen übernehmen sollte. Das Bomber Command der RAF hatte zur gleichen Zeit die 10 Werke für die synthetische Benzingewinnung im Ruhrgebiet anzugreifen. Die Offensive gegen die deutsche Ölindustrie hatte zwar schon Mitte Mai begonnen, gewann aber erst jetzt, nachdem die französische Küste fest in alliierter Hand war, drohende Umrisse. Die Wirkung dieser wiederholten Angriffe zeigte sich unmittelbar und auch später. Während die deutsche Industrie noch im April 175 000 t Flugbenzin herstellte (d.h. vor Aufnahme der Bombenoffensive), waren es im Juni nur 55 000 t, also noch nicht einmal ein Drittel. Wenn nichts geschah, bald geschah, würde die Luftwaffe binnen kurzem lediglich über ein großes Aufgebot an Flugzeugen, aber ohne Benzin, verfügen. Die deutsche Jagdwaffe stellte sich auf diese neue Situation durch veränderte Ausstattung und Taktik ein. Die zweimotorigen Zerstörerverbände, welche sich im Kampf mit den Begleitjägern als zu verwundbar gezeigt hatten, wurden nach und nach herausgezogen und die Piloten auf einmotorige Jäger gesetzt. Da aber auch diese einmotorigen deutschen Jagdflugzeuge aufgrund

146

Einer der Gründe, weshalb die in Italien stationierten strategischen Bomber nicht voll zur Wirkung kamen, waren die kümmerlich ausgestatteten Flugplätze. Hier rollt eine B24 über eine teilweise überschwemmte Landebahn./USAF.

ihrer für die Bomber gedachten schweren Bewaffnung den amerikanischen Jägern nicht gewachsen waren – beeinträchtigte das zusätzliche Gewicht die Wendigkeit doch wesentlich – führte Generalmajor Galland den Begriff der »schweren« *Sturmgruppen* und der »leichten« *Jagdgruppen* ein: erstere gegen die Bomber, letztere gegen den Begleitschutz.

Die *Sturm*-Einheiten wurden mit der A8-Version der Fw 190 ausgerüstet, die außer einer verstärkten Panzerung als Hauptbewaffnung zwei 30 mm-Kanonen erhielt. Sie waren für den Kampf mit den Bombern auf kürzeste Entfernung bestimmt. Die *leichten Gruppen* hingegen flogen mit einer abgemagerten Panzerung, was ihrer Geschwindigkeit und Wendigkeit im Luftkampf mit feindlichen Jägern zugute kam. Da sich die amerikanischen Bomberströme teilweise bis zu 320 km in die Länge zogen, konnte ihr Begleitschutz nicht überall sein, schon gar nicht massiert. Der deutsche Plan

sah daher die Zusammenziehung eines starken *Gefechtsverbands* aus einer *Sturmgruppe* und zwei *leichten Gruppen* vor – insgesamt etwa 100 Maschinen – welcher sich jeweils nur ein einziges Kampfgeschwader vorzunehmen hatte. Diese neue Taktik wurde in der ersten Juliwoche mehrfach angewendet, doch zunächst ohne schlüssigen Erfolg.

Früh am Morgen des 7. Juli starteten in England 756 *Fortress* und 373 *Liberator* zum Angriff auf Fabrikanlagen im Raume Leipzig und auf Werke für die künstliche Benzingewinnung in Böhlen, Leuna-Merseburg und Lützgendorf. Während die schweren Kampfflugzeuge unbarmherzig gen Osten dröhnten, gab der Leitoffizier der 1. Jägerdivision in pausenloser Reihenfolge Funkanweisungen an Major Walter Dahl weiter, der sich in seiner Fw 190 von Süden her näherte. Ihm dichtauf folgte ein geschlossener *Gefechtsverband,* bestehend aus der *Sturmgruppe IV* des JG 3 mit Fw 190 A-8 unter Führung von Hauptmann Wilhelm Moritz sowie zwei *leichten Deckungsgruppen,* die vom JG 300 abgezogen waren. Hart westlich von Leipzig bekam Dahl sein Wild zu Gesicht: ein Bomber-Block nach dem anderen bewegte sich in langer Kolonne gen Osten. Der deutsche Verbandsführer schwenkte mit seinen Maschinen ein und beschrieb einen Halbkreis, um einem der Kampfgeschwader in den Rücken zu kommen. Wie es das Glück wollte, besaß dieser überhaupt keinen Begleitschutz. Der Angriff des Gefechtsverbands traf die zuunterst fliegende Staffel der 492. Bomber-Gruppe. Von ihren *Liberator*-Bombern taumelte einer nach dem anderen vom Himmel, bis schließlich alle elf abgeschossen waren. Die gesamte Staffel wurde ausgelöscht. Nach diesem verheerenden Angriff nahm sich der deutsche Verband den nächsten Bomber-Block vor, wenngleich auch mit weniger Erfolg. Wenn man einmal von den 11 Maschinen der 492. Gruppe absieht, fällt die Feststellung schwer, welche amerikanischen Verluste dem *Gefechts-Verband* noch zuzuschreiben sind. Die 2. Fliegerdivision verlor insgesamt 23 *Liberator* durch die verschiedenartigsten Einwirkungen, doch die Masse davon durch Dahls Männer. Neun deutsche Jäger fielen dem Abwehrfeuer der Bomber zum Opfer und drei machten Bruchlandungen. Fünf Piloten wurden getötet. Gemessen an den damaligen Vorstellungen der

Luftwaffe, hatte es sich um einen äußerst erfolgreichen Einsatz gehandelt. Als Antwort auf die *Gefechtsverband*-Taktik ließen die Amerikaner unverzüglich die Flanken ihrer Bomber durch starke Jägerkräfte decken, die den schwerfälligen deutschen Verband noch vor Erreichung seines Ziels aufzubrechen hatten. Gelang es den *Mustang* und *Thunderbolt* in den Rücken der *Sturmgruppe* zu kommen, richteten sie dort oft beträchtliches Unheil an. Die gepanzerten Fw190 hatten strikte Order, nicht aus dem Verband auszuscheren bevor die Bomber erreicht waren und gingen dann eine nach der anderen zu Boden, da sie sich weder wehrten noch flohen.

Die eigentliche Antwort auf die *Gefechtsverband*-Taktik war aber die Fortsetzung der Schwächungsangriffe auf die deutsche Öl-Industrie, welche sich jetzt schon kaum mehr imstande zeigte, die Luftwaffe hinreichend mit Lebensblut zu versorgen. Was die Industrie insgesamt durchmachte, mag der Leser am Beispiel des Werks Meerbeck von Rheinpreußen erkennen, welches 5 km nordwestlich Homberg am Westufer des Rheins lag. Es stellte aus Koks Benzin, Dieselöl und Wachs her. Da die Raffinerien für die künstliche Betriebsstoffgewinnung nach einem Luftangriff meist sehr rasch wieder die Arbeit aufnahmen – sofern das Management tüchtig war – hatten die alliierten Planer eine regelmäßige Wiederholung ihrer Besuche vorgesehen.

Gefechtsverband. Ein Anblick, der einem das Blut in den Adern gerinnen lassen kann: Ein *Gefechtsverband* aus der Sicht der angegriffenen Bomberformation. Die *Sturmgruppe* bestand aus rund 30 schwer bewaffneten und gepanzerten Focke Wulf Fw 190 für den Angriff auf die Bomber. Zwei *leichte Gruppen* hatten die Aufgabe, die amerikanischen Begleitjäger abzuschirmen.

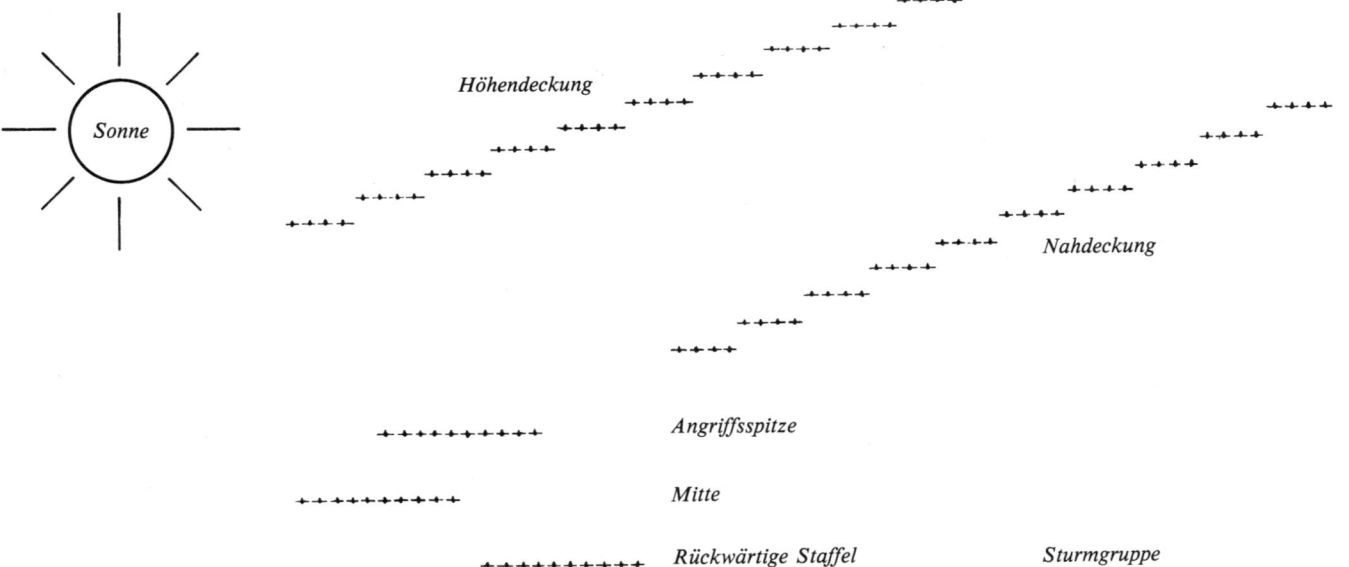

Sonne

Höhendeckung

Nahdeckung

Angriffsspitze

Mitte

Rückwärtige Staffel   Sturmgruppe

148

Der Beschützer wird beschützt: Eine Lightning der 1. Jagdgruppe, deren rechter Motor durch Flaktreffer außer Gefecht gesetzt ist, wird von den Fortress der 2. Bombergruppe sicher heimgeleitet. (7. Juli, Angriff auf die Raffinerie Bleckhammer).

Der erste Angriff auf Meerbeck, ein im Rahmen der neuen Offensive der RAF zugeteiltes Ziel, fand in der Nacht des 26. Juni statt. Ein kleiner Mosquito-Verband führte den Einsatz durch und zwar so präzise, daß die Produktion daraufhin nur noch 62 t betrug, gegenüber 176 t am Vortage. Fünf Tage später waren die Instandsetzungsarbeiten so weit gediehen, daß schon wieder über 100 t hergestellt werden konnten. Die Bomber erschienen erneut und zerstörten die Hauptdruckluftleitung sowie alle Gasbehälter, so daß die Produktion zeitweilig völlig unterbrochen wurde. Nachdem es schließlich in der Nacht des 16. Juli gelungen war, durch die Reparatur den Ausstoß erneut auf 137 t pro Tag anzuheben, kamen in der darauf folgenden Nacht

Mosquito und drückten die Produktion auf 93 t herunter. Vier Nächte später erschien dann die RAF mit einem Aufgebot von 147 schweren Bombern, was zur Folge hatte, daß vier Fünftel der Raffinerie entweder zerstört oder schwer beschädigt und die Benzinerzeugung von neuem unterbrochen wurde. Allerdings brachten sich die deutschen Nachtjäger in dieser Nacht noch einmal nachdrücklich in Erinnerung und schossen 20 Bomber (13,6 % der Angreifer) ab. Die sofort begonnenen Instandsetzungsarbeiten liefen noch auf vollen Touren und die Produktion war noch nicht wieder aufgenommen, als die RAF am 27. August ihren nächsten Besuch abstattete. Und da man seitens der Führung des Bomber Command die deutsche Tagjagdwaffe schon weitgehend abgeschrieben hatte, erlaubte man sich diesmal ein immerhin riskantes Experiment: einen Tagangriff auf die Raffinerie Meerbeck durch 200 schwere Bomber in Verbindung mit der gleichen Zahl

Mustang der 332. Jagdgruppe überfliegen ihren Feldflugplatz in Italien in niedriger Höhe, bevor sie einen Fernauftrag antreten./USAF.

von *Spitfire* Begleitjägern, deren Eindringtiefe durch Zusatztanks gesteigert war und die über dem Objekt eingreifen konnten, sofern dies erforderlich sein sollte. Der Versuch zahlte sich aus. Alle Bomber kehrten zurück. Wegen der neuen Verwüstungen der Anlage konnte die Produktion erst im Oktober wieder aufgenommen werden.

Das Ergebnis war besonders erfreulich, wenn man die Verluste mit denen des vorangegangenen Nachtangriffs verglich. Wer hätte noch vor einem Jahr vorauszusagen gewagt, daß es so weit kommen würde, daß Einflüge bei Tage, tief in das verteidigte Reichsgebiet, einmal harmloser als die nächtlichen Angriffe werden könnten? In den nun folgenden Wochen entwickelte die RAF die Tagangriffe zu einem Standard-Verfahren.

Da die deutsche Jagdwaffe offenkundig außerstande war, die Ölindustrie zu verteidigen, mußte die Luftwaffe zu diesem Zweck die Flak umgruppieren. Man verlegte schwere Flak in großer Zahl, und machte auf diese Weise die Raffinerien zu regelrechten Festungen, zu *Hydrierfestungen*. Um einen Eindruck vom Umfang dieser Reorganisation zu vermitteln, möge das Beispiel der 14. Flakdivision dienen, welche für die Verteidigung des Industriegebiets um Leipzig verantwortlich war und in deren Zuständigkeit auch der Schutz der wichtigen Treibstoffwerke Leuna-Merseburg, Böhlen und Tröglitz, Espenhain, Rositz und Mücheln fiel. Die Division

150

hatte zu Beginn des Monats Mai insgesamt 374 schwere Geschütze zur Verfügung: 342 vom Kaliber 8,8 cm (davon 54 erbeutete und auf 8,8 cm aufgebohrte russische 8,2 cm-Kanonen), 24 Kal. 10,5 cm und 8 vom Kal. 12,8 cm.

Sofort nach Einsetzen der Luftangriffe wurde der energische Generalmajor Adolf Gerlach mit der Führung der Division betraut und erhielt den Auftrag, den Schutz der Raffinerien neu aufzubauen und zu verstärken. Generalfeldmarschall Milch und Reichsminister Speer machten ihm zugleich klar, daß von der Sicherung dieser Objekte der Ausgang des Krieges abhängig sei. Da seine Aufgabe für das Überleben der Nation von ausschlaggebender Bedeutung war, wurde Gerlach sowohl in bezug auf Menschen als auch Material überall höchste Priorität eingeräumt und seine Division in den folgenden Monaten fast verdreifacht.

Bei der Übernahme seines Kommandos standen für den Schutz des großen Werkes Leuna-Merseburg lediglich 104 Geschütze zur Verfügung. Seinen Anstrengungen war es zu danken, daß sich schließlich die sechsfache Zahl in Stellung befand.

Nachdem es Gerlach gelungen war, sich die erforderlichen Waffen zu besorgen, ging er daran, auch deren taktischen Einsatz zu verbessern. Da die alliierten Bomber in großem Umfang Düppel und Funkstörung gegen die Kommandogeräte einsetzten und die ihm anvertrauten Objekte vornehmlich Tagangriffen ausgesetzt waren, brauchte er für ein wirkungsvolles Planschießen in erster Linie eine optische Feuerleitung. Er untersagte daher das bisher übliche Einnebeln, welches zwar das Ziel verhüllte, die Bomber aber auch dem optischen Anrichten entzog. Die Feuereröffnung erfolgte normalerweise in dem Augenblick, in dem die Bomber die höchstreichweite der Kanonen erreicht hatten (etwa 9000 m bei der 8,8 cm). Der Richtpunkt für eine Batterie war für gewöhnlich die vorderste Maschine eines Kampfverbandes, obwohl auch noch weitere angerichtet werden konnten, sofern mehrere Batterien den gleichen Gegner bekämpften. Es wurde für besonders wichtig gehalten, daß jede Bomberwelle in dem Augenblick erfaßt wurde, in dem sie zum Bombenangriff ansetzte. Das wiederum brachte insofern große Schwierigkeiten mit sich, als die amerikanischen Bomberwellen in Abständen von 15 Sekunden aufeinander folgten,

wohingegen selbst eine hervorragend getrimmte Geschützbedienung 20-30 Sekunden benötigte, um nach der einen Welle die nächste anzurichten. Schließlich gelang es der 14. Flak-Division, dennoch ein praktisches Verfahren zu entwickeln: die Batterien, die rechts vom anfliegenden Verband in Stellung waren, hatten die ungeraden Wellennummern unter Beschuß zu nehmen – die erste, dritte, fünfte usw. – während die geraden Nummern von den auf der anderen Seite befindlichen Batterien ausgewählt wurden. Batterien, die genau in der Anflugrichtung lagen, suchten sich das jeweils günstigste Ziel aus.

Waren die Informationen für das Kommandogerät zu ungenau oder zu lückenhaft, als daß man damit hätte vorausberechnet schießen können, legten die Kanoniere einen Feuerabwehrriegel genau vor die Bomber in Höhe des Bomben-Auslösepunktes, wobei die Zünder auf die geschätzte Flughöhe eingestellt wurden.

Diese Methode war aufgrund des hohen Munitionsverbrauchs allerdings nicht die Regel, und wurde lediglich bei den wichtigen Objekten erlaubt.

Die Masse der von der 14. Flak-Division verschossenen Munition bestand aus Sprenggranaten, doch wurden im Sommer 1944 auch Versuche mit 10000 Brand-Sprenggranaten durchgeführt. Diese gaben bei der Explosion eine große Zahl kleiner Kugeln frei, welche ein Flugzeug in Brand setzen konnten, sofern sie die Betriebstofftanks durchschlugen.

Die von der 14. Flak-Division geschützten Raffinerien und Chemiewerke im Raume Leipzig wurden vom Sommer 1944 bis zum Kriegsende von den Besatzungen der USAAF als die am härtesten verteidigten und gefährlichsten Ziele angesehen. Außer den oben geschilderten Maßnahmen zur Unterstützung der aktiven Verteidigung, wurden aber auch noch passive Vorkehrungen getroffen, um die Angriffswirkung auf die Ölraffinerien herabzusetzen.

Wo immer es sich anbot, wurden zum Beispiel Splitterwälle aus Beton und tiefe Luftschutzbunker gebaut, wodurch die Arbeiter nicht nur geschützt wurden sondern stets auch schnell zur Hand waren, wenn es galt, nach dem Angriff die Feuer zu löschen und aufzuräumen. Das Heer stellte 7000 Pioniere zur Unterstützung der Instandsetzungsgruppen ab, zu denen sich auch Fremdarbeiter in größerer Zahl gesellten. Und um ein

Boxted, Sommer 1944: eine *Thunderbolt* der 56. Jagdgruppe rollt an den Start. Im Vordergrund werden 4901-Abwurftanks aus Pappmaché für den nächsten Einsatz fertig gemacht./USAF.

Nachlassen der Moral zu verhindern, kam das ganze schließlich unter die besondere Kontrolle der SS.

Doch trotz all dieser Maßnahmen fiel unter den fortgesetzten Luftangriffen die Betriebsstoffproduktion in sich zusammen. In Übereinstimmung mit der alliierten Planung wurde die Herstellung von Flugbenzin hierbei am härtesten getroffen. Während der Ausstoß im April noch 175 000 t betragen hatte, waren es im Juli 35 000 t, im August 16 000 t und im September letztlich nur noch 7000 Tonnen. Zwar hatte sich die Luftwaffe noch unter Zuhilfenahme gehorteter Bestände durch den Sommer zu bringen vermocht: einer halben Million Tonnen, die man vor Angriffsbeginn als Reserve angelegt hatte. Doch dann überstieg der Verbrauch die Produktion dermaßen, daß bereits im September die Hälfte dieses Vorrats aufgebraucht war. Die rauhe Wirklichkeit einer echten Betriebsstoffkalamität ließ sich jetzt nicht mehr verbergen. Die Grundausbildung für Flugzeugführer wurde völlig eingestellt, nahezu alle mittleren und schweren Bomberverbände aufgelöst, der Einsatz von Luftaufklärung weitgehend eingeschränkt. Erdkampfunterstützung war nur noch in »entscheidenden Situationen« erlaubt. Wegen des Mangels an Benzin profitierte die Luftwaffe auch nicht davon, daß die Produktion von einsitzigen Jägern jetzt zu einer nie dagewesenen Höhe angelaufen war: 3802 Maschinen allein im September.*

Die deutschen Hoffnungen bezüglich einer Besserung der Lage über dem Reichsgebiet hingen jetzt gänzlich an der Einführung zweier neuer und von hochoktanigem Benzin unabhängigen Flugzeuge: der Messerschmitt Me 163 und der Messerschmitt Me 262. Beide waren überdies schneller als die *Mustang* und ausreichend bewaffnet, um mit Bombern kurzen Prozeß machen zu können.

Als erstes gelangte die Me 163 zum Einsatz, eine völlig neuartige, schwanzlose Maschine mit Raketenmotor.

* Diese Zahl ist erstaunlich hoch, besonders angesichts der schweren Zerstörung der deutschen Flugzeugwerke und der weit verstreuten Fertigungsstätten. Trotzdem muß festgehalten werden, daß die alliierten Hilfsquellen denen der deutschen Luftwaffe um ein Vielfaches überlegen waren. Allein die drei amerikanischen Flugzeugzellen-Werke Boeing in Seattle, Douglas in Long Beach und Consolidated Vultee in San Diego übertrafen bei weitem den Spitzenausstoß der deutschen Flugzeugindustrie in Bezug auf Materialgewicht.

Sie war ihrer Zeit voraus, hatte eine max. Geschwindigkeit von 900 km/h, erreichte eine Höhe von 9000 m in etwa 3 Minuten und war mit zwei 3 cm-Kanonen bewaffnet. Diese unbestrittenen Vorzüge wurden aber durch die Nachteile des Raketenantriebs wieder aufgehoben. Die beiden Spezialtreibstoffe – C-Stoff (eine chemische Verbindung von Methylalkohol, Hydrazin-Hydrat und Wasser) und T-Stoff (einem hochkonzentrierten Wasserstoffsuperoxyd) – waren im Falle einer Vereinigung hochexplosiv und bedurften sorgfältigster Behandlung. Waren noch Treibstoffreste an Bord, konnte eine Bruchlandung zu einer äußerst gefährlichen Angelegenheit werden. Ferner hatte der Raketenmotor einen derartig hohen Verbrauch, daß der Tankinhalt von 2 Tonnen bei Vollast lediglich knapp vier Minuten vorhielt. War der Kraftstoff verbraucht, mußte der Pilot zusehen, wie er sein Flugzeug im Gleitflug auf seinen Platz zurückbekam. Aufgrund dieser Umstände belief sich der Aktionsradius auch nur auf 40 km und machte die Me 163 praktisch zu einem Objektschutzjäger.

Bis zum Ende August gelangten 29 Flugzeuge dieses Typs an die Luftwaffe zur Auslieferung.

Thunderbolt der gleichen Einheit in eng aufgeschlossener Formation. Diese wurde sowohl beim Anflug zum Rendezvous mit den Bombern als auch beim Rückflug gewählt./USAF.

Der zweite neue Jäger, die Me 262 mit 2 Strahltriebwerken, war der Me 163 in nahezu allen Bereichen überlegen. Obwohl ihre max-Geschwindigkeit von 865 km/h und die Steigleistung von 9000 m in 7 Minuten nicht ganz an die Me 163 heranreichten, konnte sie doch über eine Stunde in der Luft bleiben und verbrauchte Dieselöl, welches nicht nur reichlich vorhanden sondern auch sicher war. Die eingebaute starke Bewaffnung bestand aus vier 3 cm-Kanonen. Aber wie alle neuen Flugzeuge, wies die Me 262 natürlich auch Kinderkrankheiten auf, die sich in erster Linie auf die neuartigen Triebwerke bezogen. Man muß sich ins Gedächtnis zurückrufen, daß es sich bei dem Jumo 004 um das erste in Großserie hergestellte Düsentriebwerk handelte, und es noch viele grundsätzliche Probleme zu lösen galt. Eine besondere Schwierigkeit stellte damals der chronische Mangel an Nickel und Chrom in Deutschland dar, wodurch die Herstellung von hochwarmfesten Legierungen unmöglich war. Die Lebens-

153

dauer einer solchen Turbine belief sich daher nur auf etwa 5 Stunden, dann mußte sie grundüberholt werden.

Zwar hatte man sie bis zum Sommer so weit verbessert, daß die theoretische Laufzeit bis auf 25 Stunden gesteigert werden konnte, doch hielt sie im praktischen Einsatz selten auch nur halb so lange. Dennoch war im Juni der Druck der Ereignisse derart angestiegen, daß man mit der Me 262 in die Serie gehen mußte, ungeachtet noch immer vorhandenen technologischen Sorgen.

Die deutsche Luftwaffe hatte von diesem neuen Typ bis zum Ende August 130 Maschinen in Dienst gestellt, davon die Masse bei den Erprobungsstellen, den Erprobungskommandos für die taktische Entwicklung und in Schulen.

Die ersten alliierten Flugzeuge, die mit diesem neuen Düsenjäger Bekanntschaft machen sollten, waren die einsam in großer Höhe fliegenden *Spitfire-* und *Mosquito-*Aufklärer, die man sich seit Juni als Versuchsobjekte ausgesucht hatte. In der zweiten Julihälfte begann dann die I./JG 400 vom Flugplatz Brandis bei Leipzig aus, mit der Me163 Einsätze gegen die amerikanischen Verbände zu fliegen. Oberst Alvin Tacon, der am 28. Juli einen Schwarm *Mustang* der 359. Jagdgruppe führte, der zum Schutz eines Angriffs auf die Leunawerke eingeteilt war, hatte ein Scharmützel mit zwei dieser Raketenjäger. In seinem Bericht heißt es später:

»Die beiden von mir ausgemachten Maschinen kippten dicht nebeneinander nach links ab und vollführten in Richtung 6 Uhr einen Scheinangriff auf die Bomber und stellten in der Kurve den Raketenmotor ab.* Ich kurvte mit meinem Schwarm auf Kollisionskurs und versuchte, zwischen sie und den Bomberverband zu kommen. Als ihr Abstand zu den Kampfflugzeugen noch etwa 800 m betrug, drehten sie auf uns zu und ließen von den Bombern ab. Ihre Schräglage betrug ungefähr 80°, doch änderte sich ihr Kurs nur um 20°. Ihr Kurvenradius erschien sehr gross, doch die Wendigkeit um die Längsachse war ausgezeichnet. Ich schätzte ihre Geschwindigkeit auf 800–900 km/h. Beide Maschinen

* Der Walter HWK 109-509 A-1-Raketenmotor, mit dem die Me 163 B-1 angetrieben wurde, hinterließ einen dichten weißen Rauchstreifen, der bei verringerter Schubleistung verschwand. Die deutschen Piloten hatten bestimmt nur die Leistung zurückgenommen.

154

flogen dicht nebeneinander etwa 300 m unter uns hindurch. Mit einem Abschwung versuchte ich ihnen zu folgen. Aber der eine drückte weiter mit 45° nach unten weg, und der andere zog steil auf die Sonne zu, und ich verlor ihn aus den Augen. Als ich noch einmal nach dem anderen zurückblickte, war er bereits 8 km weit weg und 900 m tiefer.«

Weiter vermerkte Tacon, daß die deutschen Piloten »sehr erfahren aber wenig aggressiv« zu sein schienen, daß sich das letztere aber bald ändern würde und die Bomber mit direkten Angriffen zu rechnen hätten. Nachdem Generalmajor Kepner, der Befehlshaber des VIII. Jagdkommandos, Tacons Bericht gelesen hatte, unterrichtete er seine Einsatzverbände wie folgt:
» ... es muß mit dem vermehrten Auftreten dieses Flugzeugs sowie mit verbandsweisen Angriffen auf die hinten fliegenden Bomber gerechnet werden. Um das zu verhindern und um auf den Gegner rechtzeitig eindre-

In dem Bemühen, die schweren amerikanischen Tagangriffe auf die Raffinerien zu unterbinden, warf die Luftwaffe auch den kleinen Hochleistungs-Raketenjäger Me 163 in den Kampf. An den Schwierigkeiten, die der Pilot beim Einsteigen hat, erkennt man gut die geringen Ausmaße der Maschine./via Ethel.

Wegen der hohen Steiggeschwindigkeit und der giftigen Betriebsstoffkomponenten, mußte schon beim Start die Sauerstoffmaske getragen werden. Vor dem Piloten befindet sich ein 90 mm dickes Panzerglas zum Schutz gegen Abwehrfeuer der Bomber./via Ethel

hen zu können, haben sich unsere Einheiten künftig enger an die Kampfflugzeuge zu halten, damit sie zwischen diesen und den Angreifern stehen. Es wird erwartet, daß wir mit dieser Taktik Überraschungs- und Wiederholungsangriffen hinreichend begegnen können ...«

Taktisch gesehen war der Befehl vernünftig. Er bedeutete, daß die deutschen Jäger die langsamen Bomber mit nahezu Höchstgeschwindigkeit anzufliegen hatten und dabei lediglich einen Feuerstoß abgeben konnten. Den Deutschen war schon von Anfang an klar, daß die Me 163 nur in engster Zusammenarbeit mit den Bodenleitstellen eingesetzt werden konnte, da andernfalls der Treibstoff schon verbraucht sein würde, bevor es überhaupt zur Feindberührung gekommen war. Sie durfte daher erst im letzten Augenblick aufsteigen und mußte direkt in Schußposition gebracht werden. Um das zu ermöglichen, sollten auf Brandis und den übrigen Einsatzplätzen besondere Leitstellen eingerichtet werden: mit einem *Würzburg Riese* zur Zielerfassung und einem *Ypsilon*-Gerät zur Führung des Jägers. Der Jägeroffi-

Eine Me 163 startet auf dem Flugplatz Bad Zwischenahn. Man beachte die »Überschallknoten« im Feuergasstrahl./via Ethel.

zier war dann in der Lage, mit den auf seinem Auswertungstisch markierten relativen Positionen von Ziel und Jäger, den letzteren auf das erstere hinzudirigieren.

Diese durchdachten Maßnahmen zahlten sich aus, als am 5. August 3 Me 163 aus überhöhter Position aus der Sonne kamen, als unter ihnen ein großer Bomberverband mit Begleitschutz Magdeburg anflog. Ein Besatzungsmitglied von einer B 17 berichtete später, was er als hilfloser Zuschauer mitansehen mußte:

»Zwei Minuten nachdem wir die Wendemarke passiert hatten, sah ich die Kondensstreifen von drei Me 163, etwa 10 000 m hoch Richtung 9 Uhr. Sie flogen auf unseren Verband zu und wandten sich dann nach links zum Angriff auf drei P 51, welche in diesem Augenblick ungefähr 1000 m links über uns standen. Die Raketenjäger stießen auf die P 51 herab, wobei sie einen starken Kondensstreifen hinter sich herzogen und gingen

bis auf kürzeste Schußentfernung heran; dann zogen sie ihre Maschinen steil hoch und verschwanden im Himmel. Ich beobachtete, wie alle drei P 51 brennend abstürzten.«

Die *Mustang* gehörten zur 352. Jagdgruppe, und die deutschen Raketenjäger hatten ihren blutigen Einstand gegeben.

Genau zwei Wochen später, am 16. August, rächten die amerikanischen Begleitjäger einen ihrer Kameraden, als Lieutenant Colonel John Murphy in einer *Mustang* der 359. Jagdgruppe in der Nähe von Leipzig die erste Me 163 abschoß. Der deutsche Pilot, Leutnant Ryll, kehrte offenbar gerade im Gleitflug zu seinem Flugplatz Brandis zurück, denn Murphy holte ihn ohne Schwierigkeiten ein. Nachdem der Pilot der *Mustang* einen langen Feuerstoß abgegeben hatte, explodierte die Me 163. Leutnant Ryll wurde hierbei getötet.

Am 28. August hatten die Jäger der 8. US-Luftflotte ihre erste Begegnung mit der Me 262. Zwei *Thunder-*

bolt der 78. Jagdgruppe befanden sich in der Nähe von Brüssel gerade auf einem Patrouillenflug, als sie eine der neuen zweistrahligen Maschinen in 150 m Höhe auf Südwestkurs ausmachten. Die *Thunderbolt* stießen aus 3500 m herab, und nach einer kurzen Jagd zerschellte die deutsche Maschine mit hoher Geschwindigkeit am Boden.

Die neuen Düsenjäger setzten ihre unregelmäßigen Angriffe den ganzen September über fort und schossen einen Jäger und einen Bomber ohne eigene Verluste ab. Bedingt durch die extrem kurze Flugdauer, mußte die Me 163 auf ihrem Platz warten, bis feindliche Flugzeuge in ihre Nähe kamen; doch die fingen jetzt an, einen weiten Bogen um sie zu machen und so wurden Gelegenheiten für Abschüsse immer seltener. Wie wir bereits gesehen haben, war die Me 262 weitaus vielversprechender, und so kam es unter Major Walther Nowotny, mit 250 Luftsiegen einer der führenden Piloten der Luftwaffe, am 25. September zur Aufstellung des ersten Düsenjäger-Verbandes. Das »Kommando Nowotny« – zu Beginn mit 30 Me 262 ausgerüstet und als »Gruppe« gegliedert – flog seine ersten Einsätze gegen die Amerikaner von den in Norddeutschland gelegenen Flugplätzen Achmer und Hesepe aus.

Es ist seit dem Krieg viel über Hitlers Fehlentscheidung geschrieben worden, die Me 262 als »Blitzbomber« und nicht als Jäger für die Reichsverteidigung zu verwenden. Und es ist auch gesagt worden, daß die USAAF es nur diesem Umstand zu verdanken hat, daß sie im Sommer 1944 von schwersten Verlusten verschont blieb. Diese Auffassung läßt sich indessen kaum belegen. Auch ohne Hitlers Entscheidung hätte die deutsche Luftwaffe die Me 262 kaum vor Anfangs August als Jäger in Dienst stellen können – also 6 Wochen vor Aufstellung des Kommando Nowotny. Durch die Bombenangriffe auf die Messerschmitt-Werke in Augsburg und Leipheim anfangs des Jahres, hatte der Vorrichtungsbau für die Produktion des Flugzeugs ganz erheblich gelitten, doch vor allem – wie wir bereits gesehen haben – waren die Triebwerke vor Juni noch nicht serienreif. Zugegeben, Hitlers Befehl hat den Einsatz der Me 262 als Jäger ein wenig verzögert, und auch die Auslieferung an die Jagdverbände litt darunter zunächst in gewissem Maße, aber es ist übertrieben zu behaupten, daß allein dadurch die amerikanische Bom-

benoffensive gerettet worden sei. Fünf Jahre Krieg – und hier vor allem der Aderlaß, dem sich die Tagjagd im Frühjahr und Sommer 1944 hatte unterziehen müssen – sowie die Einstellung der Grundausbildung für Piloten, hatte die Einsatzfähigkeit der Luftwaffe derartig reduziert, daß auch ein neues und noch unerprobtes Flugzeug – egal mit welchen hervorragenden Eigenschaften bei störungsfreiem Funktionieren – den Verlauf des Krieges nicht über Nacht zu ändern vermochte. Für die Chefs der 8. und 15. US-Luftflotte stellte sich die Situation natürlich gänzlich anders dar, nachdem jetzt immer häufiger Meldungen über das Auftreten von Düsenjägern und Luftkämpfen mit diesen eintrafen.

Um die nur für kurze Zeit flugfähige Me 163 gegen die Bomber in Schußposition zu bringen, richtete die Luftwaffe ein spezielles Leitsystem ein. Bei diesem hier – in der Nähe des Flugplatzes Brandis, sieht man die Antenne des Jägerleitradars *Ypsillon./via Heise.*

Leutnant Korff, der Jägerleitoffizier des Flugplatzes Brandis am Auswertungstisch, von wo aus er den Einsatz der Raketenjäger Me163 überwachte./Heise.

Bis gegen Ende September hatten sowohl die Me 163 als auch die Me 262 nur wenig auszurichten vermocht. Das lag daran, daß sich immer nur wenige Maschinen im Einsatz befunden hatten und diese, wenn sie zu den Bombern aufzuschließen versuchten, sich stets einer Übermacht von Begleitjägern gegenüber sahen. Was aber im Falle eines massierten Angriffs auf eine Bomberformation geschehen würde, verursachte manch besorgte Miene im amerikanischen Hauptquartier.

Im Verlauf des Krieges waren den Deutschen zahlreiche alliierte Flugzeuge in die Hände gefallen, die wieder instand gesetzt werden konnten. Die Luftwaffe führte mit vielen von ihnen Erprobungen durch. Immer wieder wurde auch von Seiten alliierter Flugzeugbesatzungen das hartnäckige Gerücht verbreitet, daß derartige Maschinen – zum Teil noch mit der ursprünglichen Beschriftung – während der Luftschlacht über Deutschland gegen sie eingesetzt worden seien.

Für diese Behauptungen fehlen jedoch jegliche Beweise. Adolf Galland, der General der deutschen Jagdflieger,

ohne dessen Zustimmung eine derartige Kriegslist nie hätte angewendet werden können, versicherte dem Verfasser gegenüber, daß zu keinem Zeitpunkt erbeutete Feindflugzeuge zur Reichsverteidigung eingesetzt worden seien. Sieht man von der moralischen Seite einmal ganz ab, so wäre ein derartiger Einsatz aber auch taktisch unvernünftig gewesen. In einer verworrenen Kampfsituation ist die Unterscheidung zwischen Freund und Feind sowieso mitunter schwierig. Wären nun deutsche Besatzungen mit einzelnen *Fortress* oder *Liberator* in der Nähe eines amerikanischen Verbands geflogen, so hätten sie mit größter Wahrscheinlichkeit mit ihrem Abschuß durch eigene Jäger rechnen müssen. Genau so wäre es aber auch Jägern beim Anflug auf einen Bomberverband ergangen. Diese pflegten auf alles zu schießen, was irgendwie eine aggressive Haltung einnahm, wie viele amerikanische Begleitjäger zu ihrem Leidwesen hatten erfahren müssen. Kurzum, die Deutschen hätten durch den Einsatz erbeuteter gegnerischer Flugzeuge mehr Nachteile als Vorteile gehabt.

Trotz fehlender Beweise hat aber die Vorstellung in der USAAF viel Glauben gefunden, daß *Fortress*- und *Liberator*-Bomber mit deutschen Besatzungen versucht hätten, sich in die amerikanischen Formationen einzuschmuggeln. Wieso derartige Gerüchte leicht Fuß fassen können, ist auch unschwer einzusehen. Die Versammlung eines Bomberverbandes und Gliederung in riesige Kampfformationen ist eine äußerst komplexe Angelegenheit und geht nie reibungslos vonstatten. Stets gibt es einzelne Maschinen, die den Anschluß an ihre Gruppe verpassen. In solchem Falle bestand die Anweisung, unverzüglich Kontakt mit der nächstbesten herzustellen und mit dieser den Zielanflug durchzuführen. Captain Tom Marchbanks, der die 601. Staffel der 398. Bombergruppe führte, erinnerte sich später an einen Einsatz, bei dem er durch eine Startverzögerung den Anschluß verlor und mit einer anderen Gruppe einen Angriff auf Berlin fliegen mußte. Den anderen Maschinen war seine Gegenwart ganz offenkundig sehr verdächtig, denn während des gesamten Fluges – immerhin 4 Stunden bis zum Ziel – sah er die Bordwaffen der anderen *Fortress* ständig auf sich gerichtet, während seine eigenen Bordschützen jede unvorsichtige Bewegung vermeiden mußten, die auf eine

Im Verlauf des Krieges erbeuteten die Deutschen eine Anzahl amerikanischer Jagdflugzeuge. Überall waren Gerüchte im Umlauf, daß diese gegen ihre früheren Besitzer eingesetzt würden. Ehemalige Piloten und hohe Offiziere der deutschen Luftwaffe bestreiten dieses Gerücht. Erbeutete Feindflugzeuge wurden jedoch eingehenden Erprobungen unterzogen, wie diese *Mustang* mit dem Hakenkreuz am Seitenruder./Girbig.

feindliche Absicht hätten schließen lassen! Der Eindruck, daß die Deutschen erbeutete Flugzeuge in die Bomberströme einschleusen würden, herrschte auch bei den RAF-Nachtbomberbesatzungen vor. Aber auch hier wurden derartige Behauptungen von hohen deutschen Offizieren ganz eindeutig zurückgewiesen. Es wäre auch unvernünftig gewesen, genau so wie am Tage. Schon das Eindringen eines mit Radar ausgerüsteten Jägers in einen solchen Bomberstrom war schwierig genug, geschweige denn mit einem schweren Kampfflugzeug. Trotzdem kehrten viele Besatzungen mit Geschichten zurück, denen zufolge sie von *Lancaster-, Halifax-, Wellington- oder Stirling-*Bombern beschossen worden seien. Zweifellos infolge mangelnder Erkennung auf einer der beiden Seiten. Heinz-Wolfgang Schnaufer, das führende deutsche Nachtjäger-As, erinnerte sich an einen Vorfall, bei dem

eine *Lancaster* von einem anderen schweren Bomber unter Beschuß genommen wurde, gerade als er selbst mit seiner Bf 110 auf die erstere zum Angriff ansetzte. »Schnaufers« *Lancaster* schoß zurück und nach einem heftigen Feuerwechsel gingen schließlich beide Bomber in Flammen herunter, während sich der deutsche Pilot diskret zurückhielt, getreu Napoleons berühmter Wesung: »Störe keinen Gegner, der gerade einen Fehler begeht!«

Die Schlagkraft der in der Reichsverteidigung eingesetzten Jagdfliegerwaffe war während des Zeitraums Mai bis September weiterhin stetig zurückgegangen. Hierbei hatte die Tagjagd einschneidende Verluste an erfahrenen Besatzungen hinnehmen müssen, für die infolge der wegen Betriebsstoffmangel unterbrochenen Pilotenausbildung kaum mehr Ersatz zugeführt werden konnte. Ferner kam hinzu, daß die Amerikaner jetzt sehr viel mehr Jäger über dem Reichsgebiet einzusetzen vermochten, die technisch besser waren und deren Piloten über eine weitaus gründlichere Ausbildung verfügten als die der Luftwaffe. Diese neue Lage wirkte sich aber auch für die Nachtjagd negativ aus: aufgrund der

159

angespannten Betriebsstoffsituation konnten nie mehr als 50 Maschinen starten, gleichgültig wie schwer der Angriff auch war. Außerdem hatte die Eroberung weiter Teile Frankreichs und Belgiens durch alliierte Landstreitkräfte ein großes Loch in die deutsche Radar-Frühwarnkette gerissen, durch welches die nächtlichen Eindringlinge der RAF jetzt regelmäßig einflogen.

Ende September waren die alliierten Luftflotten imstande – sieht man einmal von seltenen Ausnahmen ab – tagsüber im deutschen Luftraum zu operieren, ohne dabei von der Luftwaffe wesentlich behindert zu werden. Die Dauer dieses Zustandes hing davon ab, wann und ob es den Deutschen gelingen würde, die neuen Düsenjäger in großen Stückzahlen zum Einsatz zu bringen. Bei den Nachtbombern war die Überlegenheit ähnlich, obwohl auch hier klar war, daß die Deutschen alles daransetzten, um dies zu ändern. Die Schlacht war noch lange nicht geschlagen.

7: Die Schlußphase

Die Schlagkraft von Luftstreitkräften ist ungeheuer, sofern sie auf keinerlei Widerstand stoßen.

Winston Churchill

Das späte Frühjahr und der Sommeranfang brachten an allen wichtigen Frontabschnitten weitere ernste Rückschläge für die deutschen Waffen mit sich, ohne daß man auf deutscher Seite imstande gewesen wäre, die erwarteten Schläge zu parieren. Im Westen waren die Deutschen nahezu völlig aus Frankreich und Belgien vertrieben worden. Im Süden setzten die Alliierten ihren Vorstoß durch Italien unablässig fort und standen jetzt im Norden vor der Lombardischen Tiefebene. Aber diese beträchtlichen Gebietseinbußen wurden noch von der Wucht der Sommeroffensive der Roten Armee überschattet, welche die deutschen Verbände aus ihren verbliebenen Positionen in Rußland geworfen und teilweise über 560 km nach Westen zurückgedrängt hatte. Hierbei wurden insgesamt 67 deutsche Divisionen entweder schwer angeschlagen oder völlig aufgerieben. Finnland hatte Rußland um Frieden ersuchen müssen, und Rumänien und Bulgarien standen jetzt im Krieg gegen Deutschland. Als die sowjetische Offensive schließlich zum Erliegen kam, hatten sich die ersten Vorausabteilungen der Roten Armee bereits in Ostpreußen festgesetzt.

Aber selbst diese Katastrophen ließen bei den Nazis keine Gedanken an Friedensverhandlungen aufkommen. Allerdings ist auch fraglich, ob die Alliierten mit sich hätten reden lassen, es sei denn über eine bedingungslose Kapitulation. So mußte der Krieg seinen bitteren Lauf also weiter nehmen. In Deutschland wurden die Zeichen der bevorstehenden Niederlage tagtäglich

deutlicher, ausgenommen vielleicht für die fanatischen Hitleranhänger. Wer aber die nüchternen Realitäten abzuschätzen verstand, der konnte nur mit Schrecken an die Zukunft denken, denn auf den totalen Krieg konnte nur eine totale Niederlage folgen. Die kämpfende Truppe, welche jetzt teilweise schon die Reichsgrenzen verteidigte, war entschlossen, bis zum bitteren Ende weiterzumachen.

Was die meisten Deutschen damals dachten, wird vielleicht am besten durch eine Redensart jener Tage gekennzeichnet: »Genieße den Krieg, denn der Friede wird fürchterlich.« Die neuen deutschen »Geheimwaffen«, an denen so viele Hoffnungen hingen, hatten den alliierten Druck bisher kaum zu vermindern vermocht. Weder die V1 noch die V2 hatten in London schwere Schäden anzurichten vermocht. Die gefährlichen neuen U-Boote standen infolge der alliierten Bombenangriffe nicht rechtzeitig zur Verfügung, und bis zu ihrem Einsatz konnten noch Monate vergehen. Und die neuen Düsen-Jäger und -Bomber schließlich waren ebenfalls nicht in so ausreichenden Stückzahlen vorhanden, als daß sie sich ernsthaft hätten bemerkbar machen können.

Es wurde von kaum jemandem bezweifelt, daß die deutschen Düsen-Jäger – massiert eingesetzt – den bei Tage operierenden amerikanischen und britischen Bomberverbänden schwere Verluste zufügen könnten. Aber gegen die Nachtangriffe der schweren britischen Kampfflugzeuge konnten auch sie nichts ausrichten. Nachdem im vergangenen März die Nachtabwehr mit der Vernichtung von 107 schweren Bombern ihren Höhepunkt erreicht hatte, war auch sie stetig unwirksamer geworden. Dafür gab es vier Gründe: zwei davon – nämlich die Betriebstoffknappheit sowie der Verlust von Belgien und Frankreich, d.h. der Verteidigungstiefe – sind be-

161

reits erwähnt worden. Die beiden anderen nachteiligen Faktoren, einmal ein Kompromiß bei den beiden wichtigsten deutschen Elektronikgeräten sowie zum anderen die Aufstellung einer neuen Einheit zum Schutz der nächtlichen Einflüge des Bomber Command, wirkten sich unmittelbarer auf die deutschen Verteidiger aus. Am frühen Morgen des 13. Juli hatte eine einzelne Maschine, die man für eine *Mosquito* hielt, den RAF-Flugplatz Woodbridge in Suffolk umkreist und mit einem grünen Leuchtzeichen die Landeerlaubnis erhalten. Das Flugzeug setzte auf und rollte bis ans Ende der Landepiste aus, wo die Besatzung die Motoren abstellte und ausstieg. Aber erst als der Abholbus erschien, wurde man gewahr, welches Geschenk dem Bomber Command hier in den Schoß gefallen war: es handelte sich nämlich um einen Nachtjäger Junkers Ju 88 vom neuen Typ »G«, mit SN-2-Radar und *Flensburg* Peilanlage. Der noch unerfahrene Unteroffizier war irrtümlicherweise in der entgegengesetzten Richtung seines Kompaßsteuerkurses geflogen, und glaubte in der Gegend von Berlin zu sein. Die Spezialisten des Bomber Command machten sich unverzüglich an die Untersuchung ihrer Beute und entwickelten binnen Tagen neue Taktiken, mit denen bei den folgenden Nachtangriffen die deutschen elektronischen Abwehreinrichtungen unwirksam gemacht werden konnten.

Um das SN-2-Gerät lahmzulegen, begannen die Bomber mit dem Abwurf neuer Düppelstreifen, deren Größe auf die veränderte Wellenlänge zugeschnitten war, und als Antwort auf die Peilanlage *Flensburg* setzte man das Heckwarnradar *Monica* praktisch ganz außer Betrieb.

Für diejenigen, die sich zum Aufspüren des Gegners auf SN-2 und *Flensburg* verlassen mußten, waren diese Gegenzüge bereits sehr unangenehm, doch sollte den Nachtjägern noch schlimmeres blühen. Schon zu Beginn des Jahres 1944 hatte man im Bomber Command mit der Aufstellung einer neuen Gruppe begonnen: der Gruppe 100 unter Führung von Air Vice Marshal Edward Addison. Sie war mit schweren Kampfflugzeugen ausgestattet, die bei Bombenangriffen für die Funkstörung zu sorgen hatten, sowie mit Langstrecken-

Die drei wichtigsten deutschen Nachtjägertypen im letzten Kriegsjahr. Hier die Messerschmitt Bf 110G mit der in der Bugnase montierten Lichtenstein SN-2-Antenne sowie Antennen an den Flächenenden für das Flensburg-Gerät, zum Anpeilen von Bombern mit der Heckwarnanlage *Monica*./Seeleey.

Die Junkers Ju88G mit SN-2-Antenne und dem Antennenkopf des *Naxos*-Geräts oberhalb des Cockpit, zur Aufnahme der von den Bombern kommenden H2S-Ausstrahlungen./Crown copyright.

Eine anfangs des Jahres 1944 aufgenommene Heinkel He219 mit SN-2-Antenne. Da dieses Gerät zunächst auf kurze Entfernung schlechter war als auf größere Entfernung, wurde es noch durch das alte *Lichtenstein* BC – siehe die mittlere Antenne – ergänzt./via Schliephake.

Air Vice Marshal E.B. Addison, Kommandeur der Gruppe 100 der RAF, war mit dem Schutz der Nachtbomer gegen die feindliche Abwehr betraut.
Addison

Nachtjägern vom Typ Mosquito, zum Schutz gegen die deutsche Nachtjagd.

Im Oktober 1944 bestand die schwere Abteilung der Gruppe 100 aus je einer Staffel *Fortress* und *Liberator* sowie aus zwei *Halifax*-Staffeln. Ferner war die aus *Halifax-, Wellington-* und *Mosquito*-Flugzeugen zusammengesetzte 192. Staffel vorhanden, deren Aufgabe darin bestand, den Luftraum nach den verräterischen Signalen neuer deutscher Radargeräte zu durchforschen. Die *Halifax* für die Funkstörung verfügten an Bord über je acht *Mandrel*-Sender, welche eine Weiterentwicklung jenes Geräts darstellten, das sich seit 1942 bei der Truppe befand.

Die *Fortress* und *Liberator* waren mit zwei neuen Geräten ausgestattet, die dazu angetan waren, den Nachtjägern die Aufgabe zu erschweren: *Jostle* und *Piperack*.

Bei Jostle handelte es sich um einen Hochleistungssender, der die Jägerleit-Frequenz mit Störgeräuschen zu überlagern hatte – um eine verstärkte Ausführung der früheren *Airborne Cigar*.

Piperack hingegen sollte Störsendungen auf der Wellenlänge des SN-2-Radar ausstrahlen. Außerdem war vorgesehen, daß alle viermotorigen Flugzeuge dieser Gruppe große Mengen von Düppel-Streifen aller Art mit sich führen konnten.

Die Taktik, die von Addisons Funkstör-Verband angewandt wurde, war einfach und doch wirkungsvoll. Die Maschinen wurden zu vier verschiedenen Aufgaben herangezogen: *Mandrel*-Abschirmung, Abwurf von Düppelstreifen, Nahdeckung von Bomberverbänden und direkter Einsatz über dem Ziel. Für die *Mandrel*-Abschirmung wurden gewöhnlich etwa 8 *Halifax* angesetzt. Diese hielten untereinander einen Abstand von rund 24 km und arbeiteten mit all ihren Störsendern. Der hierdurch abgedeckte Sektor des deutschen Frühwarnsystems betrug 248 km. In ihm konnten die Bomberverbände nunmehr unentdeckt einfliegen oder – falls sie nicht kamen – mußten die Nachtjäger auf ziellose Suche gehen und kostbares Benzin verfliegen. Der Düppel-Einsatz wurde von 10–20 Maschinen vorgenommen. Jede einzelne warf große Mengen von Staniolstreifen ab, wodurch auf den deutschen Radarschirmen der Eindruck entstand, daß sich starke Bomberverbände im Anflug befanden. Die verdutzten Jägerleitoffiziere der Luftwaffe standen nun ihrerseits vor der Frage, welches die richtigen und welches die simulierten Angriffe waren. Diese Irreführung konnte noch weiter getrieben werden, indem man die mit der Täuschungsaufgabe betrauten Flugzeuge in verschiedenen Richtungen sandte, den eigentlichen Angriffsverbänden vorausfliegen ließ oder sie auf halbem Wege von diesen trennte. Auf diese Weise kamen die deutschen Leitstellen nie aus dem Rätseln heraus. Mußte die Nahdeckung des Bomberstroms übernommen werden, flogen die *Liberator* und *Fortress* in diesem mit und schirmten ihn mit *Jostle-* und *Piperack*-Störsendungen ab. Der gefährlichste Auftrag für die Maschinen der 100. Gruppe war indessen die Unterstützung direkt über dem Zielgebiet.

Sergeant Kenneth Stone, der mit der *Liberator*-Einheit derartige Einsätze flog – und zwar mit der 223. Staffel, erinnerte sich später:

»Von allen Aufgaben der Bomber-Unterstützungs-

Eine *Halifax* der 192. Staffel bei der elektronischen Aufklärung neu auftretender deutscher Radargeräte./Thompson via Garbett/Goulding.

gruppe war das die kitzligste, weshalb die Besatzungen diese reihum wahrnehmen mußten.

Das Grundprinzip bestand darin, daß man sich schon 5 Minuten vor Eintreffen des Verbands über dem Ziel einzufinden hatte und dort auch noch 5 Minuten nach Beendigung des Angriffs verblieb. Man mußte also da herumhängen, während die Bomber anflogen, ihre Bomben warfen und so schnell wie möglich wieder abhauten. 15 Minuten sind in einer solchen Situation eine verdammt lange Zeit. Normalerweise flogen diese Unterstützungsmaschinen 600–1200 m über dem Bomberstrom und lähmten dabei mit den Störsendern die Flak- und Scheinwerfermeßgeräte, die Funksprechfrequenzen der Nachtjäger und ihr elektronisches Leitsystem, kurz sie lenkten in der kritischsten Phase die Abwehr von den Bombern ab.«

Mit einem ganzen Arsenal von Tricks, fast wie beim Poker, unterstützten die Einheiten der 100. Gruppe alle folgenden Unternehmungen des Bomber Command. So wurde zum Beispiel in der Nacht vom 4. Dezember eine viergeleisige Aktion gegen Karlsruhe und Heilbronn im Süden und Hagen und Hamm am Nordrand des Ruhrgebiets gestartet. Hierbei legten zunächst einmal Flugzeuge der 100. Gruppe eine dichte Düppel-Spur direkt in das Zentrum des Ruhrgebiets und warfen anschließend auch Markierungs- und Leuchtbomben, so als sollte der eigentliche Angriff unmittelbar folgen. Dieses Täuschungsmanöver zog praktisch alle Nachtjäger an, die sich zu diesem Zeitpunkt in der Luft befanden, so daß der eigentliche Angriffsverband seine Aufgabe bei nur 15 verlorenen Flugzeugen lösen konnte, d.h. 1,7 % der 892 beteiligten Kampfflugzeuge. Die 100. Gruppe büßte bei diesem Einsatz keine Maschine ein. Ursprünglich hatte man befürchtet, daß die Täuschungsgruppe gehörige Verluste würde hinnehmen müssen, nachdem sie erst einmal alle Nachtjäger auf sich gezogen hätte. Aber in dem beschriebenen Fall litt sie genauso wenig wie der eigentliche Angriffsverband, da der Himmel um sie herum derart mit Düppel-Streifen verseucht war, daß die deutschen Nachtjäger-Leitstellen große Mühe hatten, die weit auseinander gezogenen Maschinen zu orten.

oben: Eine *Liberator* der 223. Staffel mit Störsendern im Bombenschlacht./Wallis

unten: Um den Bombern zu schaden, muß man sie nicht unbedingt treffen: ein *Jostle* R/T-Störsender auf einem Spezialtransporter./IWM

Das Protokoll einer Besprechung, die am 5. Januar im Reichsluftfahrtministerium in Berlin abgehalten wurde, brachte die Wirksamkeit der Stör- und Täuschungsmanöver der 100. Gruppe unbeabsichtigt zum Ausdruck.

Der gerade kurz zuvor beförderte Generalleutnant Adolf Galland hatte über die bisherigen hervorragenden Leistungen der Nachtjagdwaffe gesprochen, dann jedoch hinzugefügt: »Heute richtet sie nichts mehr aus. Der Grund hierfür ist bei den gegnerischen Störsendun-

Jostle-Sender in ihrer Verladegrube, von wo aus sie in die Öffnung der *Liberator* gehoben wurden, die zuvor die Bodenkanzel aufgenommen hatte. Mit einer Sendeleistung von 2.5 Kw kann der *Jostle* auch noch nach heutigen Maßstäben als äußerst starke Störanlage gelten./IWM

gen zu suchen, die unser gesamtes Ortungssystem am Boden und in der Luft lahmlegen. Alle übrigen Gründe sind zweitrangiger Natur.«

So eindrucksvoll das alles schon war, stellte die Funkstörung doch nur einen Teil der Unterstützung dar, die die 100. Gruppe den Kampffliegerverbänden zuteil werden ließ. Nicht minder bedeutend war die Arbeit der sieben *Mosquito*-Nachtjäger-Staffeln, die »ihre Stachel« zeigten. Außer ihrer überlegenen Leistung, besaß die *Mosquito* auch noch den Vorteil des fortschrittlichen AI 10 Radar-Geräts, mit dem gegen Kriegsende fast alle Jäger der Gruppe ausgerüstet waren und welches sich den entsprechenden Geräten der Luftwaffe als weit überlegen erwies. Außerdem führten viele *Mosquito* auch noch ein oder zwei Peilanlagen mit an Bord, die es den Besatzungen gestatteten, die deutschen Nachtjäger schon außerhalb der Radar-Reichweite ausfindig zu machen: *Serrate IV* und *Perfectos*. *Serrate IV* war eine Weiterentwicklung des bestehenden *Serrate*-Geräts und sprach auf die SN-2-Impulse an. Bei *Perfectus* handelte es sich um ein ganz heimtückisches Gerät, dessen ausgesandte Wellen in den deutschen Flugzeugen die Freund-Feind-Kennung auslösten, und dadurch dem englischen Jäger eine Peilmöglichkeit bzw. Position angaben.

Der Einsatz der *Mosquito* der 100. Gruppe war mit der Bomben- und Scheinangriffen sorgfältig koordiniert Schon zu Beginn einer jeden Nachtunternehmung machten sich einige zwanzig dieser Langstreckenjäger auf den Weg und hängten sich stundenlang über alle Flugplätze, von denen eine Störung des eigenen Bomberanflugs ausgehen konnte. Sie schossen dabei auf alles, was sich rührte. Andere *Mosquito* umkreisten inzwischen das deutsche Nachtjäger-Funkfeuer, von dem man annahm, daß es angesichts der festgestellten Bomber-Einflugroute zur Versammlung dienen würde. Eine dritte *Mosquito*-Gruppe, schließlich, übernahm die Flankendeckung der Angriffsverbände, sobald diese feindliches Gebiet erreicht hatten.

Eine besonders erfolgreiche Voraus-Begegnung dieser Art hatte eine *Mosquito* der 100. Gruppe in der Nacht vom 4. November bei der Unterstützung eines schweren Luftangriffs auf Bochum. Ihr Pilot war der Squadron Leader Bransome Burbridge, Beobachter war Flight Lieutenant W. Skelton. Nach Abschuß einer

Nachdem die Tagjagdwaffe außerstande war, die amerikanischen Einflüge zu verhindern, blieb der Luftwaffe als einzige Alternative der Ausbau der Flakabwehr *Fortress* überfliegen Bremen in schwerem Flakfeuer/USAF (oben).

Diese *Fortress* der 398. Bombergruppe kehrte mit einem Flaktreffer zurück, den sie am 15. Oktober 1944 über Köln erhalten hatte, wobei der Bombenschütze getötet wurde.

Der Pilot, 1st Lieutenant Lawrence De Lancey, berichtete darüber später: »Nachdem ich mich von dem Schock der Explosion erholt hatte, stellte ich sofort fest, daß alle vier Motoren liefen und die Steueranlage in Ordnung war. Die Propeller der Motoren 2 und 3 berührten die herunterbaumelnden Bug-MG, doch hörte das bald auf. Beim Anflug auf unseren Flugplatz setzte ich in steilem Winkel zur Landung an – mit Gas und teilweise ausgefahrenen Landeklappen. Der Fahrtüberschuß wurde dadurch vernichtet, und wir hatten einen nur verhältnismäßig kurzen Auslauf. Nachdem wir ausgerollt und die Bremsen wieder freigegeben waren, hielten wir gerade am äußersten Ende der Landepiste.«/USAF (unten).

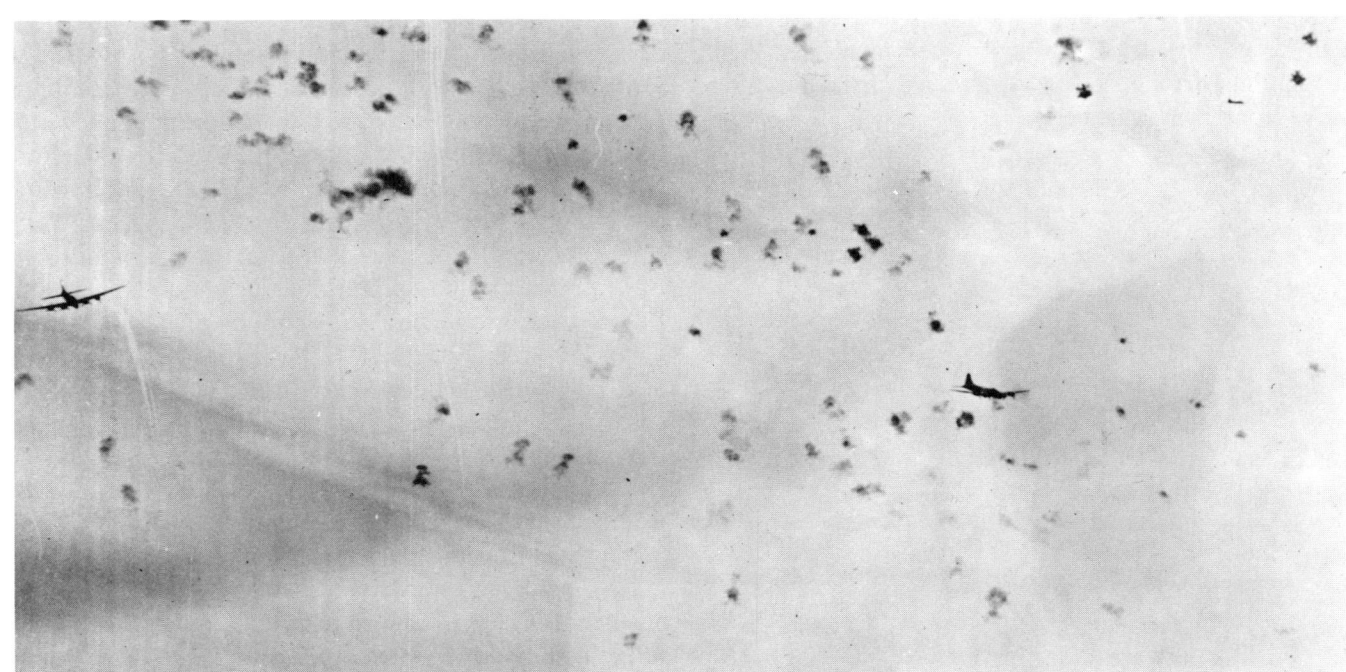

Mosquito der 85. Staffel die zu den Nachtjäger-Einheiten der 100. Gruppe gehörten und in der Schlußphase des Krieges den deutschen Fliegern sehr zu schaffen machten.

Ju 88 und Luftkampf mit einer weiteren, machte die Besatzung südlich Köln einen schwach beleuchteten Flugplatz aus. Sie flogen näher heran und sahen jetzt die Lichter einer gerade zur Landung ansetzenden Maschine. Über das weitere berichtete Burbridge:

» ... Eine Minute später hatten wir einen kurzen Kontakt mit einem Flugzeug und sahen dieses schemenhaft über uns hinwegziehen, konnten es aber nicht verfolgen. Doch als wir eine Rechtskurve in Richtung auf den Flugplatz einleiteten, hatte Flight Lieutnant Skelton einen weiteren Kontakt, diesmal auf der Nordseite des Platzes, auf 3,5 km. 60° steuerbord und in unserer Höhe, die etwa 300 m über Grund betrug. Nach erfolgtem Anflug identifizierten wir die Maschine als eine Bf110. Offenbar hatte der Flugzeugführer geschickt das Gas weggenommen, während er sich östlich des Flugfeldes befand, denn plötzlich waren wir nur noch 25 m entfernt direkt unter ihm. Ganz allmählich begannen wir jetzt zurückzufallen, zogen dann etwas hoch und lagen schließlich auf 120 m direkt hinter ihm. Ich gab einen sehr kurzen Feuerstoß ab. Im Nu war der ganze Rumpf nur noch ein Flammenmeer und heftig brennend stürzte die Bf 110 ab. Wir beobachteten den Aufschlagbrand etwa 8 km nördlich des Flugplatzes – wahrscheinlich Bonn/Hangelar.

Es war 20.32 Uhr und die Position 5048 N 0712 E. Wir drehten für einige Minuten nach Norden ab und flogen dann den Flugplatz von neuem an. Hierbei erhielt Flight Lieutenant Skelton auf 3.5 km, 80° Steuerbord, einen weiteren Radarkontakt. Als wir hinter den Gegner gelangten, schien er gerade in einer engen Linkskurve den Platz anzufliegen. Wir folgten ihm, und als es so aussah, als würde er zur Landung ansetzen, fuhr ich die Landeklappe um 10° aus. Dann bekam ich ihn auf eine Entfernung von etwa 500 m zu Gesicht. Da er das Fahrgestell noch nicht draußen hatte, nahm ich die Landeklappen wieder zurück. Wir sahen nun, daß wir eine Ju88 vor uns hatten, und so gab ich, auf 140 m und genau hinter ihr hängend, einen ganz kurzen Feuerstoß ab, welcher den Rumpf sofort in Brand setzte. Das Cockpit wurde weggeschleudert und ich machte einen Abschwung, um von den Trümmern nicht getroffen zu werden. Die Ju88 stürzte in Richtung auf den Flugplatz. Die Balkenkreuze waren im Flammenschein deutlich an der Maschine sichtbar. Schließlich kippte sie nach Steuerbord über und zerbarst auf einem umgepflügten Acker direkt nördlich des Flugplatzes. Zeit 20.40 Uhr.«

Für die *Mosquito*-Gruppe war es jedoch ungewöhnlich, auf freier Jagd in einer Nacht mehr als 4 oder 5 gegnerische Nachtjäger abzuschießen, erzielte sie doch weit weniger Luftsiege als die Begleitjäger bei Tage. Dennoch wurden die Aktionen der deutschen Nachtjäger durch ihre Anwesenheit ganz erheblich beeinflußt. Um den, wie es schien, allgegenwärtigen *Mosquito* auszuweichen, flogen die deutschen Piloten häufig in Höhen unter 200 m weit über Land und landeten und starteten dann auf nur spärlich beleuchteten Rollfeldern. Wie nicht anders zu erwarten, war dies dann die Ursache für viele Unfälle: ein müder Flugzeugführer, der auf einem vom Gegner überwachten und schlecht ausgeleuchteten Flugplatz zur Landung ansetzt, verschätzt sich nur zu leicht beim Anschweben und macht dann Bruch. Fliegt er bei ungünstigen Wetterbedingungen nur ein bißchen zu niedrig an, kollidiert er mit einer Bergkuppe oder Bodenerhebung, und hat er dann auch noch seine Freund-Feind-Kennung abgeschaltet, um einer möglichen Anpeilung durch *Perfectos* zu entgehen, konnte es passieren, daß er von der eigenen Flak abgeschossen wurde.

Derartige Verluste traten häufig auf und gingen in gleicher Weise auf das Konto der 100. Gruppe, wie die im Luftkampf abgeschossenen Maschinen. Hinzu kam ferner, daß die Betriebstoffknappheit die Zahl der Starts sehr begrenzte und es sich daher immer nur um die besten Nachtjägerbesatzungen handelte, die man deutscherseits losschickte. Eine Lücke, welche auf diese Weise gerissen wurde, konnte daher nie mehr aufgefüllt werden.

Während der ersten Monate des Jahres 1945 vermochten die nächtlich einfliegenden Maschinen praktisch ohne Gegenwehr über Deutschland zu operieren und ihre Anstrengungen auf die Ölindustrie, das deutsche Transportsystem und die Wohn- und Industriegebiete konzentrieren.

Die Verluste waren minimal. Um dem erfolgreichsten tiefen Vorstoß zu begegnen, der in der Nacht vom 13. auf den 14. Februar stattfand und bei dem die Stadt Dresden in zwei kurz aufeinanderfolgenden schrecklichen Luftangriffen zerstört wurde, brachte die deutsche Luftwaffe ganze 27 Nachtjäger zusammen. Von diesen wurden zwei durch *Mosquito* und einer durch die deutsche Flak abgeschossen. Der Angriffsverband hingegen verlor von 804 Maschinen nur 5, und auch von diesen wurde eine über dem Zielgebiet durch eine von oben kommende Bombe und eine weitere durch eine Kollision in der Nähe von Frankfurt zerstört.

»Der gesamte Rumpf war ein Flammenmeer. Heftig brennend stürzte die Bf110 ab ...«; eines der Flugzeuge, die Squadron Leader Burbridge in der Nacht des 4. November 1944 abgeschossen hat.

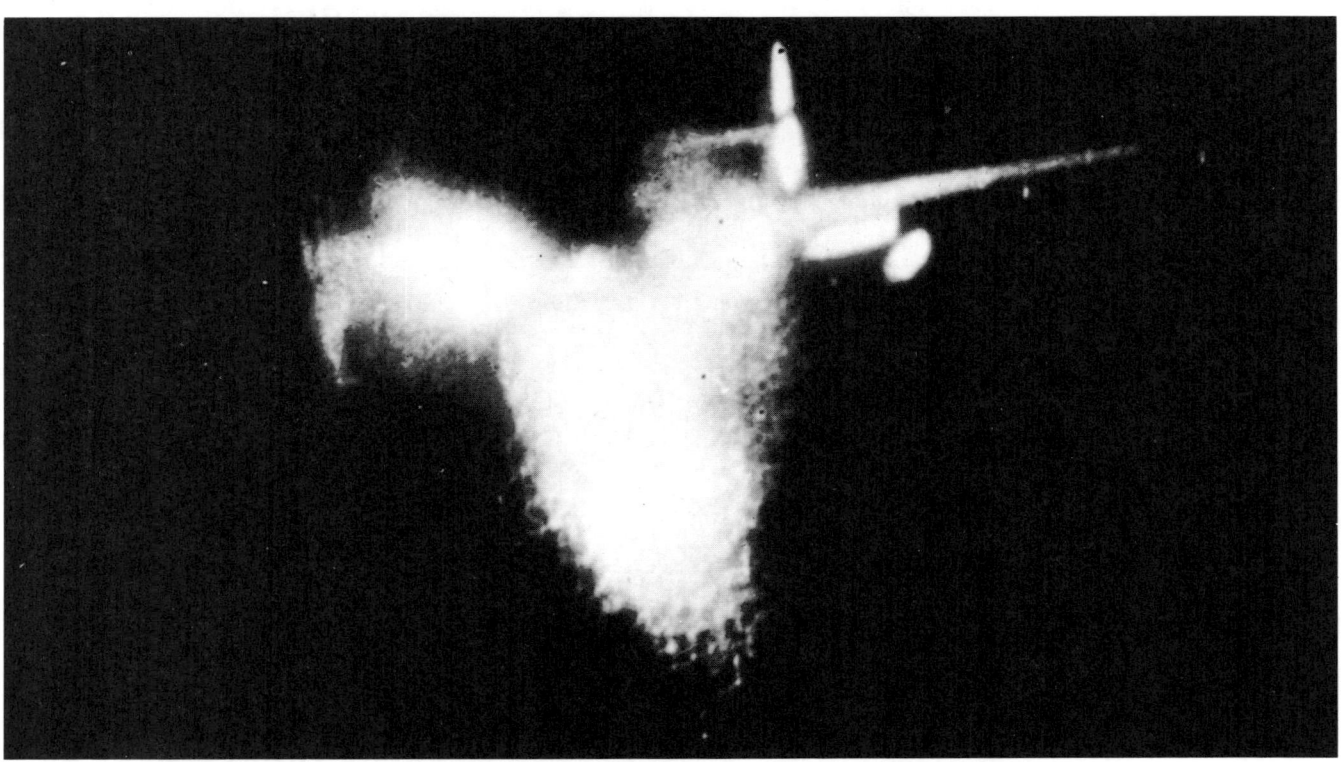

Einsätze des RAF Bomber Command gegen Ziele in Deutschland, Januar 1945

Um dem Leser einen Eindruck von dem Ausmaß der Kampfhandlungen des RAF Bomber Command in den letzten Kriegsmonaten und von der fast völlig daniederliegenden Abwehr zu vermitteln, sind hier die Tag- und Nachtangriffe sowie die jeweiligen Verluste im Januar 1945 aufgeführt. Bei jedem Datum handelt es sich um den Zeitraum von 08.00 h bis 07.59 h des folgenden Tages. Zielklassifizierung: A – Flächenziel, O – Ölziel, T – Transportsystemziel, M – sonstige Ziele.

Dat.	Tagesangriffe Ziel	Zahl der Maschinen	Verluste	Nachtangriffe Ziel	Zahl der Maschinen	Verluste
1.	Ladbergen (T)	102	1	Dortmund (O)	123	0
2.				Gravenhorst (T)	152	0
				Vohwinkel (T)	146	1
				Nürnberg (A)	514	4
				Ludwigshafen (M)	373	0
3.	Castrop-Rauxel (O)	49	0			
	Dortmund	50	1			
5.	Ludwigshafen (T)	160	2	Hannover (A)	650	28
6.				Hanau (A)	468	6
				Neuss (T)	147	0
7.				München (A)	645	10
11.	Krefeld (T)	152	0			
13.	Saarbrücken (T)	158	0	Saarbrücken (T)	264	0
				Pölitz (O)	218	2
14.	Saarbrücken (T)	126	0	Leuna-Merseburg (O)	573	9
				Grevenbroich (T)	139	0
				Dulmen (O)	103	1
15.	Recklinghausen (O)	82	0			
	Bochum (O)	63	0			
16.				Magdeburg (A)	364	17
				Zeitz (O)	328	8
				Brüx (O)	231	1
				Wanne-Eickel (O)	138	1
22.				Bruckhausen (O)	286	2
				Gelsenkirchen (O)	136	0
28.	Köln (T)	153	3			
29.	Krefeld (T)	148	0			
Insgesamt		1243	7 (0,6%)		6572	99 (1,4%)

Um einen Begriff davon zu bekommen, wie die Nacht-operationen gegen Kriegsende angelegt waren, wollen wir uns mit den genauen Vorkommnissen einer einzigen Nacht beschäftigen: der Nacht vom 3. März 1945. Die beiden Hauptangriffe wurden nahezu gleichzeitig gestartet, wobei die Kampfflugzeugverbände einen bereits bekannten Weg wählten: 234 *Lancaster, Halifax* und *Mosquito* flogen das Werk für synthetische Betriebsstoffgewinnung in Kamen an und 222 *Lancaster* und *Mosquito* die Überführung des Dortmund-Ems-Kanals über die Ems bei Ladbergen. Zwei weitere Gruppen, die aber jeweils nicht mehr als 100 *Mosquito*-

Bomber umfaßten, richteten kleinere Schläge gegen Berlin und Würzburg.

Den schweren Bombern stand die volle Unterstützung der 100. Gruppe zur Verfügung. Beim Überfliegen von Frankreich wurde ihre Annäherung durch einen *Mandrel*-Schirm maskiert, den 16 *Halifax* der 171. und 199. Staffel legten. Des weiteren flogen in der Vorhut 12 Flugzeuge mit, die durch ständigen Abwurf von großen Mengen Düppel-Streifen die Flugrichtung ebenfalls tarnten, und schließlich waren noch von der 214. und der 223. Staffel 8 *Fortress* und *Liberator* für die Nah-abschirmung durch *Jostle* und *Piperack* eingesetzt. Zum gleichen Zeitpunkt vollführten 17 Flugzeuge einen Düppel-Scheinangriff gegen den kleinen Eisenbahn-knotenpunkt Meppen, dessen Höhepunkt im Abwurf

Eine *Lancaster* EE 139 der 550. Staffel wird mit einer 500 kg-Bombe beladen. Die abgebildete Maschine hatte bereits 102 Einsätze hinter sich und flog bis zum Kriegsende noch 19 weitere./via Selinger.

Unten rast die Massenvernichtung; man sieht das von Brandbomben und Feuern erleuchtete Zentrum der Stadt Braunschweig während des nächtlichen Luftangriffs vom 15. Oktober 1944. Durchschnittlich waren etwa 15% der von den Alliierten abgeworfenen Bomben Blindgänger. Hauptursache war hierbei das Abbrechen der Stabilisierungsflossen von der Bombe während des Falls, wodurch die letztere ins Taumeln kam und nicht genau mit der Nase aufschlug. Die Entschärfung von Blindgängern wurde daher zu einer riesigen Aufgabe. Die Deutschen zogen dazu weitgehend Freiwillige aus den Konzentrationslagern heran – siehe Bild unten – denen man für diese gefährliche Arbeit besondere Vorrechte einräumte./Krüger.

173

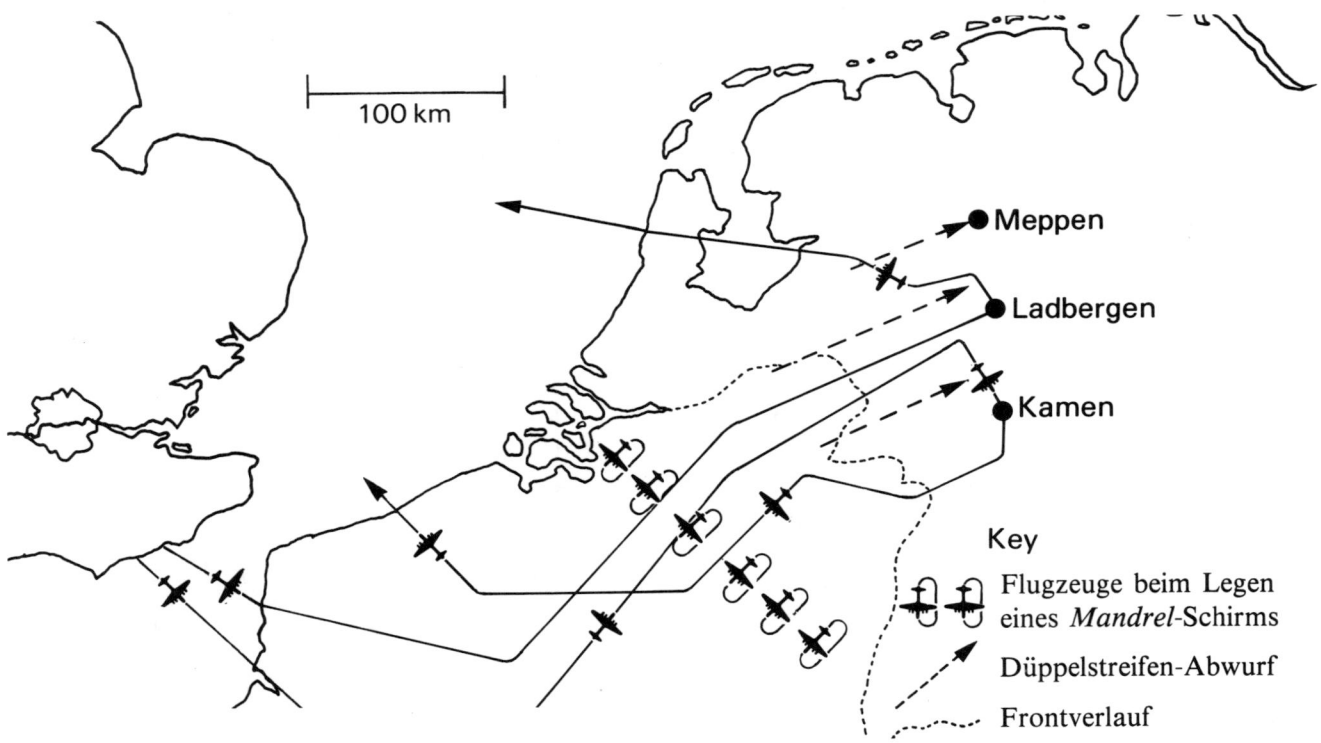

Key

Flugzeuge beim Legen eines *Mandrel*-Schirms

Düppelstreifen-Abwurf

Frontverlauf

Der Angriff auf Ladbergen und Kamen in der Nacht vom 3. März 1945.

von Zielmarkierungen bestand. Diese Einflüge wurden von 29 *Mosquito*-Jägern gedeckt, welche an den Flanken patrouillierten. Insgesamt gelangten 91 Maschinen der 100. Gruppe zum Einsatz.

Bei Ladbergen wurde die Kanalüberführung von zehn tief fliegenden *Pfadfinder-Mosquito* mittels roter Leuchtbomben genau markiert, welche trotz überhängender Stratus-Wolkendecke von den hoch fliegenden Bomberbesatzungen gut auszumachen waren. Als erste setzten die *Lancaster* der 9. Staffel zum Angriff an, von denen jede eine »Tallboy«-Bombe von 5,4 t Gewicht mit sich führte; dann erst warfen die übrigen ihre 500 kg-Bomben ab. Diese Lawine hochexplosiven Sprengstoffs riß an verschiedenen Stellen das Kanalufer weg, wodurch sich das Wasser in die umliegende Landschaft ergoß.

Der deutsche Jägerleitoffizier hatte die Bomber im Anflug auf Ladbergen erkannt und eine Handvoll Nachtjäger zusammengekratzt. Diese schossen drei Bomber ab und beschädigten einen weiteren. Über dem Ziel schlug den Angreifern Flakfeuer mittlerer Stärke entgegen, welches den Verlust von zwei und die Beschädigung von fünf Maschinen zur Folge hatte. Zwei Flugzeuge gingen aus unbekannten Gründen verloren.

Das Abdrehen der für Kamen bestimmten Kräfte war indessen nicht von der deutschen Abwehr bemerkt worden, und so gab es auch keine Störung durch Nachtjäger. Acht *Oboe*-geführte *Pfadfinder-Mosquito* markierten die Raffinerie, und der anschließende massierte Angriff traf die Anlagen so schwer, daß die Produktion zum Stillstand kam. Von den zurückkehrenden Maschinen wiesen zwei Beschädigungen durch Flak auf, doch ging keine einzige verloren.

Mithin betrugen die Gesamtverluste sieben Kampfflugzeuge und einen *Mosquito*-Jäger. Die anderen *Mosquito*-Jäger meldeten keine Feindberührung. Aber die deutsche Nachtjagdwaffe war beileibe noch nicht tot. Sie besaß noch die Flugzeuge und die Besatzungen und war aufgrund des gehorteten Benzins wohl in der Lage, noch einmal groß in Erscheinung zu treten.

Während die Bomber von Ladbergen und Kamen heimwärts strömten, hoben über 100 deutsche Nachtjäger ab und machten sich mit donnernden Motoren an die Verfolgung: die deutsche Luftwaffe führte das von langer Hand geplante Unternehmen *Gisela* durch, den ersten Einsatz grossen Stils gegen die Basen des Bom-

174

ber Command seit dem Sommer 1941. Der Angriff war wohl vorbereitet. Oberleutnant Hans Krechmer, Ju88-Radarbeobachter im NJG 4, erinnert sich noch daran, daß er eine Woche zuvor den Auftrag hatte, inmitten eines heimkehrenden Bomberstroms mitzufliegen, um dessen Landeverfahren zu beobachten.

Über England sah er, wie verschiedene Flugzeuge ihre Positionsleuchten einschalteten – leichte Ziele – aber seine Besatzung hatte die strikte Anweisung, nicht zu kämpfen, sondern nur zu beobachten. Doch diese Zurückhaltung war jetzt aufgegeben, als die Ju88 und He219 in zwei großen Wellen über die Nordsee und in Richtung auf die Einsatzplätze der Bomber in Norfolk, Suffolk, Lincolnshire und Yorkshire fegten. Siebenundzwanzig Flugplätze wurden angegriffen und mit Kanonen, MG-Feuer und Bomben beharkt. Dabei wurden nicht nur heimkehrende Bomber, sondern auch solche auf Übungsflügen erwischt.

Insgesamt wurden über England 48 Flugzeuge in Kämpfe verwickelt, von denen 22 abgeschossen und 8

beschädigt wurden. Auf englischer Seite wurden 6 Abschüsse gemeldet. Für die deutsche Luftwaffe war es ein erfolgreicher Einsatz, doch konnte er in diesem Umfang nie wiederholt werden. Zwei Wochen später in der Nacht vom 18. März starteten 18 Ju88 von Holland aus zu einem Angriff gegen die Plätze der britischen Bombenflugzeuge. Da aber für diese Nacht keinerlei Bombenangriffe vorgesehen waren, gelang es ihnen nur, ein Schulflugzeug abzuschießen. Es sollte sich um

Zwei der neuesten deutschen Nachtjäger gegen Kriegsende: der Düsenjäger Me262 B-1a/U1 mit *Lichtenstein SN-2* Radar – rechts – und die Ju88 G-7b mit *Neptun*- sowie der weniger gebräuchlichen *Morgenstern*-Antennenanlage – unten.

Dieses »Marbach« Zentimeterwellen-Radargerät, ein Teil des »Egerland« Flak-Feuerleitsystems, hätte kaum gestört werden können, aber es kam nicht mehr zum Einsatz./Telefunken.

die letzte Angriffshandlung des Krieges der deutschen Luftwaffe gegen England handeln.

Während die Kampfhandlungen sich ihrem Ende näherten, wurden bei der Luftwaffe noch verschiedene neue Radargeräte eingeführt, von denen *Neptun* und *Berlin* die wichtigsten waren. Sie wurden als Ersatz für das jetzt fast völlig unbrauchbare Lichtenstein SN-2-Gerät in verschiedenen Nachtjägern eingebaut sowie für das Flakleit-Radar *Egerland*. Sie arbeiteten zunächst unbeeinträchtigt von den Störsendungen durch die 100. Gruppe, bis schließlich ein Funküberwachungsflugzeug der 192. Staffel ihre Zeichen aufnahm. Unabhängig davon, hatte man eine aus Düsenjägern vom Typ Me262 bestehende Spezialeinheit unter Führung von Oberleutnant Kurt Welter aufgestellt, die wenigstens einige der des nachts so unverfroren über Deutschland brummenden *Mosquito* erledigen sollte. Diese Anti-*Mosquito*-Einsätze begannen im Januar 1945, und zwar zunächst vom Flugplatz Burg aus, etwa 110 km westlich Berlin gelegen, und später von den Autobahnen. Die einsitzigen Jäger waren anfänglich auf Suchscheinwerfer zur Beleuchtung ihrer Beute angewiesen, was in gewissem Sinne an die *Helle Nacht-Jagd*-Taktik des Jahres 1940 erinnert, doch kurz vor Kriegsende standen auch ein paar doppelsitzige Schulmaschinen mit *Neptun*-Radar zur Verfügung. Wahrscheinlich kamen von den 13 *Mosquito,* die während der ersten drei Monate des Jahres 1945 im Raume Berlin verloren gingen, die meisten auf das Konto von Welters Düsenjägern. Doch für Nachteinsatz gegen schwere Bomber waren die Me262 ganz einfach zu schnell, und sobald man bei den launischen Düsenaggregaten mit dem Gas zurückging, kam es leicht zum »Flammabriß«.

Aber Neuerungen gab es nicht nur auf einer Seite bei Kriegsende. Immer größer wurde die Zahl der viermotorigen Maschinen des Bomber Command, die man mit Radar-Zielvorrichtungen vom Typ *Village Inn* in Verbindung mit dem überschweren MG Kaliber 12,5 mm ausstattete. Damit war es jetzt technisch möglich, feindliche Jäger bei Nacht schon außerhalb der Sichtgrenze zu bekämpfen, was die Lage der deutschen Besatzungen nahezu hoffnungslos gemacht hätte. Doch bevor das radargelenkte Schießen freigegeben werden konnte, mußte erst die Frage der Zielerkennung gelöst sein. Dazu war es erforderlich, die gesamten schweren Kampfverbände mit in der Bugnase montierten Infrarot-Identifizierungslampen auszurüsten. Die hierbei eintretenden Lieferverzögerungen und Montageschwierigkeiten gestatteten nicht, daß es bis zum Kriegsende zur generellen Einführung dieses neuen Schießverfahrens kam. Eine von der 100. Gruppe vorgeschlagene interessante Idee war auch die Koppelung von *Village Inn* mit Düppelstreifen, um Hinterhalte zu schaffen. Da die Flugzeuge eines derartigen Scheinangriffverbandes stets weit auseinandergezogen flogen, konnten ihre MG-Schützen gefahrlos auf alles schießen, was in Sicht kam. Hätte also ein deutscher Nachtjäger den Versuch unternommen, eine Düppel-

Major Walter Nowotny – oben – war der Führer der ersten Me262 Düsenjäger-Gruppe, die ab Oktober 1944 gegen die amerikanischen Bomber zum Einsatz gelangte. Die Düsenmaschinen hatten es mit den überall auftauchenden amerikanischen Langstreckenjägern jedoch nicht leicht, und nachdem Nowotny tödlich abgestürzt war, wurden die Unternehmungen der Gruppe binnen Monatsfrist eingestellt./Bundesarchiv.

Unten: Me 262 rollen von der Fertigungsstraße des getarnten Werks Laupheim bei Ulm. Die ersten Flugversuche wurden von der nahegelegenen Autobahn aus durchgeführt. Zwar wurden bis zum Kriegsende insgesamt 1300 Me262 gebaut, doch gelangten aufgrund des allgemeinen Durcheinanders nur wenige zum Einsatz./Selinger.

Links: Das Ziel-Radar *Village Inn,* hier in Verbindung mit dem 12,5 mm Zwillings-MG im Heckstand einer *Halifax.* Es hätte den deutschen Jagdfliegern das Leben ganz schön sauer gemacht, wäre es gelungen, auch das Identifizierungsproblem rechtzeitig zu lösen. Trotz der deutschen Nachtjäger mit Düsenantrieb, erlitten die hoch und schnell fliegenden *Mosquito*-Bomber bis Kriegsende doch nur geringe Verluste. Die obige Maschine mit der Seriennummer LR503 – war mit 203 Einsätzen innerhalb von 2 Jahren die berühmteste von allen. Bei allen Flügen wurde nach OBOE navigiert. Bis zum Waffenstillstand kamen noch 10 weitere dazu.
Lees, via Garbett/Goulding.

Nachtjäger den Versuch unternommen, eine Düppel-Wolke näher zu untersuchen, wäre ihm ein heißer Empfang zuteil geworden. Der Krieg war jedoch zu Ende, bevor der Gedanke in die Praxis umgesetzt werden konnte.

Während die letzten Kriegsmonate für die Nachtbomber relativ ohne große Störungen verliefen, waren die neuen deutschen Düsenjäger zu einer allgegenwärtigen Bedrohung für die Tagbomber geworden. Die Me262 des *Kommando Nowotny* begannen sich anfangs Oktober 1944 bemerkbar zu machen. Doch die amerikanischen Planungsoffiziere waren sich der Achillesverse des neuen Düsenjägers wohl bewußt, und richteten Patrouillen über ihren Einsatzplätzen ein. So konnten denn auch die *Mustang* die ersten Erfolge verzeichnen und am 7. Oktober drei Me262 abschießen. Besonders

Mustang der 353. Jagdgruppe machen sich in Raydon Suffolk zum Start bereit, um den Angriff auf Berlin am Heiligabend 1944 zu unterstützen./USAF.

erfolgreich war hierbei 2nd Leutenant Urban Drew von der 361. Jagdgruppe, der Leutenant Kobert und Oberleutnant Bley kurz nach dem Start erwischte und beide zu Boden schickte.

Nowotnys Einheit hatte anfangs große Schwierigkeiten, ihre Maschinen einsatzbereit zu halten. Nicht nur die neuen Triebwerke sondern auch die Fahrgestelle und Waffen warfen Probleme auf: die Me262 hatte eine Landegeschwindigkeit von rund 190 km/h, wobei die aus aufbereitetem und synthetischem Gummi hergestellten Reifen häufig platzten, die Bremstrommeln überhitzt wurden und die Bremsbeläge verbrannten.

Bei der Bewaffnung erwiesen sich die Gurte für die schwere 30 mm-Munition als nicht stark genug, und während enger Kurven mit hoher g-Belastung brachen sie leicht. Ende Oktober verfügte das Kommando nur noch über drei einsatzfähige Maschinen. Selten war es gelungen, mehr als drei Flugzeuge gleichzeitig gegen die Bomber anzusetzen, wobei lediglich 22 Luftsiege errungen werden konnten.

Bis zum 8. November flogen die Düsenjäger jedoch weiter. An diesem Tage erhielten sie einen schweren Schlag: vier Maschinen gingen verloren, auch die von Nowotny, der dabei den Tod fand. Wie es dazu kam, ist nie ganz geklärt worden, da keine alliierte Abschußmeldung mit ihm in Einklang gebracht werden kann. Nowotny hatte eine von *Mustang* begleitete Bomberformation angegriffen. Seine letzte Meldung über Funk besagte: »Habe gerade dritten Gegner abgeschossen ... linker Motor ist ausgefallen ... werde wieder angegriffen ... bin getroffen ...« Was dann noch folgte, war verstümmelt und wurde am Boden nicht verstanden. Die Me262 schlug brennend auf, ohne daß der Flugzeugführer hätte aussteigen können.

Nach dem Tod von Nowotny wurde das Kommando zeitweilig aus dem Einsatz gezogen, um die Verluste zu ergänzen sowie um wichtige Abänderungen und weitere Ausbildung durchzuführen. Die Einheit hatte in fünf Wochen Kampf von insgesamt 30 Me262 26 verloren, viele aufgrund technischer Defekte oder durch Flugunfälle. So endete die erste Phase der deutschen Düsenjäger-Abwehr, nachdem schon die Verwendung der Me163 infolge des knappen Raketentreibstoffs sowie der Bombardierung ihrer Fertigungsstätten praktisch zum Stillstand gekommen war.

Im Herbst 1944 war es den Deutschen indessen gelungen, den technischen Vorsprung der *Mustang* durch

Einführung der jüngsten »D«-Version der Focke Wulf Fw190 sowie der »G-10«-Ausführung der Messerschmitt Bf109 wieder einzuholen. Mit einem guten Flugzeugführer am Steuerknüppel waren diese Flugzeuge auch den schnellen amerikanischen Jägern ebenbürtig.

Den mit Kolbenmotoren ausgerüsteten deutschen Jägern gelang es gelegentlich immer wieder, unter Anwendung der *Gefechts-Verband*-Taktik und Meidung des amerikanischen Begleitschutzes, sich mit Elan auf einzelne Bomberverbände zu stürzen. Am 27. September hatten die Jäger von Major Gerhard Michalskis JG 4 eine wilde Kurbelei mit 37 *Liberator* der 445. Bombergruppe, in deren Verlauf sie 25 abschossen und fast alle übrigen beschädigten. Ein *Gefechtsverband* aus den JG 4 und JG 300 hatte am 6. Oktober eine ähnlich

Im Sommer 1944 erreichte die Produktion von einmotorigen deutschen Jagdflugzeugen einen absoluten Rekord. Über 3800 Maschinen wurden allein im September gebaut.
Messerschmitt Bf 109G werden vor der Fabrik in Augsburg einem Motorenprüflauf unterzogen. /via Schliephake

heftige Auseinandersetzung mit der 385. Gruppe und schickte 11 B17 zu Boden.

Am 2. November raffte sich die deutsche Luftwaffe noch einmal zu einer besonders nachhaltigen Verteidigungsanstrengung auf, indem sie rund 300 Jagdflugzeuge von 10 verschiedenen Gruppen tausend einfliegenden schweren Bombern und deren 450 Begleitjägern entgegenwarf. Hauptziel der Angreifer war Leuna-Merseburg. Wieder war es das JG4, welches hierbei den größten Abwehrerfolg erzielte. Sein *Gefechtsverband* war mit Leitstrahl auf einen *Fortress-Verband der 91. und 457.* Gruppe angesetzt worden. Stabsfeldwebel Bernhard Sitek, Bodenkanzelschütze in einer B17 der 457. Gruppe, hat folgende Erinnerung daran:

»Es ging alles ganz rasch, wie immer, wenn die Deutschen sich zum Kampf stellten. Wir hatten unseren Bombenanflug gerade hinter uns, als sich auch schon die Kondensstreifen von Jägern überall am Himmel abzeichneten. Freund oder Feind? Diese Frage bewegte Jeden.

Die wachsende Feuerkraft der deutschen Jäger: Um die zähen amerikanischen Bomber während des kurzen Anflugs zerstören zu können, wurde die Feuerkraft beträchtlich verbessert. Die nachfolgenden Zahlen geben das ungefähre Gewicht der Geschosse an, die mit einem Feuerstoß von 3 Sekunden abgegeben werden konnten (im Einsatz hatte ein Pilot seinen Gegner selten länger im Visier). Es handelt sich um Durchschnittswerte, da die Feuergeschwindigkeit ein und desselben Typs bis zu 10 % variieren konnte.

1942 Focke Wulf Fw 190:
zwei 7,9 mm MG und vier 20 mm Kanonen. Drei-Sekunden-Feuerstoß: 16,8 kg. Dieser Typ konnte auch zwei 210 mm Raketen mitführen.

1943 Focke Wulf Fw190 Zerstörerflugzeug:
zwei 13 mm MG, zwei 20 mm Kanonen und zwei 30 mm Kanonen. Drei-Sekunden-Feuerstoß: 33,5 kg.

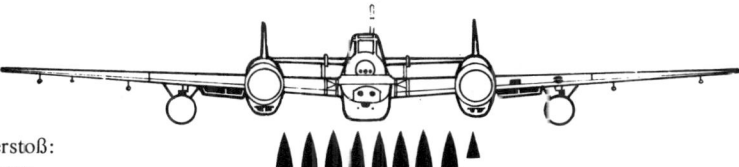

1943 Messerschmitt Bf110 Zerstörerflugzeug:
vier 20 mm Kanonen, zwei 30 mm Kanonen. Drei-Sekunden-Feuerstoß: 39 kg. Dieser Typ konnte ebenfalls vier 210 mm Raketen mitführen.

1944 Messerschmitt 262:
vier 30 mm Kanonen. Drei-Sekunden-Feuerstoß: 43,5 kg. Dieser Typ konnte auch zwei 210 mm oder vierundzwanzig 55 mm Raketen mitführen.

Bald sollten wir die Antwort erfahren. Es waren Fw 190 und Bf 109, die sich zu einem Wolfsrudel-Angriff formierten. Anfangs sah es so aus, als ob sie mit unserem Block auf gleicher Höhe wären, doch als sie näher kamen, gingen sie tiefer und zum Angriff auf den unteren und den Führungsblock über. Alle Maschinen folgten diesem Beispiel, mit Ausnahme des deutschen Führerflugzeugs, das sich offenbar vom Anblick einer unserem Block hinterherhinkenden B 17 angezogen fühlte. Als er aus Richtung 7 h zum Angriff ansetzte, richtete ich ihn aus ca. 500-600 m an. Fast konnte ich sehen, wie die Geschosse einschlugen. Als er näherkam, spürte ich um mich herum die Wirkung seiner 20 mm-Garben. In etwa 180 m Entfernung schien er plötzlich stillzustehen. Er kippte über und der Pilot stieg aus. In Sekundenschnelle ging die Maschine in Flammen auf und zerlegte sich in ihre Einzelteile. Der Flugzeugführer wartete mit dem Öffnen seines Fallschirms nicht lange. Während ich beobachtete, wie er nach unten wegtrieb, sah ich unter mir explodierende und brennende andere Flugzeuge.«

Zusammen verloren die beiden amerikanischen Gruppen 21 Bomber, und nur dem rechtzeitigen Eintreffen eines *Mustang*-Verbands war es zu danken, daß kein schlimmeres Gemetzel stattfand. Alles in allem beliefen sich die amerikanischen Verluste an diesem Tage auf 40 Bomber und 8 Begleitjäger – nicht übermäßig viel, wenn man die Zahl der Beteiligten und die Heftigkeit des Angriffs in Rechnung stellt. Die Kampfflugzeuge nebst ihrem Begleitschutz waren jedoch in der Lage, ihrerseits den Verteidigern ganz verheerende Verluste zuzufügen. In diesem Falle behaupteten sie, 134 deutsche Jäger abgeschossen zu haben, von denen die deutschen Unterlagen 120 bestätigten. Schlimmer noch als die materiellen Einbußen, waren für die Luftwaffe die personellen: 70 Flugzeugführer gefallen oder vermißt und 28 verwundet, d.h. mit anderen Worten, daß damals an einem einzigen Tage 98 Piloten bzw. 10% der Frontstärke ausgefallen sind.

So schlimm die Züchtigung vom 2. November auch

182

war, mußte die deutsche Luftwaffe in den schweren Kämpfen der nachfolgenden Wochen doch stets von neuem ähnliche Verluste einstecken: bei dem amerikanischen Angriff vom 21. November wurden 62 deutsche Flugzeugführer getötet oder verwundet, am 26. siebenundachzig, am 27. einundfünfzig und am 7. Dezember fünfundsiebzig.

Während dieser gesamten Periode, setzte die RAF ihre von Jägern gedeckten Tagesangriffe gegen Deutschland fort. Da sie nicht zu weit über Feindgebiet führten, fanden sie zumeist ohne wesentliche Berührung mit deutschen Jägern statt.

Natürlich waren die am Tage fliegenden RAF-Bomber weitaus gefährdeter als ihre amerikanischen Kameraden. Sie waren nicht nur schlechter bewaffnet, sondern in ihrem Abwehrfeuer auch weniger wirksam, da sie mehr in einem losen Haufen als in einem enggedrückten Verband flogen. Der erste Angriff dieser Art, bei dem es zu Feindberührung kam, fand am 12. Dezember statt, als 140 *Lancaster* der 3. Gruppe, unter dem Schutz von 80 durch englische Piloten geflogenen *Mustang,* Witten

an der Ruhr heimsuchten. Die Wolkenobergrenze lag im Zielgebiet bei 5000 m, so daß es einigen deutschen Jägern gelang, unversehens aufzuschließen und die Bomber anzugreifen, bevor der Begleitschutz sich einzuschalten vermochte. Hauptmann Heinz Dudeck führte bei einem solchen Einsatz rund 220 Bf 109 der IV./JG 27. Von den abgeschossenen vier *Lancaster* kam eine auf sein persönliches Konto. Während er sich in Schußposition brachte, beobachtete Dudeck, wie verschiedene schwere Bomber ganz unregelmäßig in Steig- und Sturzflug übergingen und nahm an, daß den Flugzeugführern die Nerven durchgegangen seien. Tatsächlich war er aber nur Zeuge des äußerst wirksamen *Korkenzieher*-Ausweichmanövers, und erst später sollte der Kommandeur der deutschen Gruppe feststellen, daß keine der von »verängstigten« Piloten geflogenen *Lancaster* abgeschossen worden war.

Weihnachten brachte für die ausgeblutete, wankende und schmerzgeplagte deutsche Jagdfliegerwaffe keine Atempause. Die Luftwaffe mußte ihre Verteidigungsbemühungen vom 23. Dezember gegen die amerikanschen Luftangriffe mit 98 toten und verwundeten Piloten bezahlen. Am 24. waren es 106, am 25. zweiundsechzig und am 31. einundvierzig. Hinzu kamen die schweren Verluste, welche die Unterstützung der deutschen Ardennen-Offensive mit sich brachte. Doch all diese Nackenschläge waren weder in bezug auf die Verluste noch ihre spätere Auswirkung mit dem Aderlaß vergleichbar, den die Tagjäger bei der Offensive am Neujahrstag 1945 erleiden mußten. In diesem *Unternehmen Bodenplatte* waren nahezu alle verfügbaren Kräfte zu einem einzigen Schlag zusammengefaßt, bei dem 900 Flugzeuge die vorgeschobenen alliierten Flugplätze in Frankreich, Belgien und Holland überfielen.

Auf alliierter Seite wurden 206 Flugzeuge vernichtet oder beschädigt, aber für die deutsche Luftwaffe war es ein Pyrrhus-Sieg. Obwohl der Einsatz sorgfältig vorbereitet und die Überraschung voll gelungen war, mußten infolge der zumeist mangelhaften Ausbildung der Piloten und aufgrund der starken Abwehr schwere Verluste in Kauf genommen werden.

Nie zuvor hatten die Jäger der Luftwaffe an einem einzigen Tage derartige Ausfälle gehabt: rund 300 Maschinen wurden zerstört oder schwer beschädigt und insgesamt 253 Piloten fielen, wurden verwundet oder gerieten in Gefangenschaft, darunter 3 Geschwader-Kommodore, 6 Gruppen-Kommandeure und 10 Staffelführer. Und während die Alliierten die materiellen und personellen Ausfälle aus den in Reichweite befindlichen Reserven leicht ersetzen konnten, verfügte die deutsche Luftwaffe über keine ausgebildeten Flugzeugführer und über kein Benzin mehr.

Hauptmann Roderich Cescotti, der in der II./JG 301 eine Fw 109D flog, vermittelt uns einen Eindruck von der lähmenden Wirkung, welche der Betriebsstoffmangel auf die Einsatzbereitschaft der Jagdflugzeuge zu Anfang des Jahres 1945 hatte. Er war in seiner Gruppe zugleich auch Instandsetzungsoffizier und erinnert sich daran, daß die Beschaffung von Benzin nicht so sehr ein logistisches als vielmehr ein nachrichtendienstliches war. Er pflegte seine Tankwagen überallhin auf die Suche zu schicken. Mal spürten sie hier 900 mal dort 22 000 Liter auf. Manchmal dauerte es eine ganze Woche, bis er die zwei Kubikmeter zusammenhatte, welche die *Gruppe* für einen Einsatz benötigte. Alles wurde darangesetzt, um Kraftstoff zu sparen. Pferde und Ochsen wurden vor die Flugzeuge gespannt, um sie von ihren weit auseinandergezogenen Abstellplätzen zur Startbahn zu ziehen, und alle Flugzeugführer hatten die strikte Anweisung, nach der Landung unverzüglich die Motoren abzustellen und das Eintreffen der Abschleppkommandos abzuwarten.

Wie die Stimmung während dieser Zeit bei den deutschen Jagdfliegern war, schildert uns Hans-Ulrich Flade, der im Februar 1945 zu seinem ersten Frontverband kam, der unter Führung von Hauptmann Fritz Keller in Braunschweig/Völkenrode liegenden II./JG 27. Die Moral war nicht gut, verlor doch die Gruppe aus ihren etwa 20 Flugzeugführern täglich zwei oder drei. Flade erinnert sich später:

»Während wir Piloten jeden Morgen zusammen frühstückten, kam für gewöhnlich der Ersatz an.

Die älteren Piloten betrachteten die Neuankömmlinge, als hätten diese nur noch wenige Tage zu leben. Und mit Recht: denn der Ausbildungsstand der Jagdflieger-Umschüler war derart niedrig, daß sie meist schon nach zwei bis drei Einsätzen abgeschossen wurden.

Ich erinnere mich noch an viele Unterhaltungen in dieser Richtung – kein besonders lustiges Gesprächsthema

Obwohl die deutsche Flugzeugindustrie immer mehr und bessere Flugzeuge ausstieß, wirkte sich dies aufgrund der Betriebsstoffknappheit auf die Jagdabwehr im Sommer 1944 nicht aus. Inmitten großer Öllachen liegen die zerstörten Vorrattanks der bedeutenden Raffinerien Deurag und Nerac bei Hannover./IWM.

für einen jungen Mann, der gerade zu seiner ersten Einheit gekommen ist.« Doch Flade hat Glück gehabt und dank des Umstandes, daß man ihn beim Umschulungslehrgang zurückgehalten hatte, konnte er jetzt rund 400 Flugstunden auf der Messerschmitt Bf 109G vorweisen – etwa zehnmal soviel, wie der Durchschnittspilot. Die Gruppe flog die G-10- und G-14-Version, welche leicht bewaffnet und mit Motoren ausgestattet waren, die über eine Wasser-Methanol-Einspritzvorrichtung sowie vergrößerte Ladepumpen für den Kampf in großer Höhe verfügten. Die eigentliche Aufgabe der Gruppe bestand darin, die Begleit-Mustangs so abzulenken, daß sich die übrigen Jäger der Bomber annehmen konnten. Flade flog als Rottenflieger von Unteroffizier Rippert: »Wir hielten uns an die alten Regeln: zu zweien oder zu viert aus der Sonne zu stürzen, sie durch einen kurzen Angriff zum Abwurf der Zusatztanks veranlassen und dann wieder auf Höhe gehen, um die Situation erneut zu beurteilen. Falls die Lage günstig war, stießen wir zu einem zweiten Angriff hinunter. Es wimmelte stets derartig von Begleitjägern, daß es verrückt gewesen wäre, sich mit ihnen in einen Kurvenkampf einzulassen. Einmal waren keine *Mustang* da, und so führte mich Rippert zu einem Sturzangriff auf einen großen B17-

Verband. Es war schrecklich! Leuchtspur von allen Seiten. Ich kam mir vor, als stünde ich unter einer Brause und versuchte, nicht naß zu werden. Ich hatte solche Angst, daß ich eng an meine Panzerplatte gepreßt ihm folgte, schon zufrieden, diese furchtbare Erfahrung überhaupt überleben zu können.«

Genügend Flugzeuge gab es bis zum Schluß. Flade erinnerte sich daß es meist einfacher war, ein beschädigtes auszuwechseln als zu reparieren:

»Wir fuhren einfach zu dem in der Nähe gelegenen Depot, wo fabrikneue 109 herumstanden – selbst die G-10, G-14 und sogar die neuesten K-Modelle. Nirgends bestand mehr eine richtige Organisation.

Man sagte dort einfach: »Drüben stehen die Maschinen, nehmen Sie, was Sie brauchen und hauen Sie ab.« Aber Kraftstoff zu kriegen war weitaus schwieriger...

Wie nicht anders zu erwarten, stellten die am Boden befindlichen deutschen Flugzeuge verlockende Ziele dar, welche die Erfolgsziffern der amerikanischen *Mustang*-Piloten beträchtlich ansteigen ließen, auch wenn leichte Flak derartige Tiefangriffe häufig risikoreich machte. Ziemlich typisch für derartige Überfälle mit Bodenwaffen, war der nachfolgend, von Major Edward Giller von der 55. Jagdgruppe beschriebene: »Ich führte beim Einsatz am 16. April die *Tudor*-Staffel. Wir flogen den Bombern vorweg dem Landeplatz Brunnenthal zu. Ich war mit der Staffel auf ca. 1000 Meter heruntergegangen, um nach Zielen Ausschau zu halten. Es handelte sich um das gleiche Gebiet, das wir am 9. April schon einmal angegriffen hatten. Die vielen ausgebrannten Wracks der damals zerstörten Flugzeuge lagen immer noch herum. Doch entdeckte ich noch weitere 10–15 Maschinen verschiedenster Typen, versteckt in den Wäldern entlang der Autobahn und unweit Brunnenthal, die wir am 9. offenbar übersehen hatten.

Da sich in dem Gebiet nicht genügend lohnende Ziele für die ganze Staffel boten, gab ich den Schwärmen freie Jagd. Ich selber stürzte mich mit jenen Maschinen nach unten, die sich die nächstgelegenen Objekte vorzunehmen hatten. Zusammen mit meinem Rottenflieger, Lt. Arnold, flogen wir in Süd-Nord-Richtung parallel zur Autobahn und behämmerten die Flugzeuge, welche beidseits der Strasse in den Wäldern standen. Mein erster Anflug galt einer He 111, die im Nu in Flammen stand. Ihr gleich gegenüber parkte eine

Bf109. Ich nahm sie voll ins Visier und traf mit einer gut liegenden Garbe. Als ich hochzog, begann schwarzer Qualm von ihr aufzusteigen. Beim ersten Vorbeihuschen hatte ich auf der anderen Straßenseite, aber im gleichen Gebiet, noch zwei weitere Flugzeuge gesehen. Diesen wendete ich mich jetzt zu, indem ich in der gleichen Weise von Süd-Nord kam. Das erste entpuppte sich als eine Ju52, welche etwas tiefer im Wald stand als die beiden vorherigen Ziele. Mein Feuerstoß lag direkt in einem Motor, und sie ging in Flammen auf. Um auf das vierte ausgemachte Objekt zu Schuß zu kommen, mußte ich noch einen dritten Anflug machen. Es handelte sich um eine Ju88. Wieder kam ich aus der gleichen Richtung und erneut konnte ich zahlreiche Treffer beobachten, doch wollte das Flugzeug kein Feuer fangen. Als ich von ihm abließ, durchschlug eine 20 mm Flakgranate mein Kabinendach und explodierte, wobei ich an der linken Schulter verwundet wurde. Da ich ziemlich benommen war und stark blutete, versammelte ich meinen Verband, und wir flogen heim.«

Jedoch, was war inzwischen aus den Me262 geworden, welche zumindest hätten verhindern sollen, dass sich die alliierten Jagdflugzeuge frei über Deutschland bewegen konnten? Gegen Ende 1944 und nach weiterer Ausbildung, wurde das Düsenjäger-Geschwader JG7 unter Major Theodor Weissenberger aufgestellt, dessen Kern aus den Männern des *Kommando Nowotny* bestand.

Die erste voll einsatzbereite Gruppe war die in Parchim untergebrachte III./JG7, während die I. in Kaltenkirchen und die II. in Neumünster den vollen Bestand an Me262 erst etwas später erhielten.

Aber noch im Jahre 1945 wies das neue Jagdflugzeug gewisse Kinderkrankheiten auf. Welcher Art sie waren, kann der Leser aus einigen Beanstandungsmeldungen ersehen, welchen die verschiedenen Verbände an die Messerschmittwerke weiterleiteten:

» – Oberfähnrich Schnurr hatte den Auftrag, nach einem Motoren- und Generatorenregler-Austausch in *Ahorn* (Deckname für die Me262), Baunummer 110564, einen Probeflug durchzuführen. Aus Horizontalflug in 600 m Höhe ging die Maschine plötzlich in den Sturz über und rannte in den Boden. Schnurr kannte sich mit dem Typ aus und galt als zuverlässiger, disziplinierter und fähiger Flugzeugführer. Das Flug-

Beautiful
Lt. Col. J. D. Landers

Pilot
C. E. Anderson
Schueneman
4450

zeug wurde wahrscheinlich durch Trimmänderung kopflastig. Die Ursache konnte nicht festgestellt werden. Oberfähnrich Ast setzte mit *Ahorn* 110479 in 4500 m Höhe zu einem Looping an und geriet ins Trudeln. Infolge hoher Geschwindigkeit war das Fluzeug nicht mehr abzufangen und stürzte ab.«

Und wie es scheint waren stets *Mustang* zur Hand, um unter Ausnutzung ihres Geschwindigkeitsüberschusses die einfallenden Maschinen abzuschießen. So meldete ein Pilot des III./JG7, nachdem er am 14. Januar sein Flugzeug verloren hatte: Um 12.32 Uhr startete ich mit *Ahorn* 130180-Rote 13, zusammen mit einer Maschine gleichen Typs, um einen aus Bombern und Jägern bestehenden anglo-amerikanischen Verband anzugreifen.

Einige der erfolgreichsten amerikanischen Piloten. Links: Oberstleutnant John Landers, 1945 Kommandeur der 78. Jagdgruppe, dem 8½ Luftsiege und 20 am Boden zerstörte Flugzeuge zuerkannt wurden. Unten links: Captain Clarence Anderson von der 357. Jagdgruppe mit 16½ Luftsiegen. Unten: Hier überreicht General Carl Spaatz, Befehlshaber der Amerikanischen Strategischen Luftstreitkräfte in Europa, das Distinguished Service Cross an Major James Goodson von der 4. Jagdgruppe, Sieger in 15 Luftkämpfen./USAF.

Während des Steigflugs, in etwa 6000 m Höhe, stellte ich plötzlich einen beträchtlichen Temperaturanstieg im Schubrohr meines rechten Triebwerks fest. Ich stellte die Treibstoffzufuhr ab und entdeckte, daß ich zwischen Rumpf und rechtem Triebwerk, nahe der Landeklappe, viel Betriebsstoff verloren hatte. Daraufhin stellte ich den rechten Motor ganz ab. Nach einigen Minuten versuchte ich, ihn wieder zu zünden, doch fing er nur zu qualmen an.

Über Funksprech hörte ich mit, daß Parchim im Tiefflug angegriffen würde, weshalb ich den Gefechtsstand des JG7 anrief und um Landeerlaubnis in Brandenburg-Briest bat. Ich wurde angewiesen, in Neuruppin zu landen, traf aber auch in diesem Raum mehrere Gruppen feindlicher Jäger an. Etwa 1000 m über mir hingen welche, und von vorne links und rechts kamen je drei bis vier *Mustang* auf mich zu. Ich drückte nach unten weg, um dem Angriff zu entgehen, erhielt aber trotzdem Treffer in der linken Fläche und im linken Triebwerk, im Rumpf und auch im Cockpit, wobei ich durch einen Streifschuß und einen Splitter verwundet wurde. Ich zog meine Maschine nach rechts in eine Wolkenbank und stieg aus. Das Flugzeug schlug bei Lögow in der Nähe von Neuruppin auf.«

Um ihre an sich schon schwere Bewaffnung noch weiter zu verstärken, wurden mehrere Me262 des JG7 noch mit zwei alten 210 mm-Raketen ausgestattet. Diese wurden jedoch schon bald durch die neue und wirkungsvolle R4M ersetzt, eine eigens für diesen Zweck konstruierte ungelenkte Luft-Luft-Rakete, von 3,8 kg Gewicht und 81 cm Länge. Eine Me262 konnte 24 dieser Raketen mit angeklappten Stabilisierungsflächen tragen, und zwar pro Fläche je 12 in einem einfachen Holzgestell. Im Einsatz wurde die R4M so in Intervallen abgefeuert, daß am Himmel ein dichtes Muster entstand. Der bei einer Auftreffwucht von 1 kg ansprechende Sprengsatz reichte aus, um einen schweren Bomber mit größter Wahrscheinlichkeit herunterzuholen.

Die Piloten des JG7 entwickelten schon bald eine eigene Taktik für ihre neuen Düsenjäger, und flogen wenn möglich in einem Viererschwarm. Geleitet vom Radar der Boden-Kontrolle, versuchten sie dann, hinter den anzugreifenden Bomberverband und in eine überhöhte Position zu kommen. Gelang dies, setzten sie sich in

Links: *Fortress* der 384. Bomber-Gruppe lösen ihre Bomben auf die von den *Pfadfindern* geworfenen Rauchzeichen aus. Es handelt sich um den letzten der drei verheerenden Luftangriffe auf Dresden, am 14. Februar 1945./USAF.

Rechts: Eine *Mustang* der 2. Erkundungsgruppe. Diese Maschinen flogen den Bomberformationen voraus und meldeten dem Verbandsführer die Wetterlage. Dieser entschied daraufhin, ob der Anflugplan beibehalten oder ein Alternativziel gewählt werden sollte. Die hier abgebildete *Mustang* hat zwei 486 l-Tanks./USAF.

Zu Beginn des Jahres 1945 wurde aus den überlebenden Piloten und Maschinen des *Kommando Nowotny* das JG7 aufgestellt, welches bis zum Kriegsende im Einsatz stand. Obwohl die Me262 ohnehin schon über eine starke Bewaffnung verfügte, wurde ihre Feuerkraft häufig noch durch zusätzliche Raketenbatterien gesteigert.
Eine Me262 A-1b mit doppelter 210 mm Raketenabschußvorrichtung unter dem Bug. Außerdem trägt sie den «Rennenden Fuchs», das taktische Zeichen des JG7 sowie den Winkel eines Gruppen-Adjutanten./Girbig.

Reihe und folgten im Sturzflug der Führermaschine. Die hierbei erreichte Geschwindigkeit von über 850 km/h war erforderlich, um die gegnerische Abschirmung zu durchbrechen. Da die Sturzgeschwindigkeit für eine wirksame Feuereröffnung jedoch zu hoch war, flogen die deutschen Flugzeugführer einen Punkt an, der etwa 1600 m hinter und 460 m unterhalb der Bomber lag. Hier angekommen wurde Gas weggenommen und die Maschine zum Abbau der Geschwindigkeit steil hochgezogen und anschliessend in den Horizontalflug übergegangen. Dieses Manöver wurde in der USAF »Berg-und-Talbahn« oder »Laubfrosch« genannt. Nach dem Hochziehen befanden sich die Me262 300 m hinter ihrem Ziel auf gleicher Höhe mit demselben und besaß den idealen Fahrtüberschuß von 160 km/h. Waren sie mit der R4M bestückt, schossen die deutschen Piloten aus 200 m Entfernung die gesamte Raketenbatterie auf das ausgesuchte Opfer auf einmal ab und setzten den Beschuß dann mit ihren Kanonen fort. Das Lösen vom

Gegner erfolgte sodann unter erneuter Beschleunigung, wobei das Flugzeug über dem Ziel leicht hochgezogen wurde, um eventuell auftretenden Trümmern zu entgehen. Um die Zahl der für die Reichsverteidigung verfügbaren Me262 zu vergrößern, wurden die mit ihr ausgestatteten Jagdbomber-Verbände zu Beginn des Jahres 1945 wieder auf die eigentliche Verwendung als Jäger umgeschult. Diese Maßnahme sollte jedoch wenig bringen. Die erste Gruppe dieser Art, die einsatzfähig wurde, war die I./KG(J) 54. Als sie am 25. Februar 1945 16 Me262 zu einem Abfangeinsatz losschickte, hingen über deren Flugplatz Giebelstadt bereits die *Mustang*

der 55. Jagdgruppe und schossen 7 Düsenflugzeuge ab, bevor diese mit Beschleunigung davonziehen konnten. Der verheerende Ausgang dieser ersten Kampfhandlung kostete die I./KG(J) 54 drei Flugzeugführer.

Eigentlich tauchten die Me262 erst ab März 1945 in größeren Mengen in der Nähe der Bomberverbände auf. Am 2. und 3. März waren die Düsenjäger sehr aktiv und hatten jeweils über 30 Maschinen im Einsatz, doch gelang es an beiden Tagen den zum Begleitschutz eingeteilten *Mustang,* ihre Schäfchen so gut zu hüten, dass den Düsenflugzeugen nur 4 Bomber zum Opfer fielen.

Der nächste Großeinsatz des JG7, und zugleich der erfolgreichste, fand am 18. März statt, und zwar im Zusammenhang mit einem Luftangriff auf Berlin durch 1221 schwere Bomber und 632 *Mustang*-Begleitjäger. Die I. und II. Gruppe brachten insgesamt 37 Me262 in die Luft, von denen es vielen gelang, sich unter Ausnutzung des diesigen Wetters und der Kondensstreifen fast

unbemerkt den Bomberverbänden zu nähern. Während einer typischen Begegnung stürzten sich an diesem Morgen vier Me262 aus den Bomber-Kondensstreifen bis auf 90 m direkt in den Nacken eines B17-Verbands. Im zusammengefaßten Feuer aus kürzester Entfernung wurden zwei *Fortress* abgeschossen und eine dritte beschädigt, die anschliessend auch noch erledigt werden konnte. Bei einem erneuten Angriff wurde beobachtet, wie eine B17 mit total abgesägtem Schwanz nach unten ging. Insgesamt schossen die Me262 an diesem Tag wahrscheinlich acht schwere Bomber ab, während die Flak über dem Zielgebiet 16 weitere Erfolge verbuchen konnte. Die deutschen Düsenjäger verloren nur vier Maschinen, zwei davon durch Kollision infolge schlechter Sicht und außerhalb der Reichweite der Bomber. Einer der bei diesem Absturz getöteten Piloten war das Jagdflieger-As Oberleutnant Hans Waldmann mit 134 Luftsiegen, von denen er zwei mit der Me262 erzielt hatte. So wie die Düsenjäger, waren an diesem Tage aber auch die konventionellen Jäger zahlreich in der Luft und vielfach mit der Aufgabe betraut, die Me262 bei Start und Landung zu schützen. Zwischen ihnen und den *Mustang* kam es zu einer grossen Kurbelei, und die 78. US-Jagdgruppe meldete 32 Abschüsse bei nur 5 eigenen Verlusten.

An den darauffolgenden drei Tagen, am 19., 20. und 21. März, stiegen die Me262 erneut in größerer Zahl auf, doch waren sie weniger erfolgreich und holten nur drei schwere Bomber herunter. Die *Mustang* hingegen machten sich den klaren Himmel zunutze und meldeten die Vernichtung von insgesamt 17 Düsenjägern. Typisch für diese kurzen aber heftigen Feindberührungen war jene vom 21. März, bei welcher Captain Edwin Miller von der 78. Jagdgruppe einen Abschuß erzielte: »Wir flogen Begleitschutz, als sich eine Me262 dem hinteren Kampfflieger-Block näherte und mehrere Treffer anbrachte, während sie im »Froschsprung« über die ganze Gruppe hinwegfegte. Dann wendete sie, kam zurück und fing von neuem an, die Schlußgruppe zu beharken. Doch diesmal saßen wir ihr im Nacken. Ich versuchte es auf weite Entfernung und sah Einschläge überall auf ihrer linken Fläche, wodurch die Maschine sofort an Geschwindigkeit verlor. Zusammen mit meinem Rottenflieger konnte ich aufschließen und erneut verschiedene Treffer in beiden Flächen und im Rumpf

Nahaufnahme des hölzernen Abschussträgers für die 55 mm R4M
Hochgeschwindigkeits-Luft-Luft-Rakete, welche die Me262 A-1b unter
beiden Flächen mit sich führte./via Schliephake.

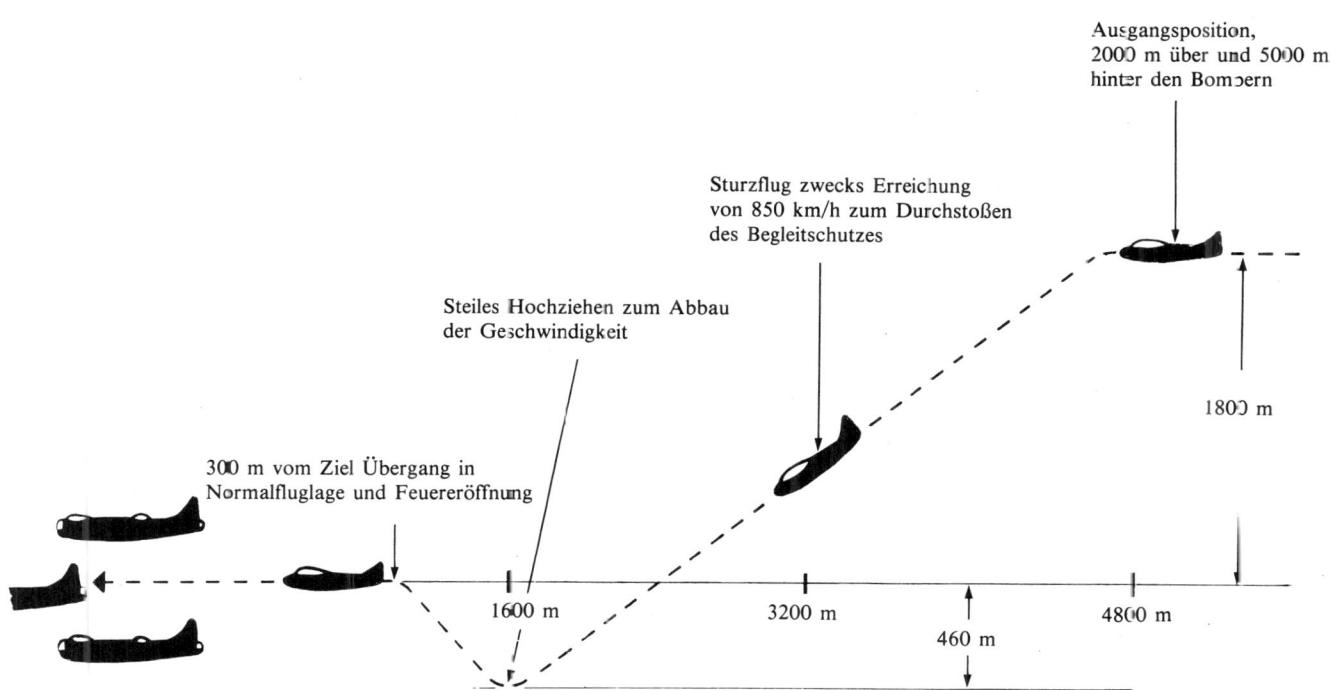

Ausgangsposition,
2000 m über und 5000 m
hinter den Bombern

Sturzflug zwecks Erreichung
von 850 km/h zum Durchstoßen
des Begleitschutzes

Steiles Hochziehen zum Abbau
der Geschwindigkeit

1800 m

300 m vom Ziel Übergang in
Normalfluglage und Feuereröffnung

1600 m   3200 m   4800 m

460 m

Der »Berg-und-Talbahn-Angriff«, wie ihn die deutschen Düsenjäger gegen die mit Begleitschutz fliegenden Bomberformationen angewandt haben.

anbringen. Der »Jerry« scherte daraufhin aus und drückte nach unten weg, wobei ich ihm aus allen Waffen feuernd folgte. Wir durchdurchstießen eine dünne Wolkendecke, ich direkt hinter ihm, doch hatte ich mich bereits total verschossen. Er war jetzt aber auch erledigt. Ich drehte ab und sah beim Hochziehen, wie er auf dem Boden aufschlug.«

Gegen Ende März wurde eine weitere Me262-Einheit einsatzbereit: der Elite-»Jagdverband 44«. Unter dem Befehl von Generalleutnant Galland, den man Ende 1944 wegen Meinungsverschiedenheiten mit Göring seines Postens als General der Jagdflieger enthoben hatte, besaß der JV44 in seinen Reihen einige der erfolgreichsten deutschen Jagdflieger: hochdekorierte Männer wie Günther Lützow und Gerhard Barkhorn, Wolfgang Späte und Walter Krupinski, Heinz Bär und Walther Dahl. Diese und andere hatten Kommandeurstellungen in herkömmlichen Jagdeinheiten innegehabt, welche aus Betriebstoffmangel jetzt nicht mehr starten konnten. Nominell verfügte der JV44 über 50 Flug-

zeugführer und 25 Me262, doch waren selten mehr als 15 Maschinen einsatzbereit.

Der Kampf zwischen den alliierten Flugzeugen und den deutschen Düsenjägern erreichte im April seinen Höhepunkt. Für diesen Monat meldeten allein die amerikanischen Jäger 319 Feindberührungen und 234 Luftkämpfe mit Düsenmaschinen. Sie behaupteten, hierbei 56 von ihnen abgeschossen und weitere 46 am Boden zerstört zu haben. Andererseits wurde im Verlauf des gleichen Monats nur die Abschüsse von 24 schweren Bombern durch Düsenjäger beobachtet. Obwohl die Me262 jetzt in großen Stückzahlen vom Band kam – in den ersten vier Monaten des Jahres 1945 übernahm die Luftwaffe aus den verstreut auseinanderliegenden Montagewerken allein 850 Maschinen – gelangte doch nur eine kleine Zahl zum Einsatz. In der Schlußphase des Krieges war das allgemeine Chaos in Deutschland derart, daß die Masse der Flugzeuge aus Betriebstoffmangel am Boden bleiben mußte, obwohl noch genügend Sprit vorhanden war. Er konnte nur nicht mehr bewegt werden, da das gesamte Transportsystem durch die taktischen und strategischen Bombardierungen der Alliierten in Trümmern lag. –

Eine aus der Verzweiflung geborene Waffe.

Links, rechts und unten: Der senkrecht gestartete Raketenjäger *Bachem Natter*, hier bei einem Test ohne Pilot. Er war für den Schutz besonders wichtiger Ziele vorgesehen. Der Pilot sollte nur einen Angriff durchführen, hierbei seine gesamte Batterie von 24 Raketen abschießen und dann abspringen. Die *Natter* wurde noch vor Kriegsende erfolgreich erprobt und dann, zu einer kleinen Einheit zusammengefasst, in den Raum Stuttgart verlegt. Es kam jedoch zu keinem Einsatz mehr. Da ihre Verwendbarkeit noch abhängiger war als die der Me 163, ist kaum anzunehmen, dass die *Natter* je ihren Gegnern hätte so gefährlich werden können wie den Piloten, die die Tapferkeit besaßen, sie zu fliegen./via Heise.

Im April fand auch der Todeskampf der mit Kolbenmaschinen ausgestatteten deutschen Jagdwaffe statt. Über 100 Bf 109 des besonders ausgebildeten und »politisch zuverlässigen« *Sonderkommando Elbe* versuchten Rammangriffe gegen einen einfliegenden amerikanischen Verband. Mit dieser Verzweiflungstat wollte man dem Gegner schwere Verluste zufügen, in der Hoffnung, daß auf diese Weise der amerikanische Druck auf das Heimatland nachließe. Aber der Zweck wurde nicht erfüllt, denn nur acht schwere Bomber wurden durch Rammstoß zum Absturz gebracht, während nahezu alle eigenen Maschinen verloren gingen.

Der Kampf bis zum Letzten, so sehr dieser Gedanke Deutschlands Feinde zuweilen auch beunruhigt haben mag, vermochte die Flut doch nur wenig aufzuhalten, die jetzt über die bis ins Tiefste erschütterte Nation hinwegbrandete. Während die Invasionsarmeen bis tief nach Deutschland vorstießen und hier schließlich aufeinander trafen, waren die Überbleibsel der Luftwaffe

USAAF Bomberverband; Versammlung und Angriff. Die Versammlung der riesigen amerikanischen Bomberformationen verlangte Präzisionsarbeit beim Fliegen und beim Timing. Das vorliegende Beispiel zeigt die Bewegungen der in Grafton Underwood stationierten B17 der 384. Bomber-Gruppe beim Angriff auf Berlin, am 18. März 1945.

Führungsflugzeug der oberen Staffel kreist in 3000 m Höhe mit einem Radius von 8 km

Führungsflugzeug der unteren Staffel kreist in 2700 m Höhe

Führungsflugzeug der Führungsstaffel kreist in 2400 m Höhe

Steigflug durch 1000 m Wolken

Wolkenuntergrenze 1000 m

Funkfeuer

8 km

Bomber steigen auf Formationshöhe

Gruppenanflu

A/D

A. Um 07.00 Uhr beginnend, starteten die Bomber im Abstand von einer Minute und mit einer Steiggeschwindigkeit von 100 m/min. Dann flogen sie Fünfminuten-Schläge um das zum Flugplatz gehörende Funkfeuer »Buncher«, um sicherzustellen, daß die überlagernde Wolkenschicht von 1000 m Stärke auch geordnet durchstoßen wurde.

B. Nachdem dies planmässig geschehen war, umrundeten die Bomber auch weiter das Funkfeuer, wobei sie sich in eine Führungs-, Hoch- und Tief-Staffel formierten (jeder Besatzung war vor dem Start ein Zettel ausgehändigt worden, der ihren genauen Platz im Verband angab). In diesem Stadium des Krieges stand Jagdschutz zum Ziel hin und zurück zur Verfügung. Da die Feuerkraft der Bomber nicht mehr von ausschlaggebender Bedeutung war, flogen die 36 Maschinen auseinandergezogen.

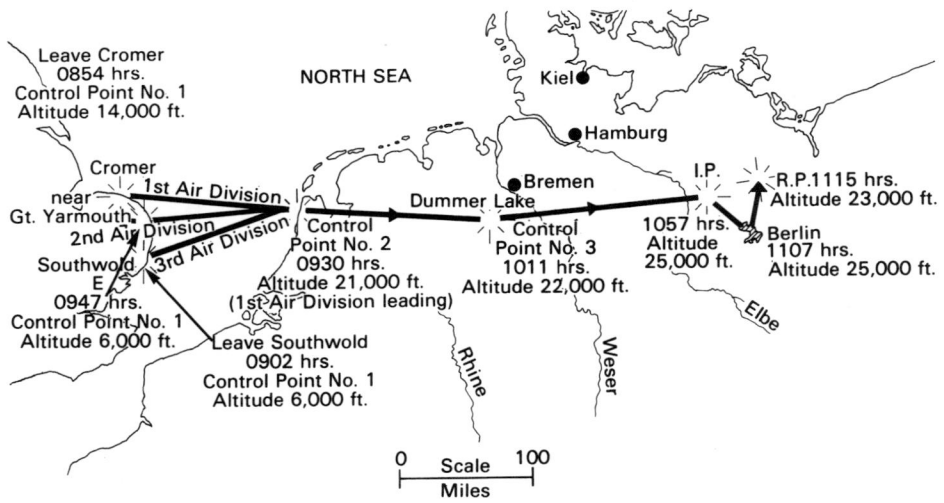

Leave Cromer 0854 hrs. Control Point No. 1 Altitude 14,000 ft.

NORTH SEA

Kiel

Hamburg

Cromer near Gt. Yarmouth

1st Air Division

2nd Air Division

3rd Air Division

Southwold E 0947 hrs. Control Point No. 1 Altitude 6,000 ft.

Leave Southwold 0902 hrs. Control Point No. 1 Altitude 6,000 ft.

Control Point No. 2 0930 hrs. Altitude 21,000 ft. (1st Air Division leading)

Dummer Lake

Bremen

Control Point No. 3 1011 hrs. Altitude 22,000 ft.

1057 hrs. Altitude 25,000 ft.

I.P.

R.P.1115 hrs. Altitude 23,000 ft.

Berlin 1107 hrs. Altitude 25,000 ft.

Rhine

Weser

Elbe

0 Scale 100 Miles

C. Mit der 4. Bombergruppe als Vorhut, begann die 1. Flieger-Division um 09.30 Uhr die holländische Küste zu überfliegen. Während die Angriffsspitze die Zuider-See erreichte, hatten die beiden anderen Divisionen, die 3. und die 2., weiter rückwärts ihre Plätze eingenommen. Die Phalanx der Bomber erstreckte sich jetzt über 290 km Länge und umfaßte 916 *Fortress* und 305 *Liberator*. Den Begleitschutz stellten 632 *Mustang* sicher.

196

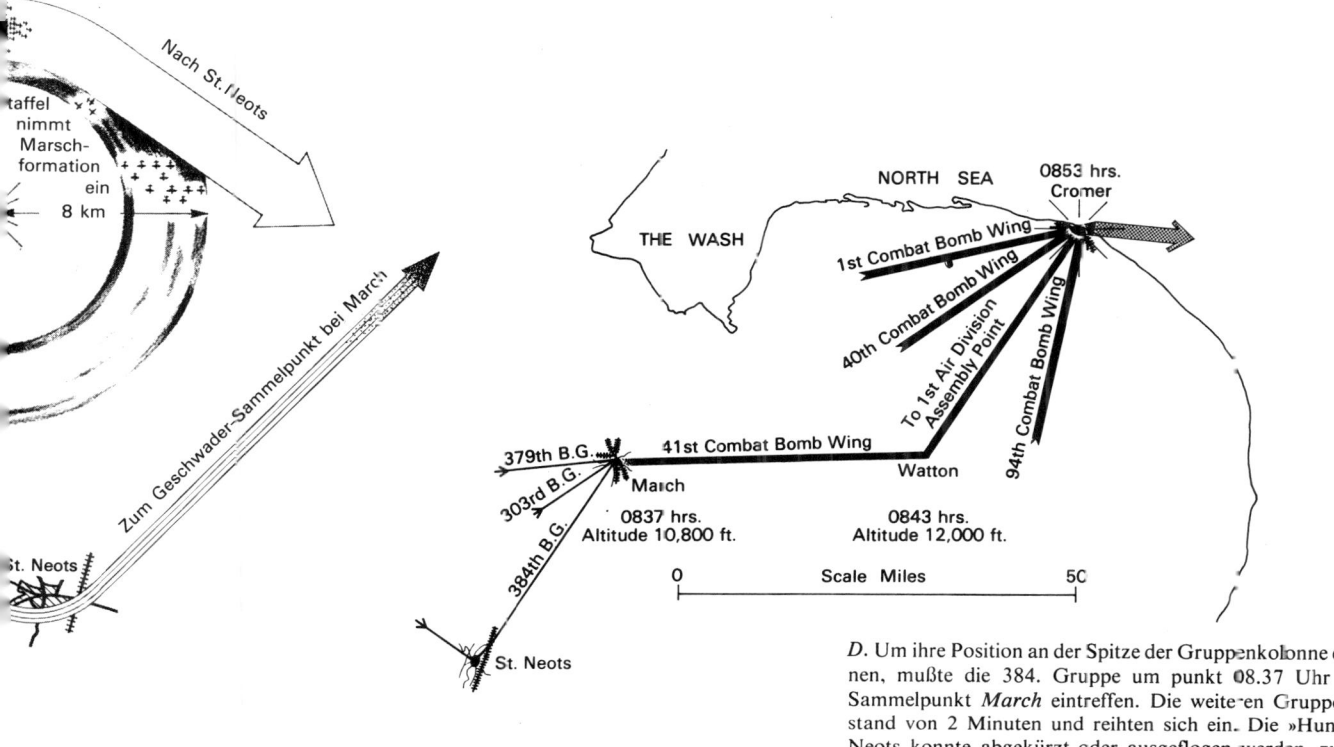

D. Um ihre Position an der Spitze der Gruppenkolonne einnehmen zu können, mußte die 384. Gruppe um punkt 08.37 Uhr am Geschwader-Sammelpunkt *March* eintreffen. Die weiteren Gruppen folgten in Abstand von 2 Minuten und reihten sich ein. Die »Hundekurve« über St. Neots konnte abgekürzt oder ausgeflogen werden, zum Ausgleich von Zeitdifferenzen ohne Geschwindigkeitsänderung (welche auf Kosten des Zusammenhangs gegangen wäre). Ein ähnlicher Knick war über Watton, damit die Führungsgruppe des Geschwaders den Divisions-Sammelpunkt Cromer genau um 08.55 Uhr erreichen konnte. Wie man sieht, sind zwischen Start und Überfliegen der Küste fast zwei Stunden vergangen.

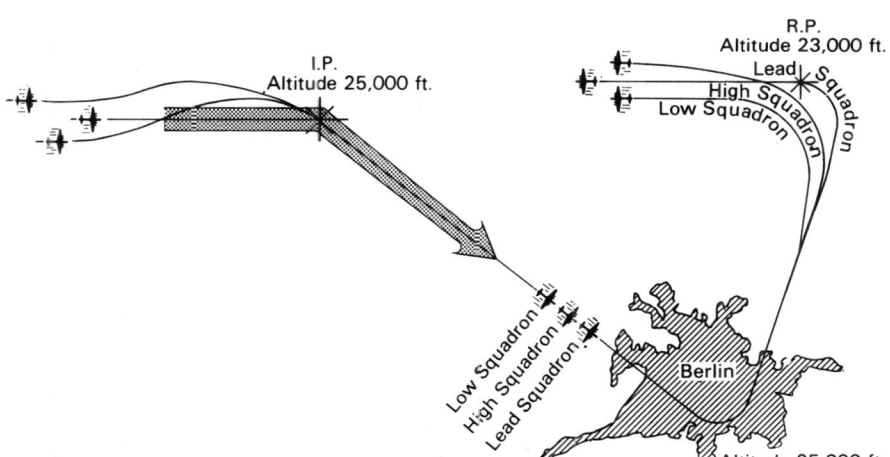

E. Um einen Bombenteppich grosser Dichte legen zu können, mußten sich die Staffeln bei Annäherung an das Ziel von der V-Form in Kolonnenform umgliedern. Dazu war noch einmal eine Wendemarke eingelegt. Nachdem die Kampfflugzeuge ihre Bomben ausgeklinkt hatten, drückten sie bis auf 600 m herunter. Hierbei wurde Fahrt aufgenommen, das Zielgebiet schneller freigegeben und die Flakberechnung erschwert. Daran anschließend, an einer als Sammelpunkt angelegten Wendemarke, nahmen die Bomber ihre ursprüngliche V-Formation wieder ein und flogen nach Hause.

im Norden in Schleswig Holstein und im Süden in Bayern auf engstem Raum zusammengedrängt.

Am 6. Mai ordnete Großadmiral Dönitz, der Hitlers Nachfolge nach dessen Tod angetreten hatte, für den nächsten Tag die Niederlegung der Waffen durch die verbliebenen Streitkräfte an. Der Krieg in Europa war beendet.

Die Luftschlacht über Deutschland war nachweislich die größte ihrer Art in der Geschichte. Nie zuvor hatte es einen derartig langen Kampf gegeben, wurde mit derartiger Verbissenheit gerungen, Menschen und Maschinen eingesetzt und schwere Verluste auf beiden Seiten hingenommen.

Was aber wurde mit den strategischen Luftangriffen auf Deutschland erreicht? Es gelang nicht, wie viele gehofft hatten, ohne eine Invasion zu Lande den Zusammenbruch der deutschen Kriegsmaschinerie zu erreichen. Andererseits verursachten die Bombenangriffe die Notwendigkeit, für die deutsche Luftwaffe eine gewaltige Flak- und Jagdwaffe zur Verteidigung der Heimat aufzubauen und zu unterhalten, so daß immer stärkere Mangelerscheinungen an den anderen Fronten auftraten – insbesondere bei Radar- und Nachrichtengeräten, Artillerie und Jagdflugzeugen. Gegen Mitte 1944 konzentrierten die strategischen Bomber ihre Aufmerksamkeit auf die Ölindustrie. Wir haben gesehen, wie tiefgreifend die Auswirkungen auf die Luftwaffe waren. Die beiden anderen Wehrmachtteile litten unter den Beschränkungen nicht minder. Nachdem erst einmal die Ölindustrie aus der Luft entscheidend getroffen wurde, machte es wenig aus, daß die deutsche Flug-

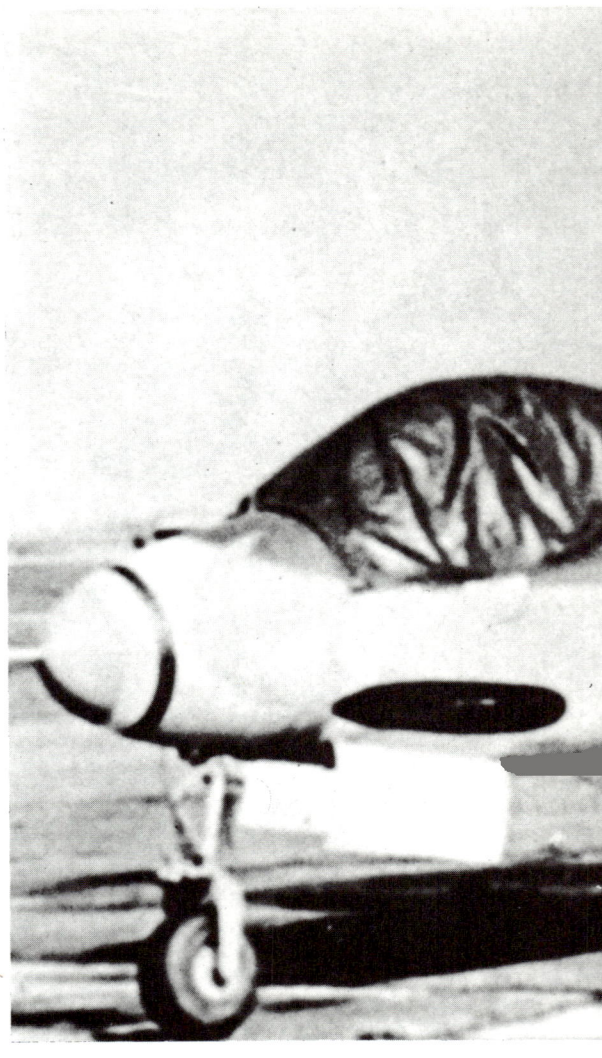

Rechts oben: Die Heinkel He 162, ein billiger Strahltrieb-Jagdeinsitzer (der »Volksjäger«), welcher in der bemerkenswert kurzen Zeit von 90 Tagen konstruiert, gebaut und geflogen wurde. Die Maschine sollte von Piloten geflogen werden, die man in der gleichen kurzen Zeit ausbilden wollte, und zwar in der irrigen Annahme, daß ein in der Herstellung billiges und einfaches Flugzeug auch einfach zu fliegen sein müßte. Doch das Umgekehrte war der Fall, und obwohl über 100 gebaut und eingeflogen wurden, ist es zweifelhaft, ob sie je zum Einsatz gelangten./via Schliephake.

Rechts: Die *Dornier* Do 335 mit zwei im Rumpf hintereinander liegenden Motoren war eine der schnellsten Maschinen mit Kolbenmotoren, die je gebaut wurden. Mit ihr sollten die deutschen Nachtjäger, Jagdbomber und schweren Jäger-Verbände ausgestattet werden, doch war der Krieg zu Ende, bevor sie zum Einsatz kam. Das abgebildete Flugzeug war die Do 335 V14, Prototyp des schweren Jägers und besaß eine Bewaffnung von einer MK 103 (Kaliber 30 mm) und zwei 20 mm-MG 151/20. /Selinger.

zeugproduktion (und natürlich auch die Panzerproduktion) ständig anstieg. Ohne Betriebstoff waren diese Waffen zu nichts nütze. Darüberhinaus gelang es den Amerikanern, die deutsche Industrie als Amboß zu benutzen, auf dem ihre Langstreckenjäger die deutsche Luftwaffe zerschlugen. Die Bedeutung dieser Maßnahme für den Erfolg der Invasion kann gar nicht hoch genug veranschlagt werden. Genau so haben die Tagbomberangriffe dazu beigetragen, daß die Luftwaffe sich stellen und schwere Verluste durch die Begleitjäger hinnehmen mußte. Schließlich und endlich war es auch auf die kraftvollen Tages- und Nachtangriffen auf das deutsche Kanal- und Eisenbahnsystem zurückzuführen, wenn das Transportwesen zusammenbrach und so den alliierten Vormarsch erleichterte.

Die strategische Luftoffensive führte die Entscheidung zwar nicht allein herbei, doch leistete sie einen entscheidenden Beitrag zum Erfolg der alliierten Gesamtstrategie.

Nach dem Kriege wurden verschiedene Betrachtungen angestellt, wonach der Krieg vielleicht einen anderen Ausgang genommen hätte, wenn es den Deutschen gelungen wäre, die Kampfhandlungen noch ein paar Monate länger durchzustehen und diese oder jene neue Abwehrwaffe in grosser Zahl zum Einsatz zu bringen. Derartige Behauptungen halten einer Nachprüfung jedoch nicht Stand. In Wahrheit war es erstaunlich genug, daß die Deutschen angesichts der überwältigenden alliierten Übermacht zu Lande, zur See und in der Luft überhaupt so lange aushielten.

In der verzweifelten Situation, in der sich Deutschland Ende Sommer 1944 befand, hätte nur noch eine einzige Waffe das Gleichgewicht wieder herstellen können: die Atombombe. Doch als der Krieg in Europa zu Ende ging, waren die deutschen Wissenschaftler noch weit entfernt von jeder Produktionsmöglichkeit, während man in Amerika kurz davorstand, diese verheerende Waffe zum ersten Mal zu zünden.

Hätte der Krieg in Europa seine Fortsetzung bis in den Sommer 1945 gefunden, würden die Deutschen vermutlich ein schreckliches Schicksal mit den Einwohnern von Hiroshima und Nagasaki geteilt haben.

Während der letzten Kriegsmonate spielten die taktischen Luftstreitkräfte der Alliierten eine immer wichtigere Rolle in der Luftschlacht über Deutschland. Auf einem vorgeschobenen Flugplatz in Holland rollt eine mit Bomben beladene *Spitfire* der 142. Staffel, RCAF, vor einem *Mosquito*-Nachtjäger an den Start. Beide Maschinen gehörten zur Zweiten TAF./Charles Brown.

Oben links: Eine *Thunderbolt* der französischen Luftstreitkräfte im Verband der Ersten TAF./IWM.
Unten links: *Douglas Boston* und unten rechts: Il-2-Schlachtflugzeuge der Roten Luftstreikräfte./via Girbig.

Oben rechts: Eine *Marauder* der 364. Bomber-Gruppe der Neunten TAF beim Abwurf von 110 kg-Bomben auf Ziele in Deutschland./USAF.

Zum Schluss lag ein ganzes Land in Trümmern. Die drei wichtigsten Ziele der alliierten schweren Kampfflugzeuge während des letzten Kriegsjahres: Das zerstörte Transportsystem, dargestellt am Beispiel des fast ausgelaufenen Dortmund-Ems-Kanals.

Unten: Die Ölindustrie – hier die zerstörte Raffinerie in Harburg.
Umseitig: Das Transportsystem.

Unten: Die deutschen Städte – hier das verwüstete Zentrum von Nürnberg./IWM.

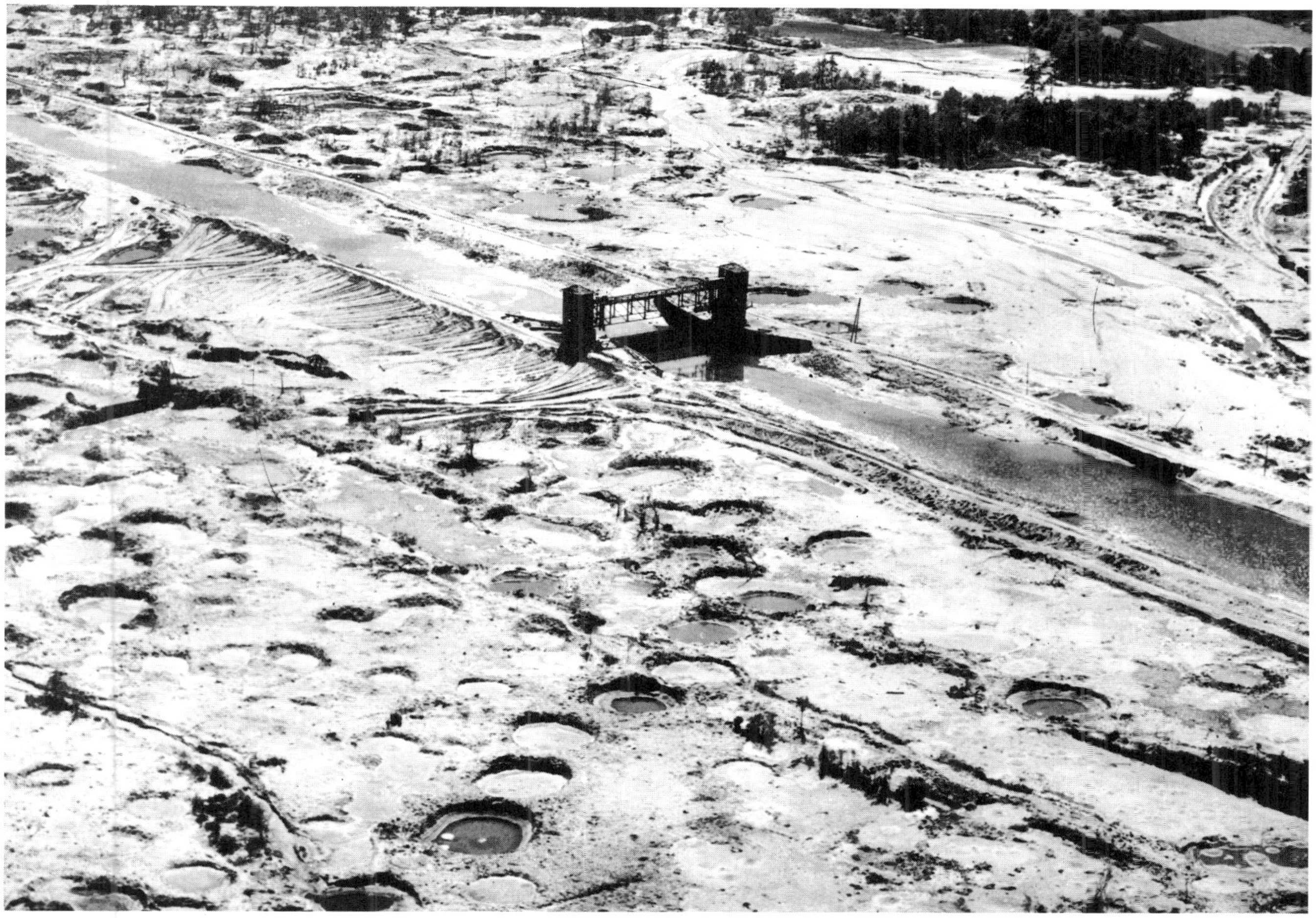

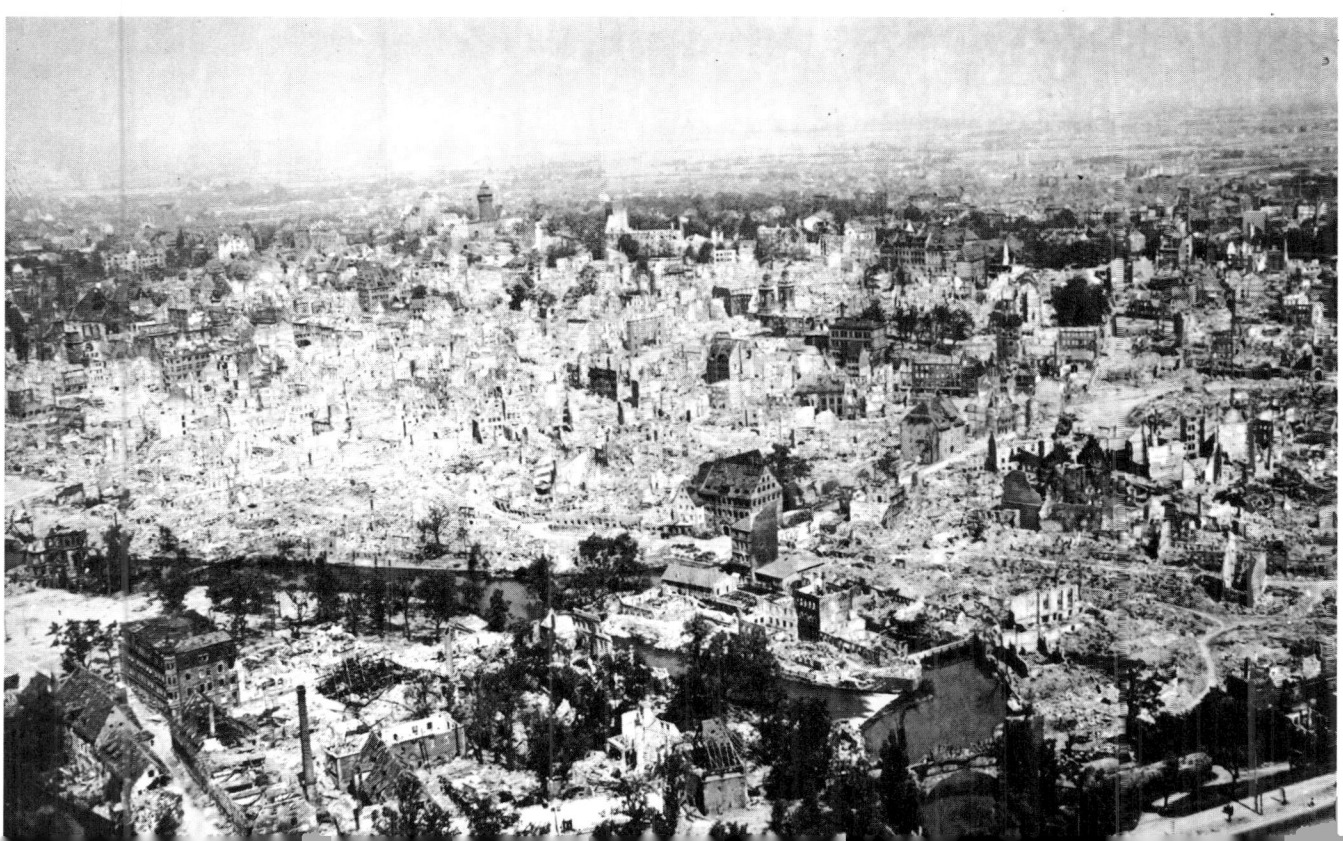

Anhang

Vergleich der Dienstgrade

Royal Air Force	USAAF	Luftwaffe
OFFIZIERE		
Marshal of the Royal Air Force	General (five star)	Generalfeldmarschall
Air Chief Marshal	General (four star)	Generaloberst
Air Marshal	Lieutenant General	General
Air Vice Marshal	Major General	Generalleutnant
Air Commodore	Brigadier General	Generalmajor
Group Captain	Colonel	Oberst
Wing Commander	Lieutenant Colonel	Oberstleutnant
Squadron Leader	Major	Major
Flight Lieutenant	Captain	Hauptmann
Flying Officer	First Lieutenant	Oberleutnant
Pilot Officer	Second Lieutenant	Leutnant
UNTEROFFIZIERE		
Officer Cadet	Officer Cadet	Oberfähnrich
Sergeant	Sergeant	Feldwebel
Corporal	Corporal	Unteroffizier
Aircraftman	Private	Flieger

Da ein direkter Vergleich bei den Unteroffiziersgraden nicht möglich ist, erfolgt er hier nur in abgekürzter Form.

Anhang B

Flugzeugausstattung in den Einsatzverbänden der Royal Air Force, der United States Army Air Force und der Luftwaffe.

Da die Kampfstärken im Verlauf des 2. Weltkrieges zum Teil erheblich schwankten, handelt es sich bei den Zahlenangaben nur um Annäherungswerte.

RAF (Bomber)
Grundeinheit: die »Squadron«; anfänglich aus 16, später aus 30 Flugzeugen bestehend. Eine »Group« umfaßte 10 bis 16 »Squadrons«.

USAAF
Grundeinheit: die »Squadron«, welche aus rund 16 Bombern oder 25 Jagdflugzeugen bestand. Vier Bomber-Squadrons oder drei Jäger-Squadrons bildeten eine »Group«, drei Bomber Groups oder vier Jäger-Groups einen »Wing«.

Luftwaffe (Jäger)
Grundeinheit: die »Gruppe«, aus drei oder vier »Staffeln« zu je neun Maschinen bestehend, nebst einer Stabseinheit aus drei Flugzeugen.
Drei oder vier »Gruppen« bildeten ein »Geschwader«.

Anhang C

Das Desaster von Nürnberg: – Der Britische Plan

Dieser Einsatzbefehl, der vom Gefechtsstand der I. Gruppe des Bomber Command am 30. März 1944 an alle unterstellten Einheiten ausgegeben wurde, vermittelt einen Einblick in die detaillierte Planung dieser nächtlichen Luftangriffe. Nachfolgend ist der Fernschreibertext im Original wiedergegeben, wobei lediglich viele Abkürzungen durch vollen Wortlaut ersetzt sind:

Gefechtsstand I. Gruppe an die Basen Nr. 12, 13 und 14 sowie alle Einsatzstandorte; zur Information an Basis Nr. 11 Hemswell und Stab Bomber Command. Laufende Nummer: Formblatt B, laufende Nummer 1258, Auftrag Nr. 1365.

Datum: 30. März 1944.

Feindlage: Siehe derzeitige Nachrichtenaufklärung. Das Ziel wird von insgesamt 796 Maschinen angegriffen.

Kampfauftrag: Größtmögliche Zerstörungen im Zielgebiet.

Angriffstermin: Nacht vom 30./31. März 1944.

Von der Gruppe eingesetzte Verbände:

460. Staffel, 25 Flugzeuge; 103. Staffel, 16 Flugzeuge; 101. Staffel, 24 Flugzeuge; 625. Staffel, 31 Fluzeuge; 576. Staffel, 16 Flugzeuge; 12. Staffel, 13 Flugzeuge; 100. Staffel, 18 Flugzeuge; 166. Staffel, 20 Flugzeuge; 626. Staffel, 15 Flugzeuge und 550. Staffel mit 17 Flugzeugen.

Ziel: Grayling (Tarnbezeichnung für Nürnberg).

Die Besatzungen haben zu melden: Ergebnis des Angriffs, belegt mit Fotografien.

Flugroute: Basen – Southwold-5150N 0230E – 5030N 0435E – 5032N 1038E – *Ziel* – 4900N 1105E – 4830N 0920E – 4910N 0300E – 5000N 0110E – Selsey *Bill*-Reading – Basen.

Zeitplan: X gleich 0110 Uhr.

Abteilung 1: Zeit über Ziel: X bis X plus 3 Minuten. Basis Nr. 12 – 11 Flugzeuge, Basis Nr. 13 – 14 Flugzeuge, Basis Nr. 14 – 6 Flugzeuge plus 48 Lancaster und 46 Halifax von anderen Gruppen.

Abteilung 2: Zeit über Ziel: X plus 2 bis X plus 4 Minuten. Basis Nr. 12 – 11 Flugzeuge, Basis Nr. 14 – 6 Flugzeuge plus 48 Lancaster und 46 Halifax von anderen Gruppen.

Abteilung 3: Zeit über Ziel: X plus 4 bis X plus 7 Minuten. Basis Nr. 12 – 12 Flugzeuge, Basis Nr. 13 – 14 Flugzeuge, Basis Nr. 14 – 2 Flugzeuge plus 48 Lancaster und 46 Halifax von anderen Gruppen.

Abteilung 4: Zeit über Ziel: X plus 7 bis X plus 10 Minuten. Basis Nr. 12 – 11 Flugzeuge, Basis Nr. 13 – 13 Flugzeuge, Basis Nr. 14 – 6 Flugzeuge plus 47 Lancaster und 45 Halifax von anderen Gruppen.

Abteilung 5: Zeit über Ziel: X plus 9 bis X plus 12 Minuten. Basis Nr. 12 – 11 Flugzeuge, Basis Nr. 13 – 14 Flugzeuge, Basis Nr. 14 – 5 Flugzeuge plus 47 Lancaster und 45 Halifax von anderen Gruppen.

Sonstiges:

1. Die mitzuführende Mindesttreibstoffmenge beträgt für jedes Flugzeug 8320 Liter.

2. Bombenlast:

Lancaster Mark III – eine 1800 kg-Bombe, 6 Behälter mit je 150 1,8 kg-Brandbomben, 2 Behälter mit je 60 1,8 kg-Brandbomben sowie 8 Behälter mit je zwölf 13,5 kg-Brandbomben.

Flugzeuge mit H2S – die eine Hälfte: 1 x 1800 kg, 2 x 150x1,8, 60 x 1,8, 13 x 12x13,5; die andere Hälfte: 1 x 900 kg HC, 12 x 150x1,8, 13 x 12x13,5.

Flugzeuge mit ABC – die eine Hälfte: 1 x 1800 kg, 1 x 150x1,8, 14 x 12x13,5, 2 x 60x1,8; die andere Hälfte: 1 x 900 kg, 11 x 150x1,8, 3 x 12x13,5.

Fünf Maschinen von Basis 14 nehmen anstelle einer 900 kg Hochleistungs-Bombe eine 900 kg Mehrzweckbombe mit Langzeitzünder mit.

3. 24 Maschinen mit ABC-Ausstattung der 101. Staffel sind für den Verlauf der gesamten Angriffsdauer gleichmäßig verteilt einzusetzen.

4. 12 Maschinen von Basis 12, sieben von Basis 13 und sieben von Basis 14 haben die Windverhältnisse zu übermitteln, gemäß den Anweisungen der Stabsabteilung für Navigation der Gruppe.

5. *Window* Düppelstreifen – Nach dem Start Abwurfrate C (1 Bündel pro Minute) 5145N 0240E. Abwurfrate D (2 Bündel/min) 4952N 1054E. Abwurfrate C 4900N 1105E. Abwurfende bei 5013N 0035E. Pro Flugzeug sind 315 Bündel mitzuführen.

6. (1) Beim Angriff auf *Grayling*, in der Nacht vom 30. März 1944, wird die Newhaven Bodenmarkierungsmethode angewendet.

Sollten Wolken die Zielmarkierungen verdecken, tritt als Aushilfe die Wanganui Himmelsmarkierung an ihre Stelle.

(2) Rote Zielmarkierungen werden als Orientierungshilfe ostwärts des Kurses bei 5046N 0606 abgeworfen.

(3) Pfadfinder werden um X-5 den Angriff durch Abwurf von Leuchtbomben und grünen Markierungszeichen über dem Zielgebiet eröffnen. Danach wird der Zielpunkt durch Massenabwurf von roten und grünen Zielmarkierungen festgelegt und dieser auch weiterhin mittels roter Leuchtzeichen erhalten.

(4) Außerdem wird der Auslösepunkt, für den Fall daß Wolken die Zielmarkierungen verdecken, noch durch rote Leuchtkugeln bezeichnet, welche gelbe Sterne ausstoßen.

(5) Das Gros des Angriffsverbandes zielt beim Bombenwurf auf den Punkt, der durch den massierten Abwurf von roten und grünen Zielmarkierungen gebildet wird – sofern er sichtbar ist. Andernfalls wird die Mitte aller roten Zielmarkierungen anvisiert.

(6) Falls Wolken die Zielmarkierungen verdecken, visiert das Gros das von den roten Leuchtkugeln mit gelben Sternen gebildete Zentrum an, wobei genauer Kurs von 175° (magnetisch) einzuhalten ist. In diesem Fall sind die Bombenzielgeräte auf Flughöhe und -geschwindigkeit einzustellen, wobei die Windkontrolle jedoch auf Null bleibt. Das unbedingte Einhalten des Kurses ist vor allem dann von entscheidender Bedeutung, wenn das Himmelsmarkierungsverfahren Wanganui angewendet werden muß.

(7) Brandbomben dürfen nicht vor der X-Zeit abgeworfen werden.

(8) Ablenkungsangriffe werden von Mosquito mit roten und grünen Zielmarkierungen auf Trout (Köln) und Bream (Kassel) durchgeführt. Außerdem werden zur Täuschung bei der ungefähren Position 5050N 0800E Leuchtbomben geworfen, wie sie die deutschen Nachtjäger verwenden.

7. Die Besatzungen sind darauf hinzuweisen, daß die Uhren für die kommende Nacht auf die X-Zeit einzustellen sind.

8. Kampfführung.

(1) Versammlungspunkt 5150N 0230E in 4800–5800 m Höhe.

(2) Einflughöhe über Feindküste 4800–5800 m. Bis zum Rhein Beibehaltung der vorgeschriebenen Höhe.

(3) Von da an auf 5800–6700 m Höhe gehen und diese beibehalten bei Zielanflug, Bombenangriff und bis zum Wiedererreichen des Rheins.

(4) Jetzt wieder auf 4800–5800 m gehen und diese Höhe bis zum erneuten Überfliegen der Küste halten.

(5) Die Basen haben sicherzustellen, daß ihre Flugzeuge über Feindgebiet innerhalb des befohlenen Höhenbereichs fliegen.

(6) Die Flugzeugführer sind nochmals auf das Einhalten der festgelegten Höhe hinzuweisen, da andernfalls der Erfolg des Angriffs in Frage gestellt ist.

Der Empfang des FS ist zu bestätigen.

Es wurde abgesetzt am 30.3. um 13.25 h britischer Sommerzeit.

Anhang D

Das Desaster von Nürnberg: – Die Deutsche Antwort
Nachfolgend ist ein Auszug aus dem Kriegstagebuch des I. Fliegerkorps der Luftwaffe wiedergegeben, in dem der Einsatz in der Nacht vom 30. auf den 31. März 1944 festgehalten ist.

Die nächtlichen Kampfhandlungen der RAF wurden etwa ab 22.30 h durch einen Verband von 100 Mosquito eröffnet. Sie überflogen die holländische Küste und warfen Bomben auf die Nachtjägerplätze in Leeuwarden, Twente, Deelen und Venlo sowie auf Industrieziele im Ruhrgebiet. Gleichzeitig trat über der südlichen Nordsee ein kleinerer britischer Verband auf, welcher vermutlich zwischen Sylt und Helgoland Minen verlegte.

Als nächstes formierte sich im Raum Norwich das Gros der britischen Bomber, nahm Kurs Ost und ging dann über der Nordsee auf Südostkurs. Zwischen 23.10 h und 23.50 h strömten 700 Bomber zwischen Scheldemündung und Ostende über die Küste. Nach Überfliegen des Raumes Brüssel und Antwerpen erreichten sie Lüttich und Florennes, von wo sie auf Ostkurs eindrehten. Der Bomberstrom überquerte den Rhein im Sektor Bingen/Bonn und flog in Richtung auf den Raum Fulda/Hanau weiter. Über Mitteldeutschland schwenkte er dann auf Südostkurs ein, um Nürnberg anzugreifen. Mosquitos, welche dem Bomberstrom vorausgeflogen waren, versuchten die Annäherung zu verschleiern. Sie traten in den folgenden Räumen in Erscheinung: Bonn, Köln Kassel, Plauen, Zwickau, Nordhausen, Mannheim und Frankfurt am Main. Der Abflug aus dem Raum Nürnberg begann etwa gegen 01.20 h. Die Bomber flogen über den Raum Frankfurt-Stuttgart, dann Brüssel-Reims und verließen anschließend weit auseinandergezogen wieder den Kontinent, wobei sie die Küste zwischen der Scheldemündung und St. Valery en Caux überquerten. Die letzte Maschine passierte die Somme-Mündung gegen 04.45 Uhr... Der rechtzeitige Einsatz der deutschen Nachtjäger verhinderte, daß der großangelegte britische Nachtangriff voll zum Tragen kam. Den Wohnvierteln in Nürnberg wurden schwere Schäden zugefügt, der Industrie hingegen nur geringe.

Kampfhandlungen des I. Jagdflieger-Korps

Eingesetzte Verbände:
Zweimotorige Einheiten zur nächtlichen Verfolgung (»Zahme Sau«):

Von der 3. Jagdfliegerdivision
Die Maschinen wurden zum Funkfeuer IDA dirigiert und von dort auf den Bomberstrom angesetzt: Ju88-Gruppen von Twente, Quakenbrück, Langensalza und Langendiebach; Me110-Gruppen von Venlo und Mainz-Finthen, sowie die der 7. Jagdfliegerdivision unterstellte I./NJG 6 und unterstellte Einheiten der 4. Jagdfliegerdivision. Die unterstellte II./NJG 6 der 7. Jagdfliegerdivision wurde auf das Funkfeuer *Otto* angesetzt und drang von dort aus in den Bomberstrom ein. Die Gruppe aus St. Trond versammelte über der Radarstation *Bazi* und erreichte dann über die südlich Aachen gelegene Radarstation *Murmeltier* den Bomberstrom.

Von der 2. Jagdfliegerdivision
Gruppen von Westerland, Stade und Vechta: versammelten sich über Funkfeuer *Ludwig*, wurden zu *Otto* geleitet und gelangten dann im Raum nordöstlich Giessen in den Bomberstrom.

Von der 1. Jagdfliegerdivision
Gruppen von Erfurt, Parchim, Stendal und Werneuchen: flogen anfänglich Funkfeuer *Otto* an, stießen dann in den Räumen der Funkfeuer *Otto* und *Ida* in den Bomberstrom.

Einmotorige Verbände zum Objektschutz.

Von der 3. Jagdfliegerdivision
Gruppen von Rheine und Bonn versammelten sich über Sichtpeilstation *Otto*, wurden nach Frankfurt am Main geleitet und landeten in diesem Gebiet. Gruppe von Wiesbaden-Erbenheim: versammelte über Sichtpeilstation *Nordpol*, landete in Mitteldeutschland.

Von der 2. Jagdfliegerdivision
Gruppe von Oldenburg: versammelte über Sichtbake *Otto*, landete dann wegen Betriebstoffmangel.

Von der 1. Jagdfliegerdivision
Gruppen von Ludwigslust, Zerbst, Jüterbog: versammelten sich über Sichtbake *Nordpol*, landeten nach Angriffsbeginn auf Nürnberg.

Gesamtzahl aller geflogenen Einsätze: 246 durch ein- und zweimotorige Jäger. Die Nachtjagdverbände des I. Jagdflieger-Korps verzeichneten einen bemerkenswerten Abwehrerfolg.

Die Voraussetzungen dafür waren:
- Die frühzeitige Ansprache des Hauptbomberstroms sowie das Ausmachen seines Kurses nach Verlassen der britischen Basen.
- Der Startbefehl für alle zweimotorigen Jäger, gleichzeitig mit dem Verlassen der britischen Küste durch die Bomber und ihrer Kursaufnahme Richtung westlicher Reichsgrenze.
- Der Einflug des Bomberstroms über das Rhein-Main-Gebiet, d. h. den Raum, in dem die Nachtjagdverbände liegen. Dadurch konnten alle zweimotorigen Nachtjäger den Gegner rechtzeitig und mit genügend Aktionsradius fassen.
- Das Bordradar *Lichtenstein* SN-2 wurde vom Feind nicht gestört und konnte daher zur Nachtjagd eingesetzt werden.

– Gute Sicht in großer Höhe und eine helle Nacht, so daß die Bomber teilweise bis auf 1000 m gesehen werden konnten.
– Die ersten Bomber wurden im Raum Lüttich-Bonn-Koblenz abgeschossen. Diese und die späteren Opfer brannten wie Fackeln und erleichterten anderen Nachtjägern das Auffinden des Bomberstroms.
– Die lang anhaltende und schon am Rhein einsetzende Verfolgung.
– Das zufällige Überfliegen der Funkfeuer *Ida* und *Otto* durch den Bomberstrom, um die sich gerade die zweimotorigen Jagdflugzeuge versammelten.

Die einmotorigen Nachtjagdverbände hatten an der erfolgreichen Abwehr keinen Anteil, da sie über Nürnberg nicht zum Einsatz gelangten. Auch an der Verfolgung waren sie infolge fehlender Bord-Suchgeräte nicht beteiligt. Der Einsatz der einmotorigen Nachtjagd-Einheiten beschränkte sich am 30./31. März auf die Verteidigung von Frankfurt am Main sowie auf die Überwachung des Luftraums über Mitteldeutschland oder Berlin. Es ist mithin offenkundig, welche Voraussetzungen für den nächtlichen Objektschutz vorhanden sein müssen:

Jagdflugzeuge mit großer Reichweite, welche Beweglichkeit in der Wahl der Kampfräume zuläßt, sowie das rechtzeitige und richtige Erkennen des vom Gegner angeflogenen Ziels. Diese Voraussetzungen bestanden in der Nacht vom 30. auf den 31. März für die deutsche Führung nicht. Der britische Bomberstrom nahm mehrfach Kursänderungen vor und die Ablenkmanöver der Mosquito verhinderten eine frühzeitige Zielerkennung. Der Kommandierende General des I. Jagdflieger-Korps erkannte in der Nacht vom 30./31. März erst verhältnismäßig spät, daß der britische Angriff Nürnberg galt. Der von der deutschen Abwehr beunruhigte Bomberstrom kam kleckerweise an und benötigte lange Zeit, um sich zum Anflug zu formieren. Der General vermutete daher, daß der angreifende Verband auf ein anderes Ziel angesetzt sei. Während die Situation auf diese Weise zunächst unklar blieb, brauchten die einmotorigen Jagdflugzeuge ihren Betriebstoff auf.

Verluste des Gegners:
101 Bomber mit Sicherheit abgeschossen, 6 wahrscheinlich. Der britische Rundfunk gab am 31. März den Verlust von 94 Bombern zu.

Eigene Verluste:
5 Flugzeuge. Fünf weitere über 60 % beschädigt. Verluste an Personal: 3 Tote, 1 Verwundeter und 8 Vermißte.

Wetter:
Holland, Ruhrgebiet und Raum Frankfurt: wolkenlos. Süddeutschland: 10/10 Wolkendecke von 500 m bis 3500 m. Allgemein gute Sicht in großer Höhe. Halbmond.

Besonderes:
Oberleutnant Becker, Staffelkapitän im NJG 1, schoß in der Nacht vom 30. auf den 31. März 7 britische Bomber ab.

Anhang E

Die Mustang im Vergleich mit ihren Gegnern
Das massierte Auftauchen amerikanischer Langstrecken-Jäger am deutschen Himmel im Frühjahr 1944 besiegelte das Schicksal der deutschen Luftwaffe. Die USAAF errang mit ihnen die Luftherrschaft über Deutschland und sollte sie zum Kriegsende auch nicht mehr abgeben. Die Überlegenheit der amerikanischen Jagdwaffe war in erheblichem Maße (zu diesem Zeitpunkt) der besseren Flugzeugführer-Ausbildung zu verdanken, sowie dann später auch der größeren Zahl der im Einsatz vorhandenen Maschinen (die Deutschen hatten zwar genügend Flugzeuge, doch ab Herbst 1944 nicht mehr genügend Flugbenzin). Sie gründete sich aber auch auf die hervorragenden Eigenschaften eines Jagdflugzeugtyps: der *Mustang* mit dem Merlin-Triebwerk. Die Tatsache, daß die Mustang in der Lage war, Bomber bis nach Berlin und noch weiter zu begleiten, spricht schon zur Genüge für die Reichweite und Leistung dieses einzigartigen Jagdflugzeuges. Indessen hätte dies allein nicht ausgereicht, wäre dieser Typ nicht auch den gegnerischen Maschinen überlegen gewesen. Wie sieht die Mustang nun im Vergleich mit der Messerschmitt Bf 109G und der Focke Wulf Fw 190A aus,

den beiden Flugzeugen, die im Frühjahr und Sommer 1944 die Hauptlast der deutschen Luftverteidigung tragen mußten? Einsatzberichte vermitteln zwar teilweise ein Bild, aber nur teilweise, denn die nicht erwähnten Umstände, wie der Ausbildungsstand des Piloten, Zahl der beteiligten Maschinen sowie die taktische Situation, verzerren die Gegenüberstellung. Glücklicherweise besitzen wir jedoch einen sehr genauen Leistungsvergleich, da die »Air Fighting Development Unit« der RAF gegen Ende 1943 sehr eingehende, kampfnahe Vergleichsflüge mit einer P51B und erbeuteten Bf109 und Fw190 durchführte. Nachfolgend der diesbezügliche Auszug aus dem entsprechenden Bericht:

Kurzer Vergleich mit der Fw190
(BMW 801 Doppelsternmotor)

Höchstgeschwindigkeit
Die Fw190 ist in allen Höhen um nahezu 80 km/h langsamer, über 8500 m sogar um 110 km/h. Es ist anzunehmen, daß die neue Fw190D (DB 603-Motor) unterhalb 8000 m etwas schneller, darüber aber langsamer ist.

Steigfähigkeit
Die max. Steigleistung ist etwa gleich, doch wird damit gerechnet, daß sie bei der Mustang besser ist, als bei der neuen Fw190D. Die Mustang ist in allen Höhenlagen beim steilen Hochziehen beträchtlich schneller.

Sturzflug
Die Mustang stürzt schneller als jede Fw190.

Wendekreis
Auch hier ist kaum ein Unterschied. Die Mustang ist ein wenig besser. Will der Pilot einem Feindflugzeug mittels einer Steilkurve ausweichen, wird er den Angreifer allein schon auf Grund seiner überlegenen Geschwindigkeit auskurven können. Dieses Manöver lohnt sich also immer, wenn eine Mustang angegriffen wird.

Wendigkeit um die Längsachse
Selbst eine Mustang kommt hier nicht an die Fw190 heran.

Schlußfolgerung
Beim Angriff sollte eine hohe Geschwindigkeit beibehalten oder aufgenommen werden, um einen Höhenvorteil zu erringen. Durch Sturz alleine kann eine Fw190 nicht ausweichen. *In der Abwehr sollte nach einer Steilkurve mit Vollgas weggedrückt werden, um den nötigen Abstand zu haben, bevor man wieder Höhe gewinnt und auf Kurs geht. Kurvenkampf ist nicht unbedingt zu empfehlen.*

Wenn nicht eine Ausgangsgeschwindigkeit von mindestens 400 km/h vorhanden ist, sollte man nicht nach oben wegzuziehen versuchen. Da über die neue Fw190D leider nicht genügend Informationen vorliegen, können in bezug auf sie keine Empfehlungen gemacht werden.

Kurzer Vergleich mit der Bf109G

Höchstgeschwindigkeit
Die Mustang ist in allen Höhen schneller. Im Vergleich ist sie am besten unterhalb 4800 m (etwa 50 km/h schneller) und oberhalb 7600 m (50 km/h und bis zu 80 km/h in 9000 m Höhe).

Steigfähigkeit
Diese ist annähernd gleich. In Höhen über 7600 m ist sie bei der Mustang ein klein wenig besser, dafür aber etwas schlechter unterhalb 6000 m.

Senkrechtes Steigen
Bei hoher Geschwindigkeit steigt die Bf109G leider sehr gut, weshalb sich beide Maschinen beim steilen Hochziehen kaum etwas nachgeben.

Sturzflug
Andererseits kann die Mustang in der Abwehr aber ihren Gegner in einem längeren Sturz abhängen

Wendekreis
Die Mustang ist weit überlegen.

Wendigkeit um die Längsachse
Kaum Unterschiede. In der Verteidigung (in einer brenzligen Situation) kann einen eine rasche Richtungsänderung aus der Visierlinie der Bf109G bringen.

Bei maximal schneller Rolle bringt einen die 109G nämlich in beträchtliche Schwierigkeiten, da sich die Spaltflügel dabei ständig öffnen.

Schlußfolgerung

Beim Angriff kann die Mustang die Bf 109G stets erwischen, es sei denn im Steigflug (falls man keinen großen Fahrtüberschuß hat). Bei der Abwehr sollte das erste Manöver aus einer Steilkurve bestehen, der gegebenenfalls ein Sturzflug folgen kann (unterhalb 6000 m). Die Entfernung zum Gegner kann durch Hochziehen unter Vollgas leider nicht vergrössert werden. Über 7600 m steige man weiter oder fliege mit Vollgas geradeaus.

Luftkampfeigenschaften mit abwerfbaren Außentanks

In allen Geschwindigkeitsbereichen und Höhen ist ein beträchtlicher Abfall um 65–80 km/h zu verzeichnen. Oberhalb 7600 m ist die Mustang jedoch noch schneller als die Fw 190 (BMW 801 D), aber langsamer als die Bf 109G.

Steigflug

Die Steigfähigkeit ist hier erheblich reduziert, und sowohl die Fw 190 als auch die Bf 190G sind hier besser. Im steilen Hochziehen ist die Mustang zwar immer noch gut (Angriff), wird aber bei anhaltender Verfolgung (Verteidigung) von der Fw 190 überholt, und dies erst recht von der Bf 109G.

Sturzflug

So lange die Tanks noch ziemlich voll sind, schlägt die Mustang beim Sturz mit Motorkraft sowohl die Fw 190 (BMW 801D) als auch die Bf 190G.

Wendekreis

Die Tanks spielen hierbei eine geringere Rolle, als man annehmen sollte. Die Mustang fliegt zumindest so enge Kurven wie die Fw 190 (BMW 801D) ohne dabei durchzusacken, und bestimmt engere Kurven als die Bf 190G.

Wendigkeit um die Längsachse

Die allgemeine Bedienung sowie auch die Wendigkeit um die Längsachse werden kaum beeinträchtigt.

212

Schlußfolgerung

Die Leistungen einer Mustang werden durch das Mitführen von Abwurftanks ganz erheblich reduziert. Zwar vermag man einem nur mit halbem Herzen geflogenen Angriff noch immer durch eine Steilkurve auszuweichen, doch ist das einem entschlossenen Angreifer gegenüber nur unter Höhenverlust möglich. Trotzdem ist die Mustang nach wie vor ein gutes Angriffsflugzeug, besonders, wenn der Höhenvorteil auf ihrer Seite ist.

Anhang F

Aus den Erinnerungen deutscher Nachtjäger

Unmittelbar nach Kriegsende wurden eine ganze Anzahl besonders erfolgreicher Piloten des NJG 4 von Offizieren der RAF befragt, darunter auch Major Heinz-Wolfgang Schnaufer (121 Luftsiege – der Erfolgreichste von allen) und Hauptmann Hans Krause (28 Abschüsse). Die hierbei gemachten Aussagen, die noch aus frischer Erinnerung stammten, geben ein anschauliches Bild von der damaligen Situation. Befragt, wie sich das Stören der Nachtjäger-Frequenzen ausgewirkt habe, meinte Schnaufer, daß das Bordradar dabei häufig nicht zu gebrauchen gewesen sei. Wenn dies der Fall war, pflegte er Kurs auf den stärksten Störsender zu nehmen und dort Ausschau zu halten. Er erinnerte sich, gelegentlich in Bomberströmen mitgeflogen zu sein, in denen er bei Mondlicht gleichzeitig bis zu 25 Bomber ausmachen konnte (dies geschah gegen Kriegsende, als die Bomberströme sehr kurz und konzentriert gehalten wurden). In einer dunklen Nacht hingegen, sah man selten mehr als drei Bomber auf einmal.

Beim Angriff mit nach vorne gerichteten Waffen, flogen die meisten *Experten** unter dem Bomber hindurch, in eine etwas vorgestaffelte Position, zogen dann hoch und ließen den Bomber durch ihre Feuergarbe fliegen. Für gewöhnlich wurde ein zwischen den Motoren gelegener Punkt der Tragfläche anvisiert, da dort unweigerlich ein Betriebsstofftank lag. Es war nicht ratsam, auf den Rumpf zu schießen, weil man dabei die gesamte Bombenladung zur Detonation bringen konnte. In einer

*Bei den Deutschen war der Ausdruck »Experte« gebräuchlicher als »As«.

hellen Nacht pflegten die deutschen Piloten das Feuer auf etwa 180 m zu eröffnen, doch war es in dunklen Nächten nicht ungewöhnlich, selbst bis auf 30 m heranzugehen.

Auf die Frage, inwieweit koordinierte Angriffe eines oder mehrerer Nachtjäger stattgefunden hätten (was von heimkehrenden Bomberbesatzungen immer wieder behauptet wurde), entgegnete Schnaufer, daß solche beim NJG4 nie durchgeführt worden seien. Er wies darauf hin, daß das Fühlunghalten mit einem anderen Nachtjäger bei Nacht so schwierig war, daß dies unzweifelhaft auf Kosten der Ausschau nach den Bombern gelitten haben würde. Falls ein Bomber dennoch einmal von mehreren Nachtjägern zur gleichen Zeit angegriffen worden sein sollte, so habe es sich seiner Meinung nach um einen reinen Zufall gehandelt.

Vier Fünftel der Bomber, die dem NJG4 zum Opfer fielen, haben vor dem Abschuß weder eine Ausweichbewegung gemacht noch mit Abwehrwaffen geschossen. Das läßt darauf schließen, daß die Annäherung des Nachtjägers nicht bemerkt wurde. Zwei Fünftel der Bomber haben sich auch nach Feuereröffnung durch den Nachtjäger nicht gewehrt. Nahezu alle abgeschossenen Kampfflugzeuge gingen in Flammen auf. Die deutschen Piloten eröffneten das Feuer grundsätzlich mit allen Waffen zugleich, obwohl auch eine gewisse Rivalität innerhalb der verschiedenen Einheiten bestand, wonach es galt, einen Bomber mit möglichst geringem Munitionsaufwand zu Boden zu schicken. Schnaufer erinnerte sich an zwei Fälle, bei denen er von dem Abwehrfeuer der Bomber überrascht wurde. Beide Male lag die Garbe gut (vielleicht wurde mit *Village Inn* gezielt), weshalb er den Angriff abbrach. Bei zwei anderen Gelegenheiten, wurde seine Maschine durch gegnerisches Abwehrfeuer erheblich beschädigt und oft konnte er nach der Landung Einschüsse feststellen.

Während der letzten Kriegsmonate verlor das NJG4 etwa 50 Flugzeuge im Einsatz. Davon fünf durch das Abwehrfeuer von Bombern, 30 durch *Mosquito*-Angriffe und 15 aus unbekannten Gründen.

Schnaufer erzählte, daß er zwischen 20 und 30 Angriffe mit nach oben schießenden Kanonen geflogen habe, daß aber seines Wissens viele der weniger erfahrenen Flugzeugführer fast ausschließlich dieser Methode den Vorzug gaben. Ging der Bomber nach einem Angriff von unten in ein *Korkenzieher*-Manöver über, war es für einen guten Piloten möglich – sofern die Ausweichbewegungen nicht zu heftig waren – sich wieder unter ihn zu setzen und den Angriff mit der *Schrägen Musik* zu erneuern.

Er habe auf diese Weise drei Bomber abgeschossen; Krause erinnerte sich an sechs.

Alle befragten deutschen Piloten stimmten darin überein, daß ein gut geflogenes und rechtzeitig einsetzendes *Korkenzieher*-Manöver die für den Bomber sicherste Abwehr war.

Falls er dabei überhaupt getroffen wurde, geschah dies meist dann, wenn er am oberen Totpunkt dieses Manövers die Richtung änderte. Allgemein wurde die Ansicht vertreten, daß eine *Halifax* hierbei leichter abzuschießen war als eine *Lancaster*, obwohl die letztere leichter brannte. Schnaufer war immer wieder von der allgemeinen Wendigkeit der Lancaster beeindruckt und stets erstaunt, welche gewagten Ausweichbewegungen man mit ihr fliegen konnte.

Falls die Bomberbesatzung das Feuer eröffnete oder der Pilot den Korkenzieher einleitete, noch bevor ein *Experte* sich in Schußposition befand, brach dieser häufig den Kampf ab, anstatt sich auf eine lange und meist fruchtlose Verfolgung einzulassen; denn einmal im Bomberstrom, war es meist möglich, einen anderen Bomber mit einer weniger wachsamen Besatzung zu finden. Die weniger erfahrenen deutschen Piloten hingegen, die unbedingt auf einen Abschuß aus und nicht so sicher waren, ein anderes Opfer zu finden, blieben im allgemeinen dran und – erreichten nichts.

Decknamen

ABC = Airborne Cigar Britischer Bordsender zur Störung der deutschen Jägerleit-Frequenzen.

Boozer Radar-Warnempfänger in den RAF-Bombern.

Berlin Deutsches Nachtjäger-Radar, gegen Kriegsende eingeführt.

Carpet US Bordsender – später auch in den RAF-Bombern – zur Störung des Feuerleitradar *Würzburg*.

Corona Verfahren, mit dem irreführende Sprüche auf der Frequenz der deutschen Nachtjäger-Bodenkontrolle von England aus gesendet wurden.

Egerland Flak-Feuerleitradar, welches bei Kriegsende eingeführt werden sollte.

Flak Fliegerabwehrkanone.

Flensburg Radar-Empfänger, der auf die Impulse der britischen Heck-Radarwarnanlage *Monica* ansprach und den deutschen Nachtjägern das Anpeilen ermöglichte.

Freya Deutsches Frühwarnradar.

Gee Britisches Navigationsverfahren mit Leitstrahl.

Helle Nachtjagd Deutsches Nachtkampfverfahren, bei dem Suchscheinwerfer zur Beleuchtung der Bomber (oder einer Wolkenschicht unter den Bombern) eingesetzt wurden.

Himmelbett Deutsches System des Nachtkampfes, bei dem die Jäger vom Boden aus durch Radar geleitet wurden.

H2S und H2X Britisches und amerikanisches Bordradar für den Blindabwurf.

Jagdschloss Deutsches Jagdflugzeug-Radar.

Jostle Britischer Hochleistungs-Störsender für den Einsatz gegen die deutschen Funksprechkanäle.

Korfu Deutsches Radar-Peilgerät, welches auf H2S ansprach.

Lichtenstein Deutsches Nachtjäger-Bord-Radar.

Mammut Deutsches Frühwarn-Radar.

Mandrel Britischer Störsender zur Bekämpfung der deutschen Frühwarn-Radargeräte.

Monica Britisches Heck-Warnradar.

Naxos Deutsches Boden- und Bord-Peilgerät, welches auf H2S ansprach.

Neptun Deutsches Nachtjäger-Radar, welches bei Kriegsende eingeführt wurde.

Oboe Britisches Gerät für den Blindabwurf, welches mit englischen Bodenstationen zusammenarbeitete.

Perfectos Britisches Bordgerät, mit dem die Fernkampf-Nachtjäger die Positionsmeldungen der deutschen Jäger anpeilen konnten.

Schräge Musik Die nach oben feuernden Kanonen der deutschen Nachtjäger.

Serrate Britisches Bordgerät, mit dem die Radarimpulse des Gegners geortet wurden.

SN-2 Deutsches Nachtjäger-Bordradar.

Tinsel Verfahren, bei dem mit Hilfe der Bomber-Funksender die deutsche Jägerleit-Frequenz überlagert werden konnte.

Village Inn Feuerleit-Radar für den Heckstand der Bomber.

Wassermann Deutsches Frühwarnradar.

Wilde Sau Deutsche Kampftaktik, mit der einmot. Jäger im massierten Einsatz Bomber über dem Zielgebiet angriffen.

Window Britischer Name für Matallfolien (deutsche Bezeichnung: Düppel), die zur Störung der deutschen Radaranlagen diente.

Würzburg Deutsches Meßradar für die Feuerleitkontrolle der Flak, für Suchscheinwerfer und vorübergehend auch für Nachtjäger.

Würzburg Riese Deutsches Jägerleitradar

Y-Gerät Gerät an Bord deutscher Jäger, mit dem über spezielle Bodenstationen die Feindverfolgung aufgenommen werden konnte.

Zahme Sau Deutsches Verfahren zur massierten Heranführung von Nachtjägern an den Bomberstrom.

Der Verlag zu diesem Buch

Die Luftschlacht über Deutschland hat im letzten Drittel des Zweiten Weltkriegs das Bild der «Heimatfront» (welch widersinniges Wort!) bestimmt.

Das vorliegende Buch befaßt sich mit den Elementen dieser Luftschlacht – den Kombattanten, Angreifern wie Verteidigern, den Waffen und Gegenwaffen, und dem Wechselbild, das eine tragische Eskalation aufzeigt.

Das Buch befaßt sich weniger oder kaum mit den Menschen, die von den Bombenangriffen, den Feuerstürmen und ständigen Todesschrecken betroffen wurden, oder mit den Dingen, die unrettbar verloren gingen.

Das ist kein Vorwurf gegen den Autor, denn dies liegt außerhalb des eigentlichen Themas. Wenn hier im Interesse einer zeithistorischen Dokumentation die Darstellung der strategischen Bombenangriffe als ein Beitrag zur Geschichte der Militärluftfahrt vorgelegt und somit das «Wie» aufgezeigt wird, so kann man doch am Fragwürdigen des «Wozu» und «Weshalb» nicht vorbeigehen, ohne ein Wort zu verlieren.

Air Marshal Harris hat die Theorie verfochten, der Krieg könne durch die Bomberwaffe allein entschieden werden. (Er hätte aus eigener Erfahrung wissen müssen, daß der Widerstandswille eines Volks nicht so leicht zu brechen ist. Wenn ein totaler Krieg aber in blanken Terror ausartet, stellt er die Glaubwürdigkeit der Motive infrage, unter denen er geführt wird. In der Geschichte des Bomber Command RAF*) schreibt der Verfasser Alastair Revie: «Nur der Abwurf der beiden Atombomben auf Japan schien etwas später darauf hinzuweisen, daß diese Theorie (gemeint ist Harris' Schulmeinung) nicht ganz von der Hand zu weisen war. Der in dieser Nacht (13./14. Februar 1945) durchgeführte Bombenangriff auf Dresden war demgegenüber nichts als ein Akt blinder Wut, wenn auch mit dem Ziel, den Krieg zu verkürzen. Die Deutschen hatten die Rokoko-Idylle an der Elbe als ungefährdet betrachtet – eben wegen der Schönheit ihrer Bauten. . .

Die ganze Welt war sprachlos vor Erschütterung über das Ausmaß dieses Angriffs, umsomehr als Dresden sich als offene Stadt – ohne Verteidigung erwiesen hatte. Selbst die Atombomben, die ein halbes Jahr später auf Japan fielen, konnten sich nicht mit der Verwüstung messen, die dieser «konventionelle» Bombenangriff verursacht hat.»

Der britische General Fuller gehörte zu den wenigen Persönlichkeiten, die sich gegen die Fortführung des totalen Luftkriegs ausgesprochen haben. Er sagte: «Städte und nicht Ruinen sind die Grundlagen und Heimstätten der Zivilisation.»

Dem ist nichts hinzuzufügen.

*) «. . . war ein verlorener Haufen», Motorbuch Verlag

Bekannte Maschinen – Legendäre Piloten

320 Seiten,
49 Abbildungen,
gebunden,
DM 22,–

232 Seiten,
484 Abbildungen,
Großformat,
gebunden,
DM 46,–

417 Seiten,
60 Abbildungen,
gebunden,
DM 25,–

312 Seiten,
400 Abbildungen,
gebunden,
DM 45,–

344 Seiten,
52 Abbildungen,
gebunden,
DM 22,–

**Jagdflieger –
die großen Gegner von einst**
1939–1945: Luftwaffe, RAF und USAAF
im kritischen Vergleich
Von Edward H. Sims

Edward H. Sims, einst selbst ein Jagdflieger, berichtet in einer kritischen Vergleich über die Luftschlachten des Zweiten Weltkrieges – mit neuen berichtigten Zahlen und authentischen, faszinierenden Schilderungen der denkwürdigsten Erlebnisse berühmter Jagdflieger aus drei Nationen.

**Das waren die deutschen
Jagdfliegerasse 1939–1945**
Von Toliver/Constable

Die amerikanischen Autoren von »Holt Hartmann vom Himmel« gehen hier den teilweise phänomenalen Abschußzahlen der deutschen Jagdflieger nach. Denn unter diesen gab es 105 Piloten, die mehr als 100 Luftsiege erringen konnten.

Holt Hartmann vom Himmel
**Die Geschichte des erfolgreichsten
Jagdfliegers der Welt**
Von Toliver/Constable

Mit 352 Luftsiegen erfolgreichster Jagdflieger aller Zeiten; in der Versenkung russischer Gefangenschaft verschwunden, nach 11 Jahren ungebrochen heimgekehrt und wieder Soldat.

**Jagdflieger
Oberst Werner Mölders**
Bilder und Dokumente
Von E. Obermaier und W. Held

Wer war dieser Mann? Was zeichnete diesen Flieger aus, daß man solch große Notitz vom Schicksal eines einzelnen nahm, zu einer Zeit, in der doch jeder mit sich selbst genug zu tun hatte? Dieser Bildband gibt Antworten! Die umfassende Biographie dieses bekannten Jagdfliegers.

Die 109
**Gesamtentwicklung eines legendären
Flugzeugs**
Von Heinz J. Nowarra

Die umfassende Dokumentation über die Bf 109 mit über 400 Aufnahmen von bestechender Aussage. Die Bf 109 war eines der zuverlässigsten Jagdflugzeuge der Luftwaffe und zu Beginn des Krieges fast allen Jägern der Alliierten überlegen.

Der Verlag für Luftfahrtbücher
Postfach 1370 · 7000 Stuttgart 1

Dokumente zur Luftfahrtgeschichte

340 Seiten,
114 Abbildungen,
gebunden,
DM 24,–

424 Seiten,
108 Abbildungen,
gebunden,
DM 39,–

280 Seiten,
151 Abbildungen,
gebunden,
DM 44,–

240 Seiten,
411 Abbildungen,
davon 176 in Farbe,
Großformat,
gebunden,
DM 48,–

292 Seiten,
166 Abbildungen,
gebunden,
DM 39,–

Deutsche Fallschirmjäger im Zweiten Weltkrieg
Grüne Teufel im Sprungeinsatz und Erdkampf 1939 bis 1945
Von Volkmar Kühn

Die inzwischen in 5. Auflage erschienene Geschichte der deutschen Fallschirmtruppe schildert die Einsätze in der Gluthitze Afrikas, in den Eiswüsten Rußlands, auf Sizilien und in Italien, in Frankreich und schließlich auf deutschem Boden. Rund 100 Abbildungen illustrieren diese Dokumentation.

Jagdgeschwader 51 »Mölders«
Eine Chronik
Berichte, Erlebnisse, Dokumente
Von G. Aders und W. Held

Die Einsätze an der Westfront und über England werden ebenso eindrucksvoll geschildert wie die Kämpfe in Rußland und über dem Mittelmeer. Der zuletzt erschienene Band der Sammlung »Geschwader-Chronik«.

Jagdgeschwader 7
Die Chronik eines Me 262-Geschwaders 1944/45
Von Manfred Boehme

Das JG7 war das einzige Jagdgeschwader, das — im August 1944 aufgestellt – ausschließlich mit dem revolutionären, neuen Jagdflugzeug Me 262 ausgerüstet wurde. So ist die Geschwadergeschichte gleichzeitig die (berichtigte) Geschichte der Me 262.

Hajo Herrmann
Bewegtes Leben
Kampf- und Jagdflieger 1935 bis 1945

Spannend und in plastischer Weise berichtet Oberst a. D. Hajo Herrmann, der im 2. Weltkrieg als Schöpfer des großräumigen Jagdverfahrens Wilde Sau bekannt wurde, aus erster Hand über die Luftwaffe.

Das große Buch der Militärflugzeuge Weltkrieg II
Von Weal/Barker

Alle von 1939 bis 1945 eingesetzten Maschinen in mehr als 400 Abbildungen – 176 davon in Farbe – und mehrere tausend technische Daten.
Zu jeder Maschine die genaue Aufstellung der technischen Daten, der »Lebenslauf« sowie die Drei-Seiten-Ansicht.

Der Verlag für Luftfahrtbücher
Postfach 1370 · 7000 Stuttgart 1

Motorbuch Verlag